교회대그룹
사역지침서

교회대그룹
사역지침서

대그룹을 건강한 날개로

교회 대그룹
사역지침서

김영평 저

교회 대그룹 사역지침서

인쇄   2009년 11월 1일
발행   2009년 11월 3일
지은이   김영평
펴낸이   방은순

펴낸곳   ℗ 프로방스
등록일자 2004년 6월 11일
등록번호 제 313-2004-00148
주소   경기도 고양시 일산 서구 대화동 2269-1
        월드 메르디앙 1006호
전화   031)925-5366~7
팩스   031)701-9352
ISBN   978-89-8923-44-4

머리말

1999년 국내에 자연적 교회성장 이론이 소개되면서 진정한 교회성장에 목말라 하던 나로서는 적지 않은 충격과 흥분에 쌓이지 않을 수 없었다. 그 동안 교회성장에 대한 많은 이론들이 있었지만 원리적으로 접근하기보다는 성장모델 중심의 이론전개로 원리화 되지 못했기 때문이다. 반면에 자연적 교회성장은 사회과학적 조사방법론에 의한 광범위한 조사와 데이터를 가지고 원리적으로 정립된 이론이다. 특히 은사중심사역과 기능적 구조의 특성은 지난 6년간의 사역방향이 옳았음을 확인시켜 주었다.

내가 은사중심사역을 시작하게 된 동기는 세린교회 행정(네트워크)목사로 부임하게 되면서이다. 교회가 차세대를 위한 교회로 전환하고자 교회를 갱신하던 중 목회의 분야별 전문화를 시도하였고 행정목사 제도를 도입했다. 행정목사는 일체의 심방사역을 하지 않고 온전히 교회행정만을 담당한다.

행정목사로 부임한 후 1997년 LA 두란노에서 주최하는 미국 현지 세미나인 예배 갱신세미나에 참석하게 되었고 이 예배 갱신세미나를 통해 네트워크 사역을 접하게 되었다. 네트워크 사역은 미국의 대표적인 성장 교회인 윌로우 크릭 (Willow Creek Church)를 이끌어 가는 양대 사역으로서 열린 예배(Seeker Service)와 더불어 회중사역의 꽃을 피우는 은사 봉사사역이다. 이 세미나의 마지막 부분에 네트워크 사역의 실제적인 창시자이자 NETWORK의 원 저자인 Bruce Bugbee의 강의를 듣고 네트워크 사역을 소개받았고 세린 교회에서 6년간 은사중심사역을 실시했다.

4개월간의 준비과정을 거쳐 제일 먼저 자체적으로 교역자 네트워크세미나를 시행했다. 사고의 놀라운 변화를 경험하는 순간이었다. 그리고, 1997년 8월 제1기 세미나는 시무장로 10분을 대상으로 했다. 교회 지도자가 먼저 이해되지 않으면 이것은 더 이상 나갈 수 없기 때문이다.

그 해 9월 제2기에는 교회의 중직자들과 주요 평신도 사역자들을 대상으로 했다. 안수집사, 권사, 각 위원장, 교회학교 각 부 부장들이 포함됐다. 세미나를 마친 후 대부분의 참석자들은 긍정적이고 고무적인 반응을 나타냈다. 이들을 중심으로 세린 교회는 놀라운 변신을 시작하게 된다.

세린 교회는 이제까지 일방적으로 임명하는 제직회 구조를 벗어 버리고 은사배치에 의한 네트워크 사역구조로 탈바꿈하게 된다. 이에 따른 18개 위원회를 조직하고 위원회 산하에 모두 64개의 부서(팀) 조직을 형성한다. 4년 간 중단없이 은사중심사역을 실행한 결과 세린교회의 성도 75%가 자기 은사를 알고 있으며 41%가 은사대로 사역에 배치되어 사역을 하고 있다.

세린교회를 사임하고 한국 NCD 공인코치로 은사중심사역 컨설턴트로 교회코칭센터 대표로 한국교회를 섬긴지도 9년이 되었다. 지난 9년간 수많은 세미나 인도를 하였지만 세미나로는 교회가 은사중심사역을 실행하고 적용하는데 한계가 있으므로 컨설팅이 효과적임이 입증되었다. 미국 리젠트대학교 대학원 박사학위 논문에서도 언급한 바와 같이 컨설팅한 교회 5개는 컨설팅 전과 후를 비교한 결과 NCD 건강한 교회의 특성 중 은사중심사역부분은 평균 9점 상승, 기능적 조직은 6점 상승하였고 8가지 특성 전체 점수 평균 7점이 상승하여 교회가 그만큼 건강해지는 결과를 낳았다.

은사중심사역 / 기능적 구조 컨설팅은 다음과 같은 교회의 유익을 주었다.

첫째로, 교회의 NCD 은사중심사역 / 기능적 조직 설문 점수 최소 65점 이상으로 올려 교회를 건강하게 만드는 중요한 요소로 세웠다. 65점 이상이란 한국교회 전체에서 건강도가 상위 15% 이내에 드는 것을 말한다.

둘째로, 교회 평신도 사역자를 2년 내에 3배 이상 증가시키는 초석을 세웠다. 이것은 만인 제사장설에 의한 "모든 성도는 사역자다" 라는 가치를 실현시켜 준다. 궁극적으로 컨설팅 결과 2년 후에는 현재 사역자수를 3배로 증가하는 것을 목표로 하고 출석성도의 40% 이상이 사역하는 교회로 만드는 것이다.

셋째로, 평신도가 사역자가 되어 적극성을 띠고 교회와 사역을 하게 되었다. 플레이스를 통한 자기발견 즉, 성격유형, 은사, 능력, 열정, 경험을 발견하여 사역에 배치한 것은 평신도들이 자발적인 사역참여와 기쁨으로 사역하게 해 준다.

넷째로, 이러한 은사발견과 상담을 통해 성도들을 교회사역에 적재적소에 배치하게 되었다. 이것은 사역 에너지의 효율화를 가져오고 에너지가 낭비되지 않는다.

다섯째, 교회 사역을 전문화, 체계화하게 되었다. 교회의 모든 사역은 플레이스에 의해 배치된 가장 적합한 인재들이 사역에 들어오므로 전문가나 전문가 수준으로 자라게 되고 이들의 전문성은 사역에 반영된다. 따라서 사역이 전문화 되는데 사역기술서와 사역지침서가 완비됨으로 사역이 체계화 된다.

여섯째, 교회 조직은 기능적인 조직으로 변화되었다. 교회조직은 전통의 제직회 구조에서 또는 위원회 구조에서 팀 조직으로 변모하였고 팀장중심으로 사역의 권한을 위임시켰다.

일곱째, 교회의 은사적 약점과 강점이 발견되고 강점은 살리고 약점은 보완되어 건강한 교회로 만들었다.

이 사역지침서는 그동안 은사중심사역 / 기능적 조직을 6개월간 컨설팅 한 교회 중에서 나름대로 독특한 사역을 하는 교회를 선정하여 모아놓은 것이다.

5~6개월간의 컨설팅은 다음과 같은 과정으로 실시되었는데 그 중 마지막 단계는 이 사역지침서를 제작하여 그룹별 팀별로 훈련시켜서 사역에 들어가는 것이다.

❖ 컨설팅 과정

1. NCD 설문과 맥스헬스 시스템에 의한 진단과 분석
2. 토양작업
3. 기능적 구조화 작업
4. 사역기술서 만들기
5. 은사발견 과정 실시
6. 상담
7. 배치
8. 사역지침서 제작
9. 사역개발
10. NCD 설문과 결과 분석

아무쪼록 독자들이 이 사역지침서를 참고하여 각 교회의 성도들이 사역자가 되어 모든 성도가 사역하며 교인의 평균 15%만 여러 사역에 짐을 지고 지치는 것이 아니라 1인 1사역하는 교회가 될 뿐 아니라 각자의 은사를 발견하여 은사 받은 대로 사역함으로 사역이 전문화 체계화되어 주님 기뻐하시는 열매 맺는 사역이 되어 지기를 간절히 소망한다.

2009년 10월

김영평 목사

- 차 례 -

❙ **대그룹 사역 실행지침** / 13

Ⅰ. 가치 / 14   Ⅱ. 구조 / 24

Ⅲ. 사역준비 / 31   Ⅳ. 은사배치 / 37

Ⅴ. 상담 / 43   Ⅵ. 배치 / 50

Ⅶ. 사역가이드 제작 / 52   Ⅷ. 사역개발 / 55

❙ **베스트 사명선언문** / 59

동부광성교회 사명선언문 / 60   영화교회 사명선언문 / 61

창원 새순교회 사명선언문 / 63   수원온누리교회 사명선언문 / 65

은혜로교회 사명선언문 / 67   광주 새순교회 사명선언문 / 69

목천교회 사명선언문 / 70   김해 안디옥교회 사명선언문 / 72

❙ **베스트 사역가이드** / 73

사역조직 / 74

1000   **예배사역국 사역가이드** / 79

1010. 예배 준비팀 / 82   1020. 예배 안내팀 / 86

1030. 찬양대 사역팀 / 90   1040. 찬양단 사역팀 / 92

1050. 드라마 사역팀 / 101   1060. 방송사역팀 / 108

1070. 성례지원팀 / 132

2000   **선교사역국 사역가이드** / 134

2010. 선교 지원팀 / 136   2020. 독거노인 사역팀 / 151

2030. 소년소녀 가장 사역팀 / 154   2040. 지역전도팀 / 157

2050. 문화교실팀 / 160   2060. 기쁜소식팀 / 163

2070. 어린이선교원팀 / 166   2080. 직장인선교팀 / 168

2090. DNA팀 / 170   2100. 지역환경미화팀 / 177

2110. 군선교사역팀 / 180   2120. 유치장선교팀 / 183

2130. 농어촌선교팀 / 190   2140. 전도폭발팀 / 193

2150. 의료선교팀 / 199   2160. 호스피스팀 / 201

2170. 독서학교팀 / 203

3000 양육사역국 사역가이드 / 208

3010. 유아 · 유치부팀 / 210   3020. 아동부팀 / 216

3030. 청소년부팀 / 229   3040. 장년양육팀 / 238

3050. 아버지학교팀 / 244   3060. 어머니학교팀 / 247

3070. 성경일독학교팀 / 256   3080. 왕의 잔치팀 / 259

3090. 큐티학교팀 / 285   3100. 기도학교팀 / 288

4000 공동체사역국 사역가이드 / 294

4010. 경조사역팀 / 295   4020. 새 가족팀 / 298

4030. 중보기도팀 / 302   4040. 애찬팀 / 308

4050. 알파팀 / 312   4060. 스포츠 운영팀 / 325

5000 행정사역국 사역가이드 / 327

5010. 행정지원팀 / 328   5020. 은사배치팀 / 332

5030. 자료홍보팀 / 337   5040. 목회지원팀 / 345

5050. 교회홈페이지팀 / 347   5060. 카페운영팀 / 349

5070. 서점운영팀 / 352   5080. 데코레이션팀 / 354

6000   **관리사역국 사역가이드** / 356

6010. 교회청결팀 / 358   6020. 시설관리팀 / 361

6030. 차량사역팀 / 365   6040. 로뎀쉼터팀 / 368

6050. 수련원 운영팀 / 372

7000   **재정사역국 사역가이드** / 373

7010. 계수팀 / 374   7020. 출납팀 / 376

7030. 재정팀 / 377   7040. 감사팀 / 380

대그룹 사역실행지침

I. 가 치

1. 만인제사장설에 의한 모든 신자 사역

윌리엄 맥래(William McRae)는 오늘날의 교회를 비유하여 마치 축구 경기장의 모습과 같다고 하였다. 즉, 교회에 운집하는 수많은 성도들은 경기장의 관객으로 격무를 감당하는 교회의 유급 직원들은 연봉을 받는 프로 선수들로 비유한 것이다. 이것은 오늘날 우리의 교회가 안고 있는 기형적인 모습을 단적으로 보여준다. 결국 관객이 되어버린 대다수의 성도들은 사역의 주체가 아니라 객체요 평가자일 뿐이고 섬김과 봉사의 여러 업무는 유급직원과 소수의 평신도 헌신자들에 의해서 독점되고 있다.

(1) 독점된 사역, 국한된 사역

한국교회의 독특한 상황은 목회자를 절대시하여 목회자만 제사장인양 모든 사역을 독점하고 그렇게 하는 것이 목회자의 권위인 것처럼, 교회의 사역은 사역자(목회자)만이 하는 것처럼 여겨왔다. 이것은 수많은 헌신자들을 목회의 길로 가게 한 배경 가운데 하나라고 볼 수 있다. 종교개혁의 근본 사상인 만인 제사장설과 칼빈의 직업소명설을 보다 충실히 가르치고 실천했다면 현재 한국교회에 목회자 공급 과잉 현상도 없었을 것이다. 은사중심사역은 이러한 절대적인 가치 즉 만인제사장설에 그 뿌리를 둔다. 모든 성도들은 하나님의 부르심을 받은 평신도 사역자들이라는 것이다.

이와 반대로 목회자를 고용인처럼 생각하고, 나는 사회에서 일해서 번 돈으로 헌금했으니 월급 받는 목회자들이 일을 해라라는 태도이다.

"오직 너희는 택하신 족속이요 왕같은 제사장들이요 거룩한 나라요 그의 소유된 백성이니 이는 너희를 어두운데서 불러내어 그의 기이한 빛에 들어가게 하신 자의 아름다운 덕을 선전하게 하려 하심이라"(벧전 2:9)

오늘도 성도는 왕같은 제사장(벧전 2:9)으로서 교회를 섬기고 성도와 이웃을 섬기도록 부름을 받았다.

현재 한국교회 내에서 봉사 사역을 말할 때 두 가지 정도로 언급되는데 그것은 성가대와 주일학교 교사 사역이다. 마치 이 사역이 평신도가 할 수 있는 사역의 전부인양 강조되어 왔다. 그러나 이러한 사역은 지극히 많은 사역 중 일부 사역에 불과하다. 한국교회 성도가 일 천만 명을 넘는다는 통계에 비해 교회는 대사회적으로 기여하는 바가 심히 적다는 것은 이미 주지의 사실이다. 왜 이러한 현상이 벌어지게 되었나? 제도적 교회인 카톨릭에도 미치지 못하는 봉사수준은 한국교회가 이제껏 은혜주의에 빠져서 개인적인 믿음만 강조하고 교회적으로 봉사와 섬김에 대한 구체적인 사역을 해오지 못했기 때문이다. 그리고, 나머지 대부분의 사역은 목회자와 직원들의 몫이다..

성도는 왕같은 제사장인가? 아니면 관객인가?

(2) 만인제사장

루터로부터 시작된 종교개혁의 결과가 개신교라 한다면 개신교로 하여금 개신교가 오직 믿음으로 받는 구원(salvation by faith) 교리이며 둘째는 오직 성경, 그리고 마지막으로 만인 제사장직(全信者祭司長職, every believer's priesthood) 교리가 그것들이다. 이 세 가지 교리들 중 첫 번째와 두 번째는 그런 대로 적절히 이해되어 왔으며 또 그 교리의 실현이 나름대로 이루어져 오고 있다고 평가할 수 있다. 하지만 이 세 가지 교리들 중 유독 전 신자 제사장직 교리만큼은 아직도 제대로 이해되지도 않고 있으며, 실현되지 않고 있다.

그러나 이상한 것은 세 번째 교리인 만인 제사장직 교리의 경우는 상황이 사뭇 다르다는 사실이다. 물론 개신교도들 중에 만인 제사장직 교리를 부정하는 사람은 아무도 없을 것이다. 문제는 이 교리의 의미를 제대로 이해하지 못하고 있는 사람들이 적지 않다는 점과 이 교리의 실현이 여전히 이루어지지 않고 있다는 점이다.

만인 제사장직 교리(The doctrine of every believer's priesthood)는 유감스럽게도 많은 사람들에 의해 오해되어 왔다. 즉 구원론적 입장에서나 또는 카톨릭의 교권으로부터의 탈피라는 측면에서 강조되어 왔을 뿐 사역적 측면이나 그리스도인의 의무와 책임이라는 점에서 이해되거나 강조되어 오지 않았다는 점이다.

사실상 이 교리는 모든 신자가 사역하는 교회를 위한 핵심적인 교리이며 신학적 근거이다. 모든 그리스도인이 하나님의 복음을 위한 제사장이라면 교회는 마땅히 그리스도를 주님으로 믿는 모든 교인들로 하여금 사역자의 삶을 살 수 있도록 개발해 주어야 한다. 베드로전서 2장 9절은 그리스도인이 "왕같은 제사장"(royal priest)임을 선언하고 있다. 여기서 왕같은 제사장으로 부름 받은 사람들은 "갓난아이들과 같이 순전하고 신령한 젖을 사모해야 하는"(벧전 2:2) 영적인 아기들이었다는 점에서 그리스도인은 하나님의 자녀로 태어남과 동시에 왕 같은 제사장으로 태어난 것을 알 수 있다. 전신자 제사장직 교리란 "개개 그리스도인이 세상과 하나님 사이를 화목하게 하는 복음의 제사장"이라는 의미인 것이다.

구약시대의 제사장들이 행하던 주된 임무가 무엇인가? 한 마디로 압축하여 말하자면 그들의 주된 임무는 제사 드리는 일이었다. 그러면 그들이 제사장으로서 제사를 드리는 이유는 무엇이었으며 또 누구를 위한 제사였는가? 자신을 위해 제사를 드렸는가 아니면 다른 사람, 곧 백성을 위해 제사를 드렸는가? 두 말할 여지없이 제사장으로서 그들이 드리는 제사는 자신을 위한 것이 아니라 백성들을 위한 제사였으며 백성들을 하나님과 화목하게 하기 위한 제사였다. 마찬가지로 그리스도를 주님으로 모셔들인 사람들을 제사장이라 부르심은 그리스도인들이 자신의 죄를 하나님께 직접 가지고 나아갈 수 있는 자가 되었음을 알려주기 위함이라기보다 불신자들을 하나님께로 인도하여 하나님과 화목케 하는 복음의 제사장으로서의 사역자임을 알려주기 위한 표현인 것이다.

우리는 적어도 초대교회 시대와 초기 기독교시대에 있어서(오순절 성령 강림 사건으로부터 콘스탄틴 황제에 이르기까지) 모든 신자가 복음을 위한 제사장으로서의 직분 수행을 당연히 여겼으며 그것을 그리스도인의 본연의 임무로 여기고 또 그러한 인식 하에 복음의 제사장으로서 살아간 수많은 증거들을 본다. 예루살렘 교회가 핍박받는 일을 당하게 되었을 때 그 핍박으로 인하여 각 곳으로 흩어진 사람들이 복음의 말씀을 두루 전파한 사건이나(행 8:1-4), 복음 전하는 일이 사도들에게만 국한되지 않고 디모데, 디도, 스데반, 빌립, 브리스길라와 아굴라 등과 같은 사람들에 의해 이루어졌으며 이방인에게로 복음이 전파되기 시작하는 과정에서 평범한 그리스도인들이 중요한 역할을 감당한 사실들은 이러한 사실을 잘 뒷받침한다고 믿어진다.

뿐만 아니라 예수 그리스도께서 부활하시고 승천하신 사건으로부터 불과 270여 년 밖에 안 되는 짧은 시기에, 그것도 연속되는 10명의 황제들이(교회 역사가들은 이들을 일컬어 10대 박해자라고 부른다. 로마의 방대한 조직력을 동원하여 기독교에 혹심한 박해를 가한 시기에 로마 전역을 복음으로 변화시키는 엄청난 일을 해낼 수 있었음은 실로 놀라운 일이 아닐 수 없다. 이러한 일이 가능했던 이유는 그리스도께 대한 초대교인들의 사랑과 헌신이 자신의 생명을 아끼지 않는 수준이었음과 동시에 교회 속에서의 그리스도인들간의 강한 사랑의 응집력, 그리고 자신의 근본 신분이 하나님의 사역자라는 사실을 인식하고 그 신분에 걸 맞는 사역을 감당한 결과였다고 요약할 수 있을 것이다.

(3) 모든 교인이 사역자라는 개념의 의미

"모든 교인이 사역자"라는 말과 혼용 또는 병용되는 것이 "평신도 사역자" 또는 "평신도가 사역하는 교회," "평신도 운동," "전신자 사역"등과 같은 용어들이다. 그러나 이러한 용어들이 사용될 때 그 의미를 살펴보면 약간씩 다르거나 그 근본 전제를 달리하는 것들을 보게 된다. 우선적으로 구분해야 할 개념은 평신도 운동 또는 평신도 사역이다. 평신도 운동에 관한 관심이 한국에서 구체적으로 표현되기 시작한 것은 60년대 말로 추정된다. 그러나 이 시기로부터 불러 일으켜진 평신도 개념과 평신도 운동의 방향은 성직자들(목회자들)과의 대립 관계 속에서 설정됨으로써 적지 않은 부정적 성향을 띠기도 했다. 비록 이러한 성향이 오늘까지 확산되거나 지속되었다고 말할 수는 없으나 이러한 개념이 잔존하고 있는 것이 사실인 듯싶다. 모든 교인이 사역자라는 말의 의미는 어떤 점에서도 목회자와 평신도의 대립구도(이 경우 교회 속에서의 주도권 다툼과 같은 차원에서의 대립) 속에서 이해되어서는 아니 되며 오히려 사역의 책임과 의무라는 면에서 이해되어야 마땅하다.

따라서 "모든 교인이 사역자"이며 "모든 교인이 사역하는 교회"란 문자 그대로 교인의 숫자가 얼마이든 한 사람도 사역으로부터 면제해 주거나 제외시키지 않는 것을 의미하는데 전신자(모든 신자)가 사역하는 교회란 이러한 상태를 의미하는 것이다. 그의 영적 성장 정도가 어떠하든지 그 수준에 적합한 복음을 위한 사역을 감당할 수 있다는 전제하에 그 어느 누구도 제외시키지 않고 모든 교인이 사역한다는 말이다.

2. 은사에 기초한 사역

리브스의 동물학교에 이런 이야기가 있다.

옛날에 동물들이 모여 학교를 세웠습니다. 그들은 수영, 달리기, 오르기, 날기로 된 교육과정을 만들었습니다. 학생들은 모든 과정을 필수적으로 이수해야만 했습니다.

오리는 수영엔 우수했습니다. 사실 그는 강사보다 더 나았습니다. 그러나 그는 오르기에서는 겨우 통과점수만 얻었고 달리기 성적은 낙제였습니다. 그는 너무나 느렸고 그래서 방과 후에 과외를 해야만 했습니다. 오리는 달리기 과외를 너무 하다 보니 물갈퀴가 다 닳았습니다. 그렇기 때문에 능숙한 수영 솜씨마저도 겨우 평균 점수만 낼 수 있었습니다. 그러나 전체 평균성적은 나쁘지 않았기 때문에 오리 외에는 아무도 그것에 대해 염려하지 않았습니다.

토끼는 반에서 달리기를 가장 잘했습니다. 그러나 수영실력을 향상시키기 위해서 물에서 많은 시간을 보내야 했기 때문에 얼마 후에는 다리에 신경통이 생겼습니다.

다람쥐는 오르기에는 가장 뛰어난 솜씨를 발휘하였지만 날기 수업에서는 항상 좌절했습니다. 그의 몸은 날기 과목에서 잘하지 못하는 착륙 연습을 하느라 지쳤기 때문에 달리기에서도 매우 낮은 성적을 얻게 되었습니다.

독수리는 문제아였습니다. 날기 외에는 아무 것도 하려들지 않고 자기 방식대로만 하기를 원했습니다.

동물들은 각각 독특한 목적을 가지고 창조되었습니다. 그들은 각자가 창조된 목적대로 일을 했을 때는 우수했습니다. 그러나 그들이 능숙한 영역 밖의 일을 하려고 애 쓸 때는 결코 효과적이지 못했습니다.

오늘 우리 한국교회의 상황도 같다. 교회 봉사를 위한 사역에 있어서 모든 것은 일방적인 임명으로 이루어진다. 교사도 그렇고 성가대도 그렇다. 그 사람이 가지고 있는 은사나 관심분야는 거의 고려되지 않는다. 절대적인 순종이라는 미명 아래 강요되어진 사역을 하는 경우가 많다. 그렇지 않으면 어떤 사역에 개인이 '뛰어 들거나' '포섭'당한다.

주일학교 교사의 예를 들어보자. 연초에 교사 임명을 한다. 그리고 6개월쯤 지나면 해당 부서에 교사가 모자라게 된다. 그렇게 되면 담임목사에게 "교사가 모자라니 여름성경학교를 위해서 교사를 충원해 주십시오"라고 요청하게 된다. 담임목사는 교사충원을 위해 광고도 하고 설교도 해서 주일학교 교사의 사명을 강조한다. 그래서 그중 사명감에 불타는 성도 가 '뛰어든다'. 그리고 각 부 부장이 영향력을 발휘하여 교사를 '포섭'한다. 그렇게 해서 또, 6개월이 지나간다. 년 말이 되면 같은 현상이 반복된다. 사역 빈곤의 악순환인 것이다. 왜 그런가? "은사 받은 대로" 하지 않기 때문이다. '포섭' 당하거나 '뛰어든' 사람 중 자기 관심분야 가 아니거나 가르치는 은사가 없거나 스타일이 맞지 않으면 중도에서 탈락하기 때문이다.

오리가 뭍에서 달릴 수 있는가? 물론 달릴 수 있다. 그러나, 그것이 그가 가장 잘하는 일인가? 아니다!

오리도 달릴 수 있다. 그러나 그들은 느리고 쉽게 지친다.

사역하는 사람도 그와 같을 수 있다. 물밖에 나온 오리처럼 우리는 우리가 가진 은사의 영역 밖에서도 봉사할 수 있다. 우리는 그 일을 할 수 있다. 그러나, 그 일은 우리가 가장 잘하는 일은 아니다.

오늘 성경을 이렇게 말씀하신다.

"각각 은사를 받은 대로 하나님의 각양 은혜를 맡은 선한 청지기 같이 서로 봉사하라"(벧전 4:10)

당신이 하나님께로부터 받은 달란트(모든 포괄적인 은사가 무엇인지를 아는 것이 중요한 이유가 이것이다. 여기서 말하는 은사란 성령의 9가지 은사(고전 12:8-10)만이 아니라 하나님께서 각 사람에게 태어날 때부터 주신 모든 달란트(Talent)를 말한다. 예를 들어 다스림(관리), 예능, 재주, 지도력 등이 포함된다.

당신의 은사가 무엇인지를 안다는 것은 당신이 열심과 효율성을 가지고 사역을 할 수 있게 한다.

당신의 은사가 무엇인지를 앎으로써 당신은 사역의 보람과 성취를 맛보며 기쁘고 효율적으로 사역하게 될 것이다.

본래 하나님의 사람들은 구원받는 순간부터 하나님의 교회를 위하여 봉사하도록 은사를 부여받았다. 우리가 이 은사를 바로 알고 내게 주신 열정과 스타일을 따라 선한 일 위하여 헌신할 때 하나님을 위하여 귀하게 쓰임 받게 될 것이다.

3. 권능위양(權能委讓)의 리더쉽

(1) 권능위양이란

어릴 때 읽은 무협지에 보면 훌륭한 사부가 나온다.

훌륭한 사부들은 하나같이 제자를 키울 때 제자들을 혹독하리 만치 강하게 훈련시킨다. 그리고 나서 자신의 모든 무예를 흔쾌히 제자에게 전수한다. 그리고 자신이 터득하지 못한 무예에 대한 ·비전을 이루어줄 것을 부탁하고 자신이 가지고 있던 빼어난 보검이나 영약까지 건네준다. 마지막으로 그의 등에 대고 자신의 내공, 즉 기(氣)를 불어넣어 준 뒤 제자를 떠나보낸다. 그러한 스승 밑에서 자라난 제자는 결국 스승의 이름을 욕되게 하지 않을 뿐 아니라 그 또한 장차 훌륭한 스승이 된다. 물론 가롯 유다 같은 돌연변이도 가끔 하나씩 있지만 대체적으로 그렇다는 말이다.

구약에도 이러한 스승을 찾아보게 된다. 그 대표적인 스승은 엘리야다. 엘리야는 그의 제자 엘리사 선지자에게 갑절의 영감을 허락한다. 물론이 영감은 제자인 엘리사가 간절히 구한 면이 있고 영감은 하나님이 주시는 것이지만 엘리야 선지자가 허락지 않았다면 하나님께서도 허락하지 않았을 것이다. 그러나 엘리야 선지자는 엘리사에게 갑절의 영감을 흔쾌히 허락했다. 그것은 하나님의 사역이 더욱 더 왕성히 진행되기를 소원하는 마음이었을 것이다.

예수님께서는 이러한 권능위양(Empowerment)의 모본이셨다.

예수님이 공생애 3년 동안 가장 심혈을 기울이신 사역은 12명의 제자를 키우신 사역이다. 물론 한 명은 실패했지만 이 12명이 70인 전도대로 오순절 마가의 다락방에서 120문도로 또한 3천명으로 불어났다.

행 2 :41 그 말을 받는 사람들은 세례를 받으매 이 날에 제자의 수가 삼천이나 더하더라

행 6 :7 하나님의 말씀이 점점 왕성하여 예루살렘에 있는 제자의 수가 더 심히 많아지고 허다한 제사장의 무리도 이 도에 복종 하니라

성경은 단지 교인 또는 믿는 자라 하지 않고 제자의 수가 늘어 난 것을 말씀하고 있다. 예수님을 닮은 사람 예수님의 제자가 기하급수적으로 늘어나는 모습이다. 예수님은 제자들에게 그들이 나가서 사역할 때 모든 권세 하늘의 권세를 주셨다. 뿐 만 아니라 제자들이 자기보다 더 큰 일 더 큰 능력, 더 큰 사역을 하기를 원하시고 그렇게 훈련시키시고 그런 능력을 부어 주셨다.

요 14장 12절 내가 진실로 진실로 너희에게 이르노니 나를 믿는 자는 나의 하는 일을 저도 할 것이요

눅 9 :1 예수께서 열 두 제자를 불러 모으사 모든 귀신을 제어하며 병을 고치는 능력과 권세를 주시고

예수님의 제자들은 실제적으로 예수님보다 더 큰 일을 시도하였고 이루어졌다. 예수님이 사역하신 영역은 주로 갈릴리와 예루살렘이셨지만 그들은 예수님의 지

상명령 즉 선교의 · 비전대로 온 유대와 사마라아와 땅 끝까지 복음이 전파되었던 것이다.

빌립 집사는 사마라아에서 큰 능력과 선교를 이루었고 제자들이 가는 곳곳마다 특히 바울이 가는 곳곳마다 복음이 큰 능력 가운데 전파되었다. 예수님이 인간인 제자들 보다 능력이 모자라서 그렇게 하신 것인가? 예수님께서는 바로 권능위양(Empowerment)의 능력을 아셨기 때문에 그렇게 하신 것이다.

우리는 흔히 교회는 담임목사 역량만큼 자란다고 한다.

요즈음은 한 걸음 더 나아가 장로의 수준이 교회의 역량을 나타내준다고 한다. 현재의 모습에서는 그럴 수밖에 없다. 왜냐하면 모든 권한과 책임이 담임목사와 당회에 있기 때문이다. 현재 한국교회의 침체 현상은 이런 것과 결코 무관하지 않다.

(2) Empowering Leadership의 필요성

필자는 1997년 초 미국의 성장하는 교회들을 둘러보면서 많은 깨달음과 충격을 경험하였는데 특히 빌하이벨스 목사님이 시무 하는 월로우크릭 교회를 방문하여 큰 충격을 받았다. 그것은 철저히 은사중심적 사고에서 나온 팀사역이 아름답게 진행되고 있다는 것이다. 매주 토요일과 주일에는 구도자 예배(Seeker Service) 수요일에는 기신자들을 위한 예배를 드리는데 빌하이벨스 목사는 자신이 가진 은사가 지도력과 전도이므로 담임목사의 역을 맡고 구도자들을 전도하기 위한 구도자예배를 맡지만 가르침의 은사는 부족하므로 - 내가 보기엔 부족하지 않은 데도 - 더 잘 가르칠 수 있는 목사로 하여금 Teaching Pastor로 삼아 수요 예배를 맡겨 기신자들을 위한 가르침 중심의 예배로 권능위양을 한 것이다.

사역의 주요분야들이 이렇게 전문가로 구성되고 전문가들이 팀을 이루어 사역할 때 엄청난 시너지가 나오는 것을 알게 된다. 이런 교회는 더 이상 담임목사 수준에서 또는 장로의 수준에서 교회가 머무르지 않는다. 한국교회에서는 팀 목회가 안 된다고 말한다. 당연한 말이다. 권능이양의 리더쉽이 안 되는데 팀 목회가 될 리가 없다. 은사중심으로 사역하지 않는데 팀 목회가 될 수 없는 것이다.

팀 목회는 Empowering Leagership의 철학과 기술이 뒷받침되지 않으면 하지 않는 것이 더 낫다. 또한, 은사중심적 사고와 실제적인 힘으로 나타나지 않으면 안 되는 것이다.

NCD 8가지 원리 중 하나인 '사역자를 세우는 리더쉽' 즉 Empowering Leadership이 안되면 팀사역은 안 되는 것이다. 은사중심사역구조가 아니면 사역의 전문화와 발전은 기대할 수 없다.

Ⅱ. 구 조

1. 선한 싸움을 싸우라

은사배치사역을 할 때 가끔 이런 질문을 받게 된다.

어떻게 하면 교인들을 단번에 은사배치 할 수 있습니까? 교인들을 모두 모이라고 하고 하루에 전부 은사 조사해서 배치하면 되지 않겠냐고.

어떤 교회에서 그런 생각으로 200명 가량의 성도들을 대상으로 하루에 은사배치를 실시했다. 그런데 은사배치를 할 수가 없었다. 왜냐하면 은사배치사역을 할 준비가 되어있지 않았기 때문이다. 은사는 확인할 수 있었지만 그 은사를 어디에 어떻게 적용해야 할지 어디에 배치해야 할지 어떻게 은사를 확인한 성도들은 누구와 상담을 하며 어디에 들어가야 할지가 준비되지 않았다. 더욱 결정적인 것은 교회의 핵심 멤버 즉 장로 권사들이 다수 불참한 것이다. 즉 핵심 그룹에게 동기부여가 되지 못했다. 은사배치사역은 사전에 설명되지 않았으며 교회적 공감대를 형성하지 못한 채 실시되었던 것이다. 이렇게 한 교회들은 실패할 수밖에 없다.

은사배치사역은 단순히 교인들의 은사를 확인해서 배치만 하면 된다는 단순함 그 이상이다. 궁극적으로 모든 성도들로 하여금 받은 바 은사대로 사역하게 하는 총체적인 프로세스이며 전략이며 과학이다. 따라서, 목회자와 사역 리더들이 사역의 전 과정을 이해하고 전략적으로 프로세스를 진행해 나갈 때 직능별 은사사역은 꽃 피게 되는 것이다.

2. 목회자 연구과정 - 목회자가 먼저 팀이 되어야 한다.

목사 혼자서 목회하는 단독목회에서는 해당되지 않지만 목회자가 2명 이상만 되는 교회에서 은사배치사역을 위한 첫 번째 단추는 목회자들이 먼저 "모든 성도들을 사역자로 세우는" 철학을 공유하고 교역자들이 먼저 은사테스트를 실시하여 자신의 은사를 발견하여 은사 받은 대로 목회사역에 재배치되고 평신도 은사배치 상담을 위한 훈련을 하여야 한다.

은사중심사역은 NCD 8가지 특성 중 하나이지만 실제로는 '권한을 위임하는 리더쉽'과 기능적 조직을 아우르는 것으로 교회 조직을 살아있는 유기체적 조직으로 만들고 전문화시키는 특성을 가지고 있다. 따라서, 먼저 교회지도자인 목회자 그룹이 이 철학을 공감하고 은사를 확인하며 자신이 가진 은사를 따라 먼저 사역을 점검하고 조정하는 것이 필요하다. 그리고, 목회자가 은사중심사역팀이 되어 은사배치사역을 진행하다가 은사를 따라 구성된 평신도 팀이 만들어지면 평신도 팀에게 사역을 이양하는 것이다. 뿐만 아니라 은사확인을 받은 평신도들을 현재 교회의 사역과 연결하는 상담사역은 교역자들이 상담훈련을 받아 상담하는 것이 필요하다.

교역자들은 은사중심사역의 최초의 팀이자 마지막 팀인 것이다

3. 은사사역 팀 구성

은사사역팀을 구성해야하는 것은 핵심지도자들부터 시작하여 가능한 한 모든 성도들이 자기은사를 발견하고 사역하는데 나가기까지 모든 과정들을 준비하고 실행하며 실행과정을 감독하는 일을 하기 위함이다. 은사사역팀은 먼저 은사배치 과정을 경험한 자라야 팀원이 될 수 있다. 따라서 최초의 은사사역팀은 먼저 경험된 목회자들로 팀을 구성한다. 최초의 은사사역팀은 핵심 지도자 그룹을 제 1 기 세미나를 통해 세우고 단계적으로 평신도들에게 권능을 위양한다. 다시 말해서 평신도들로 하여금 은사배치사역의 핵심으로 사역을 실시하도록 한다.

❖ 사역팀 조직의 예 ❖

분 야	담당자	임 무
발견팀	세미나진행자: 000 강사 : 000 찬양담당 :000	1. 세미나 강의 준비 * 1, 2과 / 000 * 3, 4과 / 000 * 5, 6과 / 000
	세미나 장소 정리 ,준비 낮 : 000, 000 밤 : 000, 000 접수 : 000, 000	1. 세미나전 강의실 준비 2. 프로젝션TV, 전기연장선, 이동앰프설치, 비디오촬영 3. 출석부, 명찰 4. 음료수, 간식 5. 교재 인원수만큼 준비
상담팀	네트워크목사, 각 교구 교역자	세미나 후 1:1 상담(3주내 개별실시)
정보지원팀	행정사역자:000 000	1. 은사배치 세미나 홍보자료 제작(포스터, 현수막) 2. 현황 조사판 제작 부착 3. 은사배치에 필요한 제반양식지 제작 준비 4. 사역 직책 설명서 제작
	presentation 준비: 000, 000	1. 은사배치 교재 제작 2. 강의 개요 준비(멀티용) 3. 강의 개요 presentation

❖ 실행 일정표 ❖

항목 \ 날짜	1주	2주	3주	4주	5주	6주	7주	8주
발견팀								
1. 강의안 준비 프레젠테이션 준비	■							
2. 강의 도구준비				■				
3. 강의				■	■	■		
상담팀								
개별 상담							■	
정보지원팀								
1. 포스터 제작	■							
2. 주보 광고	■	■						
3. 현황조사판 제작	■							
4. 제반양식지 제작	■							
5. 사역직책설명서제작	■					■	■	
6. 교재 제작								
7. 현수막 제작	■							
8. 지원서 접수		■	■					

4. 교회조직의 단순 명료화 (배치할 사역은 무엇인가?)

(1) 교회 조직을 정비하라

교단이나 교회에 따라 다르지만 일반적으로 장로교단에서는 교회의 사역조직을 제직회 구조 속에 넣고 거의 일방적인 임명제로 부장과 부원이 임명되어 왔다. 이런 구조는 사역의 효율성을 제고하기 어려운 구조이다. 효율적인 구조는 소그룹의 전문화된 구조만이 능동적으로 사역을 성취해 나갈 수 있다. 따라서, 제직회 부서 형식을 탈피하여 교회 조직을 팀 위주로 조직해야 한다.

교회 사역을 몇 개의 중요 사역 그룹으로 나누고 중요 사역 그룹 속에 팀으로 조직을 재구성한다. 중요 사역 그룹과 팀 사이에 위원회 조직을 두는 경우도 있지만 조직은 가능한 한 단순한 것이 좋다.

(2) 섬김의 리더십

이제까지 전통적 사고방식은 상위기관에서 결정하고 지시하고 감독하고 하위 부서는 이를 시행하는 스타일이었지만 '권한을 위임하는 리더십'에 근거한 은사중심사역은 각 사역팀이 실제적인 권한을 갖는다. 따라서, 팀에게 모든 힘을 실어주고 위원회 또는 상위 부서는 팀이 사역을 지원하는 지원 체계가 된다.

위원장이나 그룹장이 팀 위에 절대로 군림하지 못하게 하라. 군림하는 그룹장(또는 위원장)에게 속한 그룹에서는 자발적인 은사중심사역이 일어나지 않는다.

사람의 속성가운데 어느 누구도 주인이 되고 싶고 종이 되고 싶은 사람은 없다. 리더가 주인이 되면 팀원은 종이 되기 싫어서 다 도망간다. 그러나 리더가 종이 되면 팀원들은 서서히 따르게 된다. 그 다음에 그들도 종이 되어 간다. 종의 도를 몸소 가르치는 것이다.

우리 모두는 예수님의 종이기 때문이며 교회 공동체를 함께 섬기는 자들이다. 그래서 무엇보다 중요하게 여겨야 하는 것은 서로가 서로를 섬기는 것이다.

(3) 그룹장(또는 위원장)의 역할과 임무

* 필요한 부서나 팀을 조직한다.
* 각 팀원들을 후원, 격려, 그리고 영감을 불어넣고 영적 리더가 된다.
* 각 부서별 사역을 위한 전문교육을 실시한다.
* 각 팀들의 사역평가와 통계를 매 월 실시하고 SALT회의에서 보고한다.

그룹장은 섬김의 리더십을 발휘하지만 한 가지를 감독할 임무가 있는데 그것은 팀이 교회의 핵심가치(철학)와 사명, 비전, 전략대로 가고 있는가를 감독하는 것이다. 오직 한 가지 감독해야 하는 것은 오직 이것뿐이다. 그런데 이것도 율법이 되어서는 아니 되고 필요하면 수정해야 한다. 상위그룹은 코치이며 협력자이지 보스가 아니다.

그러나 누구든지 먼저 우선해야 할 것 즉 개인의 경험, 은사, 경력, 지위 능력보다 우선해야 하는 것은 공동체성이다. 은사중심사역은 교회를 위해서 존재하는 것이지 교회가 은사중심사역을 위해 있는 것은 아니다. 따라서 공동체성을 규정해

주는 교회의 핵심가치와 사명·비전 전략에 충실해야 한다. 모든 사역은 교회 공동체의 정체성과 목적에 의해서 이끌어 져야 한다.

5. **교회사역 코드화**

(1) **대그룹을 코드화 하라.**

교회의 5대 사역 예배, 전도(선교), 교육, 친교, 봉사라고 한다. 이것을 더 구체화하여 아래와 같이 구분할 수 있고 구분된 사역에 코드를 붙인다.

100 예배사역그룹(찬양 , 방송사역포함)

200 전도 및 선교사역그룹

300 교육사역(영적성장사역)그룹

400 공동체(친교)사역그룹

500 행정관리사역그룹

(2) **사역소그룹(팀) 코드화**

대그룹 안에 팀 구조가 있으며 10 단위로 조직한다.

예

100 예배사역그룹

    110 예배 준비팀

    120 찬양팀

    130 방송팀

    140 드라마팀

    150 꽃꽂이팀

(3) **사역직책**

각 팀 안에는 평신도사역자 개개인에게 부여되는 구체적인 사역직책을 명시한다.

100 예배그룹

    110 예배 준비팀

111 팀장

112 예배안내

113 강단 도우미

114 예배 순서자 연락

120 찬양팀

121 워쉽리더

122 싱어

123 워쉽댄서

124 건반악기

125 타악기

126 현악기

130 방송팀

131 홈페이지 운영

132 데코레이션

133 무대감독

134 무대보조

135 음향조정

136 프리젠테이션

Ⅲ. 사역준비

1. **사역기술서**(Job Description)**만들기**

(1) **사역기술서의 필요성**

성도들이 자신의 은사를 발견했을 때 사역과 연결하기 위한 기준이 필요하게 된다. 이 기준이 바로 사역기술서이다. 직능은사사역에서 이 부분이 잘 안 되는 부분이기도 하다. 각 팀에게 사역기술서를 만들어줄 것을 요구했을 때 왜 이것이 필요한지를 잘 인식하지 못하는 경우를 종종 보게 된다. 많은 사람들이 이렇게 반문했다. 꼭 이렇게 까지 해야 합니까?

은사자 프로필만 보고 상담해 보면 어디가 적합할지 아는 것 아닙니까? 특히 상담자가 목회자인 경우 상담해서 성령이 감동(?)하시는 대로 배치하면 되는 것이 아닌가? 반문하는 경우가 많았다. 다시 말해서 사역배치는 직관에 의존한다는 것이다.

그 이유는 바로 동양적 사고와 서양적 사고의 차이라고 볼 수 있다. 서양은 합리적이고 귀납법적인 사고방식을 좋아하지만 동양은 직관적인 사고를 좋아한다.

나는 서양적 사고방식은 옳고 동양적 사고는 틀렸다고 보지 않는다. 특히 신앙의 문제에 있어서 서양의 이성주의 합리주의는 신앙을 분석하다가 교회가 무너진 것이 아닌가 생각된다. 따라서 동양적 사고 직관적 사고가 결코 열등하다고 보지는 않는다. 목회자라면 성도들의 은사를 보고 그 사람의 성격, 스타일을 보고 즉석에서 사역을 배치해 줄 수 있다.

그러나, 이 은사중심사역에 있어서 은사배치는 단지 개인을 상대로 하는 작업이 아니다. 이 작업은 교회 공동체가 목적을 따라 비전에 이끌려 가는데 필요한 사역의 분야를 개발하고 그 사역에 필요한 사역자들을 통합적 시각에서 바라보고 배치하여 교회공동체의 목적을 이루는데 있다.

뿐만 아니라 교회는 "사역의 세 가지 색깔"이라는 차원에서 사역배치가 이루어져야하는데 내가 속한 교회가 어떤 색깔의 분포를 가지고 있는지를 발견하여 부족한 색깔을 보충하는 사역배치가 되어야 함으로 직관으로 다루었다가는 커다란 오류를 낳을 수밖에 없는 것이다. 성도들의 은사를 확인해 보면 "세 가지 색깔"중 대부분은 치우친 색깔을 가지기 마련이다. 이 치우친 색깔을 가진 성도들을 어떻게 사역적 균형을 가지고 배치할 것 인가하는 것은 철저한 분석(진단)과 분명한 기준에 의해 배치하지 않을 수 없는 것이다.

❖ 사역의 세 가지 차원 ❖

삼위일체	사 역	특 성	권 위	생명의 세 차원	세 가지 경향
성 부	창 조	지 혜	과 학	육	자유주의
성 자	갈보리	헌 신	성 경	혼	복음주의
성 령	오순절	능 력	경 험	영	은사주의

특히, 사역배치에 있어서 교회적인 칼라와 개인의 칼라를 구분할 때 특성을 중요시한다. 지혜중심인가? 헌신중심인가? 능력중심인가? 대개 이 세 가지 중 하나에 치우친 교회나 성도들이 많은 것이다. 이것을 균형 잡게 해서 건강한 교회로 만드는 것이 은사배치의 궁극적인 목표이다.

(2) 사역기술서의 내용

- 직책명 : 사역의 가장 기초단위인 사역직책을 기록한다.
- 팀명 : 사역의 최초 소그룹인 팀 이름을 기록한다.
- 국명 : 위의 팀을 포함하고 있는 사역 국명을 기록한다.
- 날짜 : 사역 기술서를 처음 작성한 날짜를 기록한다.
- 세부적 임무 : 해당사역직책에 대한 세부적 임무를 정확하게 명시한다.
- 요구되는 은사 : 해당사역을 성취하는데 필요한 은사(30가지 중)를 기록한다.
- 성격유형 : 4종류 성격유형 중 사역에 적합한 성격유형을 모두 ❖표시한다.
- 열정 : 해당사역과 연관된 열정이 무엇인지를 명시한다.

1. 열정의 표출방법 : 영향력, 지도력, 도전, 사교, 창조, 조직, 봉사, 감화, 개선 등
   2. 열정의 대상 : 초신자, 목회자자녀, 선교사, 노숙자, 죄수, 이혼한 사람, 10대 등
- 영적성숙도 : 사역에 필요한 최소한의 영적성숙도 즉 구도자, 어린이, 청년, 아비중 하나를 표시한다.
- 동역네트웍
   1. 하부구조의 사람 : 내가 코치해야하는 사람들
   2. 상부구조의 사람 : 내가 코치 받아야 하는 사람
   3. 협력구조의 사람 : 서로 도움 받아야 하는 수평라인의 사람
- 주간 총 사역시간 : 사역에 필요한 주중 총 시간을 명시한다.
- 사역시간 : 언제 주로 몇 시간 사역하는지를 명시한다.
- 사역기간 : 흔히 범하게 되는 잘못은 사역기간을 정하지 않는 것이다. 각각의 임무기간을 명확히 하고 이 기간이 끝나는 시점이 다가오면 연장할 것인가를 분명히 논의하고 재헌신을 명확히 해야 한다.
- 정기모임 : 사역에 필요한 정기모임 시간을 명시 알려준다.
- 장소 : 사역이 이루어지는 장소를 명시한다.
- 태도 : 이 사역에 필요한 자세(태도)를 기술한다.
- 필요한 영적 훈련 : 사역에 필요한 최소한의 영적 훈련을 기술한다.
- 필요한 기술적 훈련 : 해당사역에 필요한 기술적 훈련이 무엇인지를 명시한다.
- 추가적 합의 사항 : 그 이외에 사역을 위해 필요한 것들을 서로 합의한 내용을 기록한다.

❖ 사역기술서 ❖

직책명	팀 명	국 명	날 짜
423. 교회소개	420. 새가족	400. 공동체	2006.1.10

목표
새 가족에게 교회 소개를 한다.

세부적인 임무들
새 가족에게 교회 소개를 한다.
필요한 자료를 공급하고 방문카드를 받는다.

요구되는 은사	성격유형
섬 김	■ D형 / 주도형
행 정	■ I형 / 감화형
가르침	■ S형 / 안정형
권 면	□ C형 / 신중형

열 정	능 력	요구되는 영적 성숙도
도 움	■ 현실형	□ 구도자
교 육	■ 연구형	□ 어린이
감 화	■ 예술형	■ 청 년
새신자	■ 사교형	□ 아 비
	■ 기업형	
	■ 전통형	

동역 네트웍	
하부 구조의 사람	
상부 구조의 사람	새가족팀장
협력 구조의 사람	새가족 영접

주간 총 사역시간	사역시간	사역기간
30분	주일 1.2.3부 예배 후	1년

정기모임	장 소
매월 첫째주 토요일 오후7시	3층 새가족실

태 도
설득력, 언어구사, 겸손함, 새 가족을 사랑하는 마음

필요한 영적 훈련	필요한 기술적 훈련
양육 2루 진출	예절훈련

추가적인 합의사항
1.매월 정기모임 시 팀장에게 1달간의 사역을 보고하고 건의 및 개선안을 제시한다.

(3) 사역기술서 제작 과정

사역기술서는 은사대로 사역과 매칭하는 기준이 되는 자료로서 가능한 한 은사배치세미나 전 제작되는 것이 좋다. 그러나 팀장이상 리더들이 세미나를 경험하지 못한 상태에서는 충분히 이 부분을 만들어 내지 못하는 경향을 보인다. 그러므로 핵심사역자들을 먼저 세미나를 경험하게 하고 나서 사역기술서를 만들게 하고 먼저 경험한 교역자들이 이를 도와주면서 다시 보완 수정해 나가면 된다.

사역기술서를 만들기 위한 리더 모임을 갖는다.
1. 사역기술서의 필요성을 설명한다.
2. 사역기술서 작성방법을 설명한다.
3. 사역기술서 작성시 현재 봉사하고 있는 사람들의 활동에 제한 받지 말고 필요한 사역을 개발할 것을 독려한다.
4. 사역을 개발하되 한사람의 봉사가 감당할 수 있는 분량으로 사역을 적당한 크기로 나누라. (예, 1일에 12시간의 헌신을 요구하는 사역이 있다면 세 사람이 각각 1주일에 4 시간씩 나누어 사역할 수 있도록 하라)
5. 사역수준에 대한 이해를 분명히 하도록 상세히 설명한다.
6. 사역기술서 제출기한을 알려주고 팀에서 이를 공동작업으로 만들 것을 독려한다.
7. 의문점이나 어려운 일이 있을 때 언제나 당신에게 도움을 청하도록 알려준다. 당신의 도움을 요청하는 사람들이 분명히 있을 것이다.
8. 세미나를 참석하지 못한 사람은 사역기술서 개발에 참여할 수 없는데 만일 참여하지 못 한 지도자가 있다면 차후에 세미나에 참여하게 하고 이 단계에서 설명한 내용을 꼭 알려준다.

사역담당교역자들로 하여금 사역지도자들을 만나서 그들의 애로사항이나 의문점을 파악하고 사역기술서 제작을 도와준다.

사역기술서를 모두 모아 한 권의 책으로 편집한다.

1. 가능한 한 쉬운 용어를 사용하라.

2. 각 팀간에 사용된 용어를 통일한다. 예를 들어 어느 곳에는 "리더"라 표현하고 다른 부분에는 '지도자' 라고 썼다면 한가지로 통일하라.

3. 가편집한 사역기술서를 사역지도자에게 배포하고 수정해야 할 부분을 수정하여 제출하게 한다. 제출기한을 주고 수정한 것을 받는다.

4. 수정된 사역기술서를 배포하고 사인을 받는다.

5. 완성된 판을 제작하여 상담자료로 사용한다.

Ⅳ. 은사배치

1. 은사배치세미나 준비

(1) 은사배치세미나 실행팀 구성

이미 준비단계에서 제1기 은사배치세미나를 받은 지도자들을 대상으로 은사를 따라 은사배치 실행팀을 구성한다.

(2) 홍보

- 은사중심사역, 비전설교를 담임목사가 한다.
- 발견세미나를 모든 수단으로 홍보한다.
- 등록을 시작한다.
- 연간 세미나 일정을 공고한다.

(3) 은사배치 세미나 과정

▶ 은사배치 사역은 세 단계로 구성됩니다.

① 발견과정(1단계) : 6회에 걸친 50분 길이의 세미나를 통해 신자가 하나님이 주신 자신의 봉사자 프로필(관심사, 은사, 성격유형)을 발견하도록 도와줍니다. 이 과정을 통해 참석자는 하나님이 의도하신 자신의 사역처를 발견하게 됩니다.

② 상담과정(2단계) : 일대일의 개인접촉을 통해 상담을 통하여 봉사자 프로필에 따라 하나님이 그 성도에게 가지신 창조목적을 발견하고 적합한 사역처를 찾아가도록 해줍니다.

③ 사역단계(3단계) : 네트워크의 목표에 해당하는 단계입니다. 이 단계에서는 "모든 신자는 청지기다"라는 이론을 실행하게 합니다.

▶ 은사배치 세미나는 언제 합니까?

은사배치 세미나는 년 3회 3월, 6월, 9월에 3일간 3회 과정으로 실시됩니다.

- 낮반 : 화~목 (3회) 10:00-12:00 am

- 밤반 : 월, 화, 목 (3회) 7:30-9:30 pm
- 장소 : 세미나실
- 신청서접수 : 매 회시 15일 전에 1, 4층 안내대에 비치 된 신청서를 작성 방문카드 함이나 교역자들에게 제출
- 문의처 : 네트워크 담당

▶ 누가 참석할 수 있습니까?

은사배치 세미나는 자격제한이 없습니다. 새신자든 기신자든 등록교우면 누구든지 가능합니다.

2. 발견과정

(1) 진행계획

① 계획수립(세미나 5주전) - 위원장, 임원 및 각 팀장
- 기도회 실시
- 세미나 계획 조견표 작성 (양식 540-1)

② 세미나 4주전
- 교재제작 또는 준비
- 포스터 제작 및 부착(양식 540-2)
- 현수막 제작 및 부착(양식 540-3) - 기존 제작된 것을 변경사항에 맞춰 수정 사용
- 주보 광고 실시
- 강사 예약
- 신청서 접수 시작(양식 540-4)

③ 세미나 3주전
- 기도회 실시 - 임원 및 각 부장
- 세미나 대상자에 안내문 발송(양식540-5)

④ 세미나 2주전
- 강사 확정

⑤ 세미나 1주전

- 기도회 실시 - 전 위원 대상

- 안내문 발송자에게 전화 신청 확인 및 독려

- 강사 확인

- 계획 조견표 확인

⑥ 세미나 3일전

- 접수자를 확인하고 1차 전산 입력(출석부와 명찰 제작용)

- 조편성

⑦ 세미나 1일전

- 최종 신청자 2차 전산입력

- 출석부(540-6)와 명찰 제작(양식 540-7)

(세미나 당일 미신청자 참석에 대비하여 명찰 여분을 준비해 놓을 것)

⑧ 세미나 실시

3. 세미나 종료 시 할 일

적절한 사역처 찾기 위한 사역메뉴(540-8)

개인프로필 작성(540-9) / 은사배치세미나 마지막 강의 시 개인프로필을 작성해서 받는다.

세미나 계획 조견표(540-1)는 세미나의 전과정을 시나리오화 한 것으로 시역자들이 필히 협의하고 숙지하여 빈틈없이 조견표대로 사역이 진행되도록 코치한다.

우리 교회에서 가능한 사역들

* 작성하시기 전에

이 메뉴표는 2003년 직능별 은사 사역을 선택하기 위한 자료입니다. 전체 사역을 검토하신 후 □안에 3가지만 체크하세요.

100 예배사역			
110 예배준비팀	**120 찬양팀**	**130 드라마팀**	**140 미디어팀**
□ 예배안내 □ 강대상 준비 □ 꽃꽂이 □ 성례준비	□ 찬양인도 □ 싱어 □ 워쉽댄스 □ 건반악기 □ 타악기 □ 현악기 □ 금관악기	□ 연기 □ 대본 □ 연출 □ 분장 □ 의상 □ 조명	□ 홈페이지 관리 □ 사진 □ 데코레이션 □ 음향(믹서) □ 카메라(비디오) □ 프레젠테이션

200 선교사역			
210 해외선교팀	**220 국내선교팀**	**230 지역사회봉사팀**	**240 홍보팀**
□ 해외선교지원 □ 선교연구	□ 개척교회담당 □ 농촌교회담당	□ 장애자 복지 □ 불우이웃담당 □ 외국인 노동자 □ 병원 찬양 □ 의료선교	□ 홍보물 제작 □ 진행 □ 사진 □ 편집 □ 디자인

300 양육사역			
310 유치부	**320 아동부**	**330 청소년부**	**340 장년부**
□ 교사 □ 서무	□ 교사 □ 서무	□ 교사 □ 서무 □ 찬양인도 □ 건반악기 □ 타악기 □ 조명 □ 음향	□ 수양회담당 □ 새가족반 □ 양육반

400 공동체 사역			
410 경조팀	420 새가족팀	430 애찬팀	440 파워기도팀
☐ 경사 ☐ 장례	☐ 새가족 식별 ☐ 영접 ☐ 식탁담당 ☐ 교회소개	☐ 애찬관리 ☐ 주방관리 ☐ 자판기관리 ☐ 정수기관리	☐ 목사와 교회를 위한 ☐ 다음세대를 위한 ☐ 예배를 위한 ☐ 산상기도

500 행정관리 사역			
510 시설관리팀	520 차량관리팀	530 재정관리팀	540 직능은사팀
☐ 전기,전등 ☐ 냉난방 ☐ 건물	☐ 주차관리 ☐ 운행 ☐ 청소 ☐ 정비	☐ 헌금계수 ☐ 장부정리 ☐ 출납 ☐ 헌금교육	☐ 은사발견 ☐ 상담 ☐ 전산관리 ☐ 사역개발

NF 540-8

개인 프로필

1. 성명 /　　　　　성별 / 남, 여　　　나이 /　　　전화번호 /

나의 열정은 : 1. 2.	나의 은사들은 : 1. 2. 3. 4. 5.

2. 나의 성격유형은 :　　　　　그래프 유형은?

　▶D (　·　)　　　　　▶I (　　　　)

　▶S (　　　)　　　　　▶C (　　　　)

3. 나의 신앙 성숙 상태는 :

　▶구도자　　　　　　　▶초신자

　▶성장중　　　　　　　▶지도자

4. 현재 주중 봉사가능한 시간은 :

　▶1~2시간　　　　　　▶3~4시간

　▶5시간 이상　　　　　▶잘 모르겠다.

5. 본인이 생각하기에 교회에 적합한 사역은?

순 위	사역명	팀 명	그룹명
1			
2			
3			

6. 좀 더 알고 싶은 사역은 :

사역명	팀 명	그룹명

NF 540-9

V. 상 담

1. 분위기 조성

분위기가 경직되지 않도록 아이스브레이크를 한다. 지원자가 편안한 분위기에서 상담할 수 있도록 모든 배려를 한다. 다음과 같은 말로 긴장을 풀 수 있다.

* 오늘 하루 어떠셨어요?
* 오늘 상담을 너무 기다렸습니다.
* 하시는 일은 어떠십니까?

2. 상담은 기도로 시작한다.

" 하나님 아버지 오늘 000 성도와 함께 네트워크 상담을 하게 되었습니다. 하나님께서 이 성도를 향하신 선한 뜻을 함께 발견하게 하시고 주신 은사를 따라 주의 몸 된 교회를 통하여 이루고자하시는 하나님의 뜻을 이루게 도와 주시옵소서. 예수님의 이름으로 기도하옵나이다. 아멘"

3. 교적부 작업 (영적 성숙도 확인)

하나님의 일은 영적인 일이므로 무엇보다 영적성숙도를 고려해야 한다. 교적부를 보고 상담하다가 잘못 기록된 부분을 빨간색으로 고친다. 정정한 부분은 컴퓨터 교적관리프로그램에서 수정한다.

교적부를 보면서 상담할 내용은 다음과 같다.

▶ 세례, 영접

먼저 교적부를 보고 언제부터 예수를 믿었는지 확인한다. 세례 받은 날, 모태신앙 등, 예수를 영접했는지, 성령으로 거듭났는지, 구원의 확신은 있는지를 확인한다.

▷ 직업을 살핀다.

취업, 자영업, 무직, 회사, 직위, 업종 / 분야

▷ 교육수준(전공)

교육수준을 물어본다는 것은 매우 조심스러운 부분이다. 따라서 우회적인 질문으로 접근하는 것이 필요하다.

예 무엇을 전공하셨습니까?

고등학교미만, 고등학교졸업, 대학, 대학원

4. 상담점검표 작성 (NF540-10)

사역경험과 현재하고 있는 사역

(대학)전공분야, 사회경험, 교회사역경험, 현재하고 있는 사역 조사

(1) 관심사

1. 2. 3. 순위를 적고 4단계(검증되지 않았음. 보통, 상당한 열정, 검증되었음)중 하나에 체크하고 상담내용 및 참조사항에 왜 그 분야에 관심이 있는지 그런 일을 해보았는지를 물어보고 수준을 파악해서 기록하고 단계를 체크한다.

(2) 관심사 확인을 위한 질문

▷ 어떤 연령층에 관심이 있는가?

▷ 어떤 환경에 대해 관심이 있는가?

▷ 어떤 방법으로 도울 수 있는가?

▷ 어떻게 그 사역을 개선할 수 있는가?

(3) 관심사에 대한 개발수준

단 계	설 명
검증되지 않았음	해당분야에 관심은 있지만 사역경험이 전혀 없는 경우
보통	해당사역에 열정이 있으며 약간의 경험이 있는 경우
상당한 열정을 가지고 있음	해당사역에 상당한 열정이 있으며 약간의 경험이 있는 경우
검증되었음	해당사역에 상당한 열정이 있으며 사역에 상당한 시간을 헌신하여 인정받은 경우

(4) 은 사

은사확인을 위한 질문 : 지원자의 과거부터 현재까지 가지고 있는 은사활용 수준을 판단하기 위한 질문입니다.

▷ 당신은 발견된 은사가 평소 생각하던 자신의 은사와 일치하십니까?

▷ 일치하지 않는 다면 매우 놀라셨겠군요?

▷ 당신의 가진 은사를 어떻게 활용하셨습니까?

▷ 당신은 은사에 대해 다른 사람들이 인정한 경험이 있습니까? 그렇다면 어떤 식으로 인정받았습니까? 경험을 말씀해 주십시오.

▷ 당신의 은사가 발휘되는 것을 느낀 때는 언제였습니까?

(5) 은사에 대한 개발수준

단 계	설 명
불확실함	사역경험이 전혀 없는 경우
초보	제한적으로 또는 소규모에서 은사대로 사역한 경험이 있다.
중급	자기 은사대로 장기간 사역해 왔으며 인정된 경우
리더	인정되었을 뿐 아니라 다른 사라들을 개발하거나 이끌 수 있는 수준의 사람

(6) 성격유형(DISC)

성격유형은 수준의 높낮이를 가늠하지 않습니다. 어떤 스타일로 일을 할 때 더 효과적인지를 알게 합니다.

(7) 성격유형 확인 질문

▷ 확인된 성격유형이 정말 맞는다고 생각되십니까?

▷ 어떤 면에서 어떤 경험에서 그렇다고 생각하십니까?

▷ 어떤 환경이나 조건이 당신에게 최적의 기쁘게 일할 수 있는 환경입니까?

▷ 일할 의욕이 생기지 않는 상황은 어떤 상황입니까?

(8) **영적성숙도** : 교적부 확인질문으로 파악 체크

영적성숙도	내용
태신자(Seeker)	구원의 확신이 없고 그리스도를 알아 가는 과정 예배에는 출석
초신자	구원의 확신이 있고 세례를 받음
성장중	제자훈련을 통해 성장하고 있음
지도자(Leader)	팀 이상(셀, 구역, 또는 사역팀)의 리더를 맡고 있음

(9) **가용시간**

시간 양을 체크하고(1~2시간 등) 요일별 오전 오후별 가능시간 표시

(10) **가능한 사역**

가장 적합한 사역을 알려주고 합의하여 1, 2, 3순위까지 조합하여 기록한다. 사역에 참여할 수 없는 경우 이유를 적고 일정 기간이 경과 후 가능하면 6개월 후 재상담요 등으로 적는다.

5. **마무리**

상담이 마치면 교적부와 개인프로필, 상담점검표를 상담점검표가 맨 위에 오도록 하여 개인별로 철하여 네트워크 목사에게 반환한다.

6. **배치 시 주의사항**

사회에서 동일업종에 종사하는 사람을 동일한 부서에 가능한 한 배치하지 않는다. 은사배치이전에 우선적으로 고려해야 할 것은 교회는 성도들로 하여금 기쁨과 보람과 감사가 넘치게 하는 곳이라는 점이다. 그런데 일주일 내내 돈을 세던 은행원이 교회 와서도 돈을 세야한다면 대부분은 기쁘지 않은 것이다. 또한 현직 교사들이 교회학교 교사를 하였을 때 학생들도 대부분 반기지 않았고 교사 자신도 기쁘게 사역하는 경우를 드물게 본다는 것이다. 심리적으로 교회생활에 만족하는 것은 정신노동자의 경우는 육체적인 사역 즉 몸을 많이 움직이는 사역에 배치되었을 때 만족도가 높았고 육체노동자는 정신노동을 필요로 하는 사역에 일할 때 만족도가 높은 것을 알 수 있다.

교회학교 교사는 현직 교사를 배치하지 않는다. 교회학교 교사는 은사가 가르침인 사람으로 하되 현직 교사를 배치할 수 없다.

재정부원은 현직 은행원이나 재정사무를 직업으로 하지 않는 은사자로 한다.

은사배치 상담점검표

상담자(교역자) / _____ 내담자 / ID : _____ 성명: _____

상담결과 기록란					
봉사 가능한 분야	그룹명		그룹명		그룹명	
	팀 명		팀 명		팀 명	
	직책명		직책명		직책명	
배치되지 못함	사역배치를 못한 이유					

1. 사역경험과 현재 하고 있는 사역

순 위	전공분야	사회경험	교회사역경험	현재 사역경험
1				
2				
3				

2. 관심사

개발수준 \ 관심사	1.	2.	3.
검증되지 않았음/불확실함			
보 통			
상당한 열정을 가지고 있음			
검증되었음			
상담한 내용 및 참조사항	1.	2.	3.

3. 은 사

개발수준 \ 은사명	1.	2.	3.
불확실함			
초 보			
중 급			
리 더			
상담한 내용 및 참조사항	1.	2.	3.

4. 성격유형

무슨형?   그래프 유형?

□ D (   )   □ I (   )

□ S (   )   □ C (   )

5. 영적성숙도

□ 구도자   □ 어린이

□ 청년   □ 아비

6. 가용시간 (주간)

□ 불확실   □ 제한적(1-2시간)   □ 보통(3-4시간)   □ 많음(5시간이상)

	월	화	수	목	금	토	주일
오 전							
오 후							
야 간							

7. 가능한 사역

구 분	그룹명	팀 명	직책명
1			
2			
3			

8. 사역현장에 참여하지 못하는 이유

_____

VI. 배 치

1. 상담 후 서류작성

(1) 자료파일 수집

각 상담자로부터 지원자들을 상담하고 작성한 모든 파일들을 돌려받는다.

돌려받을 파일의 목록

- 교적부 : 정정사항은 교적관리 프로그램에서 정정

- 개인프로필 : 보관

- 은사배치 상담점검표 : 보관

(2) 그룹장 상담 점검표 작성 (NF 540-11)

자료파일이 정리되었으면 위원장 상담점검표를 작성한다. 작성된 위원장 상담
점검표는 그룹장에게 전달하고 2주일 안에 결과를 회신 받는다.

아래의 그룹장 상담점검표에서 1번부터 4번까지는 은사배치팀에서 기록하여 전달
한다.

2. 그룹장 상담 지침

위원장은 은사배치팀에서 그룹장 상담점검표를 받는 대로 24시간이내에 지원자
와 통화하여 상담시간을 정한다. 상담 시 사역기술서(Job description)를 기준으로
사역배치하고 이를 기록하여 은사배치팀에게 전달한다.

3. 은사배치 최종 마무리 작업 지침

▶ 상담결과 사역배치표 작성

수료자 명단을 확정하고 최종상담 결과를 집계하여 사역배치표를 작성한다.

번 호	성 명	전화 번호	은 사	기존 사역부서	재배치부서	비 고	2000년 0월 현재

최종배치 결과에 따라 은사발견 세미나 등록 후 미수료자 명단 추가 및 수료자를 미수료자 명단에서 삭제한다.

Ⅶ. 사역가이드 제작

은사중심사역에 있어서 사역가이드 제작은 필수적이다. 사역가이드는 해당사역의 목적과 방향성 그리고 사역을 어떻게 하는가에 대한 모든 지침서이다.
사역가이드의 기술(記述)은 크게 두 가지 내용을 갖는다.
첫째는 선언문(statements)이고 둘째는 사역지침(manual)이다.

1. **선언문**(statements)

선언문은 해당사역의 가치, 사명, 비전, 전략 등을 기술한다. 선언문을 작성할 때 유의해야 할 것은 해당교회의 기본적인 철학(핵심가치)과 사명, 비전 및 전략에 비추어서 반대되거나 상충되는 내용이어서는 안 된다. 따라서, 각 사역부(또는 위원회), 팀의 선언문을 작성하기 전에 해당교회의 핵심가치와 사명, 비전, 전략을 세우고 명시화 한 후에 이를 모든 사역팀들이 공감하며 숙지한 상태에서 실시해야 한다는 것이다.

특히 사명선언이 분명하지 않은 상태에서 사역을 진행할 때 오는 문제점은 사역을 팀의 리더의 주관이나 사상에 의해서 또는 사역팀 다수의 즉흥적인 생각에 의해서 팀이 이끌어져 나가고 교회적 구심력을 잃을 수 있다는 것이다. 다시 말해서 교회의 본질적인 목적에서 벗어 날 수 있으며 공동체성을 파괴하면서도 파괴하는지 조차 모르면서 사역하게 될 수도 있다는 것이다.

한 예로 어떤 교회에 교회신문을 만드는 부서가 있었는데 신문의 사회적인 개념인 비판과 견제의 기능을 편집장이 강조하여 교회신문을 제작하는 바람에 교회 안에 덕을 세우지 못하고 한 걸음 더 나아가 대외적인 선교매체로서 교회신문을 사용할 엄두조차 내지 못하고 있었다.

만일 교회신문팀의 사명선언문이 사전에 선교적 목적을 분명히 하였다면 목적에 반하는 신문은 나올 수가 없는 것이다. 이미 신문이 여러 차례 나오고 난 후에 신문이 이러니 저러니 하게 되면 갈등의 소지를 만드는 것이다.

선언문을 명시하여도 해석에 따라 달라질 수 있는 변수가 생기기도 하는데 사명선언문 조차 없다면 사역이 삼천포로 갈 수 도 있는 것이다.

선언문(statements)에서 다루어야 할 내용은 다음과 같다.

(1) 핵심가치(Core Value)

핵심가치는 왜 이 사역을 해야하는가? 에 대한 답이다. 즉, 사역의 가치를 기술하는 것으로 사역의 동기를 부여해 준다.

(2) 사명(mission)

사명은 해당사역이 도달해야할 지점이다. 교회의 사역은 목적중심이 되어야 한다. 목적은 사역의 방향을 좌우한다. 목적 없는 사역은 마치 허공을 치는 것과 같다. 사도바울은 고전 9:26에서 " 그러므로 내가 달음질하기를 향방 없는 것 같이 아니하고 싸우기를 허공을 치는 것 같이 아니" 한다고 했다.

사명은 "무엇을 할 것인가?" 에 대한 답이다.

각 사역의 이루어야 할 것들을 구체적으로 기술한다.

(3) 전략

전략은 "어떻게" 할 것인가에 대한 답이다. 그러므로 해당사역의 사명을 이루기 위해 필요한 과정들을 구체화하는 것이다. 이것을 계획이라 생각하는데 계획과 전략은 분명한 차이가 있다.

전략은 행동 지향적이고 계획은 의도 지향적이다. 소울 앨린스키는 전략이란 "당신이 가진 모든 것을 사용하여 행하는 것" 이라 정의했는데 그것은 전략의 행동적 특성을 말한 것이다. 계획이란 지도자나 실행담당자가 사역의 목적을 이루기 위해 의도한 방법이나 프로그램이지만 전략은 사명을 이루기 위한 과정이며 프로세스를 보여주는 것이다. 계획은 예를 들어 주일예배계획, 친교계획, 전교인 운동회 계획 등 단회적 반복적으로 일어나는 사건을 계획할 수 있지만 목적을 향해 일관되게 이루어나가는 과정을 말해주지는 않는다. 전략이란 그 사역목적을 성취하는 수단으로 만일 사명이 고지를 점령하는 것이라면 언덕 밑에서 언덕 꼭대기까지 어떻게 올라가는가를 구체화하는 것이다.

2. 사역지침서(manual)

(1) 가능한 한 도표화하라

사역지침서는 사역을 실제적으로 진행하는 설명이자 지도다. 따라서, 지도는 그림이어야 더 명확히 들어온다.

(2) 단순 명료화하라

가급적 모든 사역지침은 단순한 것이 좋다. 때때로 과시하기 좋아하는 스타일의 리더가 팀을 이끌 때 실제보다 과장되고 복잡하게 만드는 경향이 있는데 이런 것들은 사역의 효율성을 방해하는 것들이다.

교회의 사역자들은 다양한 계층의 사역자들이므로 가능하면 어린아이들도 사명선언서와 사역지침서를 읽고 이해할 수 있도록 작성하는 것이 좋다.

그래야 누구나 이해하고 실시할 수 있는 것이다.

사역개발

1. **사역팀 구성**

각 위원회는 목적과 필요에 따라 팀을 구성한다. 팀은 팀장 이하 10명 미만으로 구성하되 다음과 같은 절차를 따른다.

새로운 팀을 조직하는 것은 교회의 사역적 균형과 필요를 우선적으로 고려하여 조직하는데 단 해당사역의 적임자가 없을 경우에는 조직하지 않는다.

(1) **절차**

▸ 교회성장으로 오는 필요성으로 팀 구성 건의를 수용하여 회의를 한다.

▸ 사역그룹을 통하여 필요성 수용결정을 한다 (사실 과학적 분석 필요).

▸ 교회의 구성조직의 가능성 조사를 한다 (구성원 은사조사 통계활용)

▸ 조직의 교섭으로 들어가 구성을 사전 조율하고 조직원들의 1차목적 발표와 조율 회의를 한다.

▸ 업무를 위한 사무장비를 구비한다.

▸ 팀사역을 위한 기본교육(사명선언서와 지침)을 실시하고 사무실 시설을 개설 예배와 구성하고 시무 예배로 시작을 한다.

▸ 팀의 임무를 개설하면 교회 신문과 주보에 공포한다.

(2) **규범**

모든 팀의 다양한 사역은 메뉴얼의 시행 방식을 통하여 수행한다. 본 위원과 팀은 교회의 성직과는 관계가 없이 직능별 전문성을 서로가 존중이 여기고 섬기는 기독교적인 신앙으로 전환하여야 한다. 군에서 사병이 작전병으로 작전의 임무를 받으면 소대장이 장교라 하더라도 직무수행은 사병의 직제 명령을 따라야 한다. 그러므로 팀사역에 있어서 교회의 직분에 의해서 사역이 움직이는 것이 아니라 전문성과 팀사역으로 사역하여야 한다.

(3) **에피소드**

교회 전도용과 내부홍보용을 겸한 신문을 만들 필요성을 느끼고 신문팀을 조직해야겠다고 생각한 후 우리는 먼저 벤치마킹을 시작했다.

몇몇 교회 신문을 검토하고 그 중 온누리 신문이 가장 적합하다고 여겨 온누리 신문사를 탐방하여 신문제작에 노하우를 조사했다. 그러나 그것만 가지고는 신문을 제작할 수 없었다. 은사배치를 통해 신문팀을 구성했지만 실제적으로 신문을 전문적으로 만들 수 있는 경험자는 거의 없었다. 실제적으로 사역을 하다보면 해당분야의 프로들은 헌신하는 사람들이 거의 없다는 것이다. 관심과 은사만 있는 아마추어기자들, 아마추어 편집인 ...

그래서, 온누리 신문 제작팀을 초빙하여 3일간 집중 신문제작세미나를 가졌다.

세미나를 참석한 신문팀은 자신감을 얻었고 신문제작에 들어갔다.

그 후 1달 후 창간호를 낼 수 있었다. 그리고는 계속해서 월간으로 신문을 제작할 수 있었고 편집을 위한 신문전담 간사를 두고 컴퓨터로 산문을 직접 편집 제작하는 단계로 1년만에 발전하게 되었다. 물론 기자와 편집, 교정등 대부분의 사역을 팀에서 담당한다.

2. 기초사역훈련 (위원회별 팀별 세미나)

이 훈련은 모든 사역에 있어서 선행되어야 하는 훈련으로 각 위원회 및 팀사역을 위한 statements와 manual을 숙지시키는 세미나이다. 모든 위원회 사역과 팀사역의 가치, 사명, 비전, 전략을 분명히 하고 사역지침을 반복교육하며 사역의 개선점을 찾아나간다. 모든 그룹과 팀은 매년 이 훈련을 실시하는데 매년 사역지침(manual)을 버전업하여 만든 뒤 그것을 기초로 실시한다.

3. 전문사역훈련

방송이나 홍보출판사역등 사역은 전문적인 사역기술이 요한다. 따라서 전문기술을 함양할 수 있는 훈련프로그램을 만들어 훈련을 실시한다.

❖ 전문훈련이 필요한 분야 ❖

사역명	팀 명	전문사역훈련
100 예배	150 꽃꽂이팀	꽃꽂이 강습회
	140 드라마사역팀	연기 분장 등 무대 훈련
	120 찬양팀	경배와 찬양
	130 방송팀	믹서운영세미나
		카메라 사용 및 촬영 전문교육
		파워포인트, 자막기 사용 교육 등
200 전도선교	220 홍보출판	신문제작세미나 편집세미나 기자훈련세미나
400 공동체	410 친교	레크레이션 전문강습

이 외에도 다양한 필요에 따라 전문교육을 실시할 수 있다.

4. **지도자 대회**(Advanced Leadership Training)

매 달 한번씩 각 사역지도자(팀장이상)들이 모여 지도자 대회를 갖는다.
지도자 대회에서는 지난달의 사역에 대한 평가와 교회적 전달사항 사역피드백, 리더십훈련, 격려 등의 순서를 갖는다.

(1) **지난 평가**

지난달의 평가는 각 위원회별 팀별 출석률과 주요 사역내용을 보고 받고 건의도 받는다.

(2) **사역지침**

향후 한 달간의 사역지침과 주요전달사항 협조사항 등을 알리고 시행되도록 한다.

(3) **리더십 훈련**

리더모임이므로 리더십을 성장시키기 위한 다양한 훈련을 실시한다.

베스트 사역선언문

동부광성교회 사명선언문

▌가 치
우리는 이 땅에 초대교회를 이루어 하나님의 나라를 확장해 나가는 성령의 공동체가 된다.

▌사 명
우리는 잃어버린 하나님의 영광스런 이름을 회복하는 교회가 된다.

▌비 전
① 우리는 영감있는 예배를 드리는 공동체가 된다.
② 우리는 모든 성도들이 은사를 따라 사역하는 공동체가 된다.
③ 우리는 전인적 소그룹을 경험하는 공동체가 된다.
④ 우리는 지역 사회와 함께 하는 공동체가 된다.
⑤ 우리는 선교에 적극적으로 참여하는 공동체가 된다.

▌전 략
① 우리 교회는 불신자를 전도하여 신자가 되게 하고
② 신자를 양육하여 주님의 제자가 되게 하며
③ 은사대로 사역하여 그리스도의 몸을 세우며
④ 신실한 주님의 제자들과 성경적인 교회를 세워 하나님의 나라를 확장한다.

▌교회의 4대 운동
① 말씀운동 - 1인 1년 성경일독 ② 기도운동 - 1인 1일 1시간 기도
③ 전도운동 - 1인 1년 2명 전도 ④ 사역운동 - 1인 1사역 갖기

영화교회 사명선언문

가 치(Value)

① 하나님의 나라 (마6:10,33, 눅12:31,32, 행1:3)

"하나님의 나라" 라고 함은 곧 하나님의 다스리심으로, 이는 우리 주 예수 그리스도의 핵심 가치이며, 우리에게는 Lordship 곧 그리스도의 주재권(절대 주권)으로 나타난다. 그러므로 우리는 이러한 하나님 나라의 가치를 최고의 가치로 여긴다.

② 관계 (마22:37-40, 요13:34,35)

"관계" 라고 함은 "위대한 계명"과 그리스도의 새 계명에 근거한 사랑의 관계를 의미한다. 그러므로 우리는 하나님과의 관계, 성도간의 관계, 이웃과의 관계를 매우 소중하게 여긴다.

③ 영혼(눅19:10, 마16:26, 막5:1-15)

"영혼" 이라고 함은 예수그리스도께서 이 세상에 오신 목적인 거룩한 추수를 의미하며, 그러므로 우리는 사람을 매우 가치 있게 여긴다.

사 명(Mission)

"성경에 계시된, 주님이 고안하신 바로 그 교회, 진정한 교회, 건강한 교회, 영광스러운 두 날개 교회를 여기와 저기 그리고 열방에 세운다"

◇ 성경적인 진정한 교회라고 함은 …을 의미한다.

① 그리스도의 임재, 능력, 목적이 있는 예수 공동체(그리스도의 몸으로서의 교회).

② 모든 성도가 사역자가 되는 헌신 공동체.

③ 주님의 지상 명령을 성취하는 제자 공동체.

- 잃어버린 영혼을 추수하는 거룩한 공동체.
- 지역사회를 섬기는 사랑의 실천으로 나라와 민족을 제자삼는 교회.
- 열방을 그리스도께로 인도하는 선교공동체(열방에 번식하는 교회).

▌ 비 전(Vision)

"주님의 기쁨이 되는 교회(마3:17, 요8:29), 세상의 소망이 되는 교회(눅4:18,19), 열방의 빛이 되는 교회(사60:1-3)로 오직 하나님을 영화롭게 하는 예수 공동체를 이룬다"

① "주님의 기쁨이 되는 교회"란 전성도가 사역자가 되며, 주님의 마음을 품고, 영혼을 추수하는 거룩한 교회를 의미한다.

② "세상의 소망이 되는 교회"란 지역을 섬기는 사랑을 실천으로, 나라와 민족을 제자 삼는 교회를 의미한다.

③ "열방의 빛이되는 교회"란 이러한 성경적인 진정한 교회를, 여기 서울과 저기 북한과 그리고 열방에 번식(Multiply, 재생산)하는 교회를 의미한다.

▌ VISION 3.3.3.

"영화 30주년에 기드온 용사 같은 300명의 중보기도 사역자를 통해 3000명의 제자공동체를 이룬다" (그 열매로 …)

① 직장인 선교사 파송 300명

② 무교회 지역 교회개척(북한을 포함하여) 300교회

③ 타문화권 선교사 파송(미전도 종족 입양을 위하여) 300명

▌ 교회의 전략

① NCD원리(8가지의 질적 특성, 최소치전략, 생명체원리)

② TOUCH 양육 훈련 커리큘럼(야구장 System)

③ Grace Walk & Grace Rule(오직 은혜)

④ 은사중심사역(은사배치 네트워크)

⑤ DNA(나라와 민족을 제자 삼는 운동)

⑥ MI 전도 소그룹

⑦ BCC(그리스도의 임재, 능력, 목적을 경험하는 소그룹)

창원 새순교회 사명선언문

▌ 가 치

- 오직 그리스도만이 주되심을 인정
- 하나님을 찬양하며 경배하는 것
- 모든 사람에게 복음을 전파하는 것
- 성경중심설교와 가르침에 따른 적용
- 개인기도와 함께하는 중보기도사역
- 온전히 헌신된 그리스도인으로 사는 것
- 격의 없이 교제하는 친교공동체
- 은사를 따라 팀을 이루어 사역하는 것
- 어려운 이웃들에게 물질적인 베품
- 하나님을 기쁘시게 하는 것

▌ 사 명

이웃에게 하나님의 사랑을 나누어 주어 하나님의 가족이 되게 하고, 각 사람을
그리스도 안에서 완전한 자로 세워 온전히 그리스도를 따르는 사람이 되게 하
는 것이다.

▌ 비 전

1. 한 생명 공동체로서의 삶
2. 제자훈련을 통한 지속적인 성장
3. 선교에 참여하는 교회

   우리의 목적은 이 땅에서 하나님 나라를 건설하고 주님의 몸인 교회를 세우는
   일을 하며 모든 일을 통하여 오직 하나님께 영광을 돌리는 것이다.

▌ 창원 새순교회가 지향하는 건강한 교회의 특징

(1) **질적 특성 8가지**

    1. 사역자를 세우는 지도력

    2. 은사중심적 사역

    3. 열정적 영성

    4. 기능적 조직

    5. 영감있는 예배

    6. 전인적 소그룹

    7. 필요중심적 전도

    8. 사랑의 관계

(2) **순모임 5대 목표** : 그리스도를 중심으로 하여

    1. 한가족 공동체를 이룸

    2. 새 신자를 양육함

    3. 상호책임을 지고 돌봄

    4. 서로의 지도력을 키워줌

    5. 복음을 전파함

수원 온누리교회 사명선언문

핵심가치

(1) 수원온누리교회는 불신 영혼을 그리스도께로 인도하는 것을 최상의 가치로 여긴다.

(2) 수원온누리교회는 성경적인 공동체인 셀 그룹을 가치 있게 여긴다.

(3) 수원온누리교회는 강력한 리더를 세우고 번식시키는 일을 가치 있게 여긴다.

(4) 수원온누리교회는 성도 한 사람 한 사람이 고유한 은사를 따라 사역하는 것을 가치 있게 여긴다.

(5) 수원온누리교회는 구원받은 성도들이 모여 축제의 예배를 드리는 것을 가치 있게 여긴다.

(6) 수원온누리교회는 지역사회를 섬기고 필요를 채우는 일을 가치 있게 여긴다.

(7) 수원온누리교회는 지역과 민족과 세계를 복음화를 위해 기도하는 것을 가치 있게 여긴다.

(8) 수원온누리교회는 대그룹과 소그룹의 양 날개를 가진 건강한 교회가 되어 성장하고 번식하는 것을 가치있게 여긴다.

사명 선언문

두 날개를 가진 거룩하고 건강한 교회 공동체를 세우자.

4대 비전

(1) **선교** : 우리의 비전은 수원온누리교회가 불신 영혼을 주께로 인도하는 것을 최우선 목표로 삼는 교회가 되고, 주님이 다시 오시는 날까지 잃어진 영혼을 끊임없이 추수하는 교회가 되는 것이다.

(2) **교육** : 우리의 비전은 지역복음화와 세계 선교에 필요한 강력한 리더를

양성해내는 교육을 하는 교회가 되는 것이다.

(3) **기도** : 우리의 비전은 하나님 나라의 사역을 강력한 기도로 감당하는 교회가 되는 것이다.

(4) **사역** : 우리의 비전은 모든 평신도가 거룩하게 살아가며, 하나님이 주신 은사와 재능을 따라 교회와 사회 속에서 열정적으로 사역하는 교회가 되는 것이다.

▌전 략

(1) 불신 영혼을 주께로 인도하기 위해 온 성도들이 지역의 주민들과 광범위하게 관계를 맺으며 필요를 채워주는 전도를 한다.

(2) 모든 성도가 참여하는 강력한 셀그룹을 통해 불신자들이 정착되고 자라게 하며 교회로 인도한다.

(3) 성도 한 사람 한 사람이 강력한 리더로 세우는 교육 및 훈련 커리큘럼을 만들어 작동시킴으로 리더의 번식이 일어나게 한다.

(4) 성도 한 사람 한 사람이 각자의 은사를 따라 1인 1사역을 하게 한다.

(5) 하나님의 거룩한 임재 속에서 회심과 치유가 일어나는 축제의 예배를 드린다.

(6) 지역 사회의 필요를 파악하여 지속적으로 지역사회를 섬김으로 복음의 씨를 뿌릴 수 있는 토양작업을 해나간다.

(7) 모든 성도가 지역의 불신자와 민족과 세계를 위한 중보기도의 사역에 참여하게 한다.

(8) 모든 성도가 소그룹과 대그룹에 속하여 거룩하고 경건하게 살아가는 건강한 교회를 이루도록 교회의 모든 역량을 집중시킨다.

은혜로교회 사명선언문

▌ 은혜로 교회 핵심가치

은혜로 교회는 하나님을 찬양하고 경배하는 일을 가치 있게 여긴다.

은혜로 교회는 불신자와 관계를 세우는 일을 가치 있게 여긴다.

은혜로 교회는 지역사회를 섬기는 일을 가치 있게 여긴다.

은혜로 교회는 서로를 축복하는 일을 가치 있게 여긴다.

은혜로 교회는 모든 신자가 함께 성장하는 것을 가치 있게 여긴다.

은혜로 교회는 모든 신자가 사역하는 것을 가치 있게 여긴다.

은혜로 교회는 성경적인 공동체, 셀 그룹을 가치 있게 여긴다.

은혜로 교회는 번식하는 것을 가치 있게 여긴다.

▌ 은혜로 교회 사명선언문

우리교회의 사명은 셀교회를 통해 성남을 하나님의 가치로 사는 거룩한 도시로 만들고 모든 족속을 제자 삼으라는 주님의 비전을 성취하는 사랑의 공동체가 되는 것입니다.

▌ 은혜로 교회 비전

▶ 비전선언문 : 우리는 성남과 그 주변 사람들에게 복음을 전하여 예수를 믿게 하고, 이들에게 체계적인 말씀교육과 철저한 신앙훈련을 통해 예수님을 닮은 성숙한 제자가 되게 하여, 가정과 직장과 지역사회를 변화시키고 세계선교에 헌신하게 함으로 하나님의 나라를 이 땅에 건설하는 교회가 되는 것이다.

(1) 우리의 꿈은 모든 교우들이 한자리에 모여 하나님의 영광스러운 임재를 경험하고 살아계신 하나님의 음성을 들으며 그분께 헌신을 다짐하며 생동감 있는 예배들 드리는 것입니다.

(2) 우리의 꿈은 매일 경건의 시간과 성경읽기와 성경암송을 하면서 주님의

철저한 인도하심을 받는 주님의 제자가 되는 것입니다.

(3) 우리의 꿈은 서로 주님께 받은 은혜를 나누고, 서로 칭찬과 격려와 위로 의 말을 하고, 함께 주님의 비전을 성취하는 사랑의 공동체가 되는 것 입니다.

(4) 우리의 꿈은 매일 30분 이상 기도의 시간을 가지고 주님의 나라와 의를 구하고 교회와 셀과 불신영혼들을 위해 기도함으로 영적인 지경을 넓혀 가고, 개인기도의 응답의 기쁨을 누리므로 하나님의 능력을 체험하는 것입니다.

(5) 우리의 꿈은 성도의 가정들이 예수 그리스도와 말씀을 기초삼고, 사랑과 순종의 두 기둥을 세우고, 이해와 용서의 두 창문을 달고 이웃을 향해 복음의 문을 활짝열고, 경건과 예배의 지붕을 덮고, 매일 성령의 도우심 을 받는 행복한 가정을 만드는 것입니다

(6) 우리의 꿈은 직장과 일터에서 하나님이 주신 재능과 은사로 열심히 일 하여 영향력을 나타내고, 구별된 삶 과 사랑으로 함께 일하는 동료들을 전도하고 양육하는 사역자가 되는 것입니다.

(7) 우리의 꿈은 그리스도의 사랑과 복 음으로 성남을 거룩한 도성이 되게 하여 그들에게 자부심과 꿈과 희망 을 심어주어 그들로부터 칭찬받는 소문나는 교회가 되는 것입니다.

(8) 우리의 꿈은 어렵고 연약한 교회를 돕고 선교사님들과 협력하고, 교회를 개척하고 선교사로 파송하고 후원하는 교회가 되는 것입니다.

(9) 우리의 꿈은 그리스도의 임재와 능력과 목적을 가진 셀을 경험하고 셀 번식을 통해 이 시대의 영적인 대 추수를 감당하는 것입니다.

(10) 우리의 꿈은 팀사역을 통해 교회의 지도력을 회복하여 성도들의 필요 와 사역을 돕는 것입니다

광주 새순교회 사명선언문

▌핵심가치

(1) **절대순종** : 우리가 마지막 시대의 영적전쟁에서 승리하기 위해서는 절대 순종이 필요합니다.

(2) **종된 겸손** : 주님은 우리에게 종된 겸손을 손수 본보이셨습니다. 우리의 겸손은 종된 겸손이어야 합니다.

(3) **평생 배움** : 주님 부르시는 그날까지 우리는 성화되어가는 '공사중'의 인생입니다 평생 배움은 우리의 기초입니다.

▌사 명

생명의 문화로 사망의 문화를 정복하는 그 날을 꿈꾸며

▌비 전

세상에 영향력을 미치는 건강한 그리스도인 마지막 시대의 추수를 감당하는 건강하고 거룩한 교회

이 꿈을 이루어 갈 때 우리는 일만공동체의 대그룹날개와 삼천사역자를 세움으로 이루어지는 소그룹날개를 가진 균형잡힌 건강한 교회가 될 것이다.

목천교회 사명선언문

가 치

(1) 우리는 대그룹과 소그룹의 교회 공동체가 균형을 이룬 교회를 지향하며 성도의 변화는 전인적인 소그룹에서 일어난다고 믿는다.

(2) 사역자를 세우는 리더십을 가지고 모든 성도가 사역자가 되는 것을 추구하며 그 과정은 전인적인 소그룹인 목장에 참여함으로 이루어지게 된다.

(3) 우리는 잃어버린 영혼에 대해서 관심을 가지고 다가가야 한다. 그들과 관계를 맺고 필요를 채우는 관계전도를 실천한다.

(4) 교회 공동체가 지체간에 사랑의 관계를 맺고 각 개인에게 주신 은사대로 대그룹과 소그룹의 교회 공동체를 섬기는 것을 격려한다.

(5) 영감있는 예배가 드려지도록 모든 문화적인 자원과 은사와 기도가 뒷바침되어야 한다.

(6) 교회에서 성령님의 역사와 능력으로 하나님의 나라를 확장한다.

(7) 하나님의 말씀과 성령의 역사가 교회에 있어서 생명을 불어넣는다고 확신하며 말씀 훈련과 성령충만을 위해 힘을 다한다.

(8) 우리는 세계를 향한 선교와 이웃에 필요에 민감하게 반응하는 섬김의 공동체가 되어야 한다.

(9) 우리는 새포도주는 새부대에 넣어야 한다는 주님의 말씀대로 진리는 고수하면서 변화의 필요를 적극적으로 대응한다.

(10) 우리는 다른 그리스도의 교회 공동체와 네트웍을 이루어 하나님 나라를 위해 사역하는 것을 추구한다.

사 명

"우리는 말씀과 성령으로 새 사람이 되어 교회와 이웃의 필요를 채우는 예수님의 제자 공동체가 된다."

▌비 전

"사도행전적인 교회상을 회복하여 대그룹과 소그룹의 공동체를 이루고, 번식하는 건강한 교회로써 모든 신자를 사역자로 세우며, 이웃의 필요를 채우고 지역과 세계를 복음화 한다."

▌전 략

(1) 불신자와 관계를 맺음으로 전도의 문을 열고, 그들의 필요를 채우는 섬김의 삶을 나눈다. 그리고 목장으로 초청한다.

(2) 목장은 사역자를 세우는 지도력으로 모든 신자를 리더로 준비시킨다. 여기서 후원자와 피후원자의 일대일 양육이 이루어진다.

(3) 모든 예배에서 하나님의 임재를 경험하도록 준비하고 동참하며, 지각과 결석을 최소화한다.

(4) 주일예배에 초청하여 하나님의 말씀을 듣고 결단할 기회를 준다.

(5) 모든 신자는 목장에 참여하여 지체와의 사랑의 관계를 맺고 서로 지체에게 배우고 가르치는 자가 된다.

(6) 은사발견을 통해 성도들이 가진 은사로 교회 공동체를 섬기게 한다.

(7) 하나님 나라의 확장을 위해 십일조를 비롯한 물질의 청지기직을 감당한다.

김해 안디옥교회 사명선언문

▌ 사명선언문

"잃어버린 자를 찾아 구원하여 성도들을 잘 훈련시켜 그리스도의 제자가 되게 한다."

▌ 비전선언문

"성경적인 두날개 교회로 건강한 교회, 행복한 성도가 되게 한다."

베스트 사역가이드

▌ 사역조직

아래 대그룹 사역조직표는 교회에서 사역하는 여러 종류의 팀과 사역을 모아 놓은 것으로 대그룹인 국 아래 팀이 조직되었고 팀 아래 사역직책이 1000단위 -10단위 -1단위로 코드화 되었습니다.

1000 예배사역국			
1010 예배준비팀	1020 예배안내팀	1030 찬양대사역팀	1040 찬양단사역팀
1011 강대상준비 1012 예배순서자연락 1013 새가족 안내 1014 꽃꽂이 1015 주보관리	1021 1부예배 1022 2부예배 1023 3부예배 1024 4부예배	1031 대장 1032 총무 1033 지휘 1034 반주 1035 소프라노 1036 알토 1037 테너 1038 베이스	1041 싱어 1042 엔지니어 1043 악기 1044 워십
1050 드라마사역팀	1060 방송팀	1070 성례지원팀	
1051 연출 1052 대본 1053 연기 1054 분장 1055 의상 1057 조명	1061 조명 1062 음향(믹서) 1063 비디오 1064 프리젠테이션 1065 녹음 1066 영상제작편집 1067 영상자료관리 1068 카메라 1069 VJ	1071 성찬기 준비 1072 세례기 준비 1073 분병분잔 준비	

2000 선교사역국			
2010 선교지원팀	**2020 독거노인팀**	**2030 소년소녀가장팀**	**2040 지역전도팀**
2011 해외선교지원 2012 국내선교지원 2013 기관선교 2014 선교정보관리 2015 장학선교	2021 1지역 2022 2지역 2023 3지역 2024 4지역	2031 1지역 2032 2지역 2033 3지역 2034 4지역	2041 목요전도 2042 문서전도 2043 전도소그룹 2044 전도기획
2050 문화교실팀	**2060 기쁜소식팀**	**2070 어린이선교원**	**2080 직장인 선교팀**
2051 꽃꽂이반 2052 그림반 2053 영어반 2054 일어반 2055 기악반	2061 편집장 2062 기자 2063 에디터	2071 원장 2072 원감 2073 교사 2074 주방	2081 팀장 2082 도우미
2090 DNA팀	**2100 지역환경미화팀**	**2110 군선교사역팀**	**2120 유치장사역팀**
2091 팀장 2092 간사	2101 놀이터 2102 경노당 2103 방역	2111 팀장 2112 연락담당 2113 이벤트	2121 팀장 2122 팀원
2130 농어촌선교팀	**2140 전도폭발팀**	**2150 의료선교팀**	**2160 호스피스팀**
2131 팀장 2132 팀원	2141 팀장 2142 행정관리 2143 훈련자 2144 반주자 2145 찬양인도 2146 중보 2147 강사 2148 영상팀장	2151 팀장 2152 치과 2153 내과 2154 외과 2155 산부인과	2161 팀장 2162 팀원
2170 독서학교팀			
2171 총무 2172 대출 2173 도서정리 2174 비전스쿨 2175 독서소그룹			

3000 양육사역국			
3010 영아, 유치부	3020 아동부	3030 청소년부	3040 장년양육부
3011 부장 3012 총무 3013 교사 3014서기(자료관리) 3015 회계 3016 음영 3017 주보 3018 예배환경 3019 새가족	3021 부장 3022 총무 3023 교사 3024서기(자료관리) 3025 회계 3026 음영 3027 주보 3028 예배환경 3029 새가족	3031 부장 3032 총무 3033 교사 3034 서기(자료관리) 3035 회계 3036 음영 3037 주보 3038 예배환경 3039 새가족	3041 팀장 3042 팀원
3050 아버지학교	3060 어머니학교	3070 성경일독팀	3080 왕의 잔치팀
3051 기획조정 3052 조원관리 3053 행정관리 3054 중보 3056 개설 3057 주차관리 3058 찬양 3059 부식관리	3061 개설 3062 진행 3063 향기 3064 편지관리 3065 옥합 3066 비파와수금 3067 관리 3068 반주	3071 팀장 3072 행정관리 3073 영상 3074 찬양 3075 그림지도 3076 반주 3077 홍보 3078 유아관리 3079 회계	3081문서관리 3082설치 3083선물 3084식당셋팅 3085반주 3086주방 3087 재정/구입 3088-1강의실셋팅간식 　　　　　제공담당 3088=2예배실세팅 3088-3침실부침구정리 3089-1중보기도 3089-2장식담당 3089-3선물배달담당 3089-4벨멘 3089-5꽃꽂이담당 3089-6전령 3089-7리더싱어
3090 큐티학교	3100 기도학교		
3091팀장 3092찬양 3093영상 3094중보 3095교육 3096섬김이 3097관리 3098반주 3099헬퍼	3101팀장 3102비품관리 3103행정관리 3104찬양 3105간식 3106반주		

4000 공동체 사역국			
4010 경조팀	**4020 새가족팀**	**4030 중보기도팀**	**4040 애찬팀**
4011 결혼예식 4012 생일자축하 4013 장례도우미	4021 환경미화 4022 다과준비 4023 새가족식별 4024 교회소개 4025 식탁담당 4026 새가족촬영 4027 자료관리	4031 총무 4032 기도카드관리 4033 기도대원관리	4041 애찬관리 4042주방관리 4043 자판기관리 4044 정수기관리
4050 알파팀	**4060 스포츠운영팀**		
4051 섬김이 4052 만나 4053알파성령수양회 4054 데코 4055 소그룹 4056 마당쇠 4057 행정 4058 찬양 4059 방송 4059-1중보기도	4061 골프 4062 탁구 4063 포켓볼 4064 당구 4065 농구 4066 축구		

5000 행정 사역국			
5010 행정지원팀	**5020 은사배치팀**	**5030 자료, 홍보팀**	**5040 목회지원**
5011교회서식서류철관리 5012 워드작업 5013 사무지원 5014각종인쇄복사 5015전산네트웍관리 5016 소모품 관리 5017 소비제품 제공	5021 은사발견세미나 5022 은사상담 5023 정보지원	5031 기획 5032 제작 5033 출판 5034 사진자료 5035 녹화물자료 5036 디지탈자료 5037 행사기록자료 5038 역사자료관리	5041 설교도우미 5042 목양실 도우미
5050 홈페이지	**5060 카페운영팀**	**5070 서점운영팀**	**5080 데코레이션**
5051 기획 5052 자료수집 5053 자료제작 5054 웹디자인 5055부서페이지관리	5061 주방 5062 홀관리	5071판매 5072 출납	5081기획 5082 제작 5083 장식 5084 보관 및 관리

6000 관리 사역국			
6010 청결팀	**6020 시설관리팀**	**6030 차량사역팀**	**6040 로뎀쉼터**
6011 팀장 6012 팀원	6021 전기,전등 6022 도시가스 6023 냉난방 6024 건물 6025 각종비품 6026 소방관리	6031 주차관리 6032 운행 6033 청소 6034 정비 6035 교육 6036 지입차량관리	6041 자판기 관리 6042 청소
6050 수련원 운영팀			
6052 행정 6052 영선			

7000 재정 사역국			
7010 계수팀	**7020 출납팀**	**7030 전산팀**	**7040 감사팀**
7011 헌금계수	7021 회계 7022 헌금봉투	7031 전산입력	7041 감사

1000. 예배 사역국 사역가이드

❖ 가 치

1. 우리는 하늘과 땅에서 오직 그리스도만이 주되심을 인정하며 교회와 가정과 직장과 사회에서 그리스도 의 주관을 인정하며, 선포하며 높여드린다.

2. 우리는 대그룹과 소그룹, 그리고 개인의 삶에서 동일하게 하나님을 찬양하며 경배하는 것을 가치 있게 여긴다.

3. 예배는 하나님의 백성의 존재 이유다(사43:21).

4. 하나님은 예배하는 자를 찾으신다(요4:23-24).

5. 예배의 성공이 모든 성공의 첫걸음이다.

6. 우리는 하나님을 경험하는 예배, 보다 영감 있는 예배에 가치를 둔다.

7. 우리는 불신자가 하나님과의 관계를 회복하는 예배에 가치를 둔다.

8. 우리는 내 안에 하나님의 나라가 회복되는 예배를 가치 있게 여긴다.

9. 우리는 예배를 통해서 삶을 점검하고 새롭게 하는 것을 가치 있게 여긴다.

10. 우리는 예배를 통해서 믿음의 성장이 이루어지는 것을 가치 있게 여긴다.

11. 우리는 하나님을 기쁘시게 하고 그 영광을 바라보는 예배를 가치 있게 여긴다.

12. 우리는 축제 예배를 통해 모든 성도가 행복함을 누리는 예배를 가치 있게 여긴다.

❖ 사 명

1. 모든 성도가 예배의 소중함을 인식하게 한다.

2. 예배 가운데 임재하시는 하나님을 만나고 치유와 회복과 능력을 경험하게 한다.

3. 하나님의 음성을 듣고 주님의 말씀에 헌신된 삶을 결단하게 한다.

4. 새순교회 셀 사역 비전에 맞추어 하나님이 기뻐하시는 축제의 예배를 드리게 한다.

5. 하나님의 임재와 능력과 목적이 있는 예배를 드리고 좋은 예배자를 만드는 데 있다.

6. 불신자가 하나님을 경험하게 한다.

7. 예배를 통해 성도 간에 하나가 되고 사랑과 화목이 이루어지게 한다.

8. 예배를 통해 영적 성장이 이루어질 수 있게 한다.

❖ 전 략

1. 예배 사역이 잘 이루어지도록 봉사자를 적극 발굴한다.

2. 각 파트별 봉사자들이 자신이 하는 일에 기쁨을 갖도록 도와준다.

3. 가장 영감 있고 능력 있는 예배가 되도록 모든 부분들을 철저히 준비한다.

4. 예배자가 교회에 올 때에 가장 좋은 인상과 분위기를 느끼도록 친절하게 안내하고, 예배 중 불편이 없도록 돕는 일을 할 수 있도록 예배 사역자들을 배치하고 사역케 한다.

5. 은사와 재능, 열정을 갖춘 찬양 사역자를 발굴하고 훈련시켜 영감 있는 찬양 사역이 이루어지게 한다.

6. 기존의 찬양과 새로운 찬양을 조화롭게 선정하여 신구 세대를 다 수용할 수 있는 예배와 찬양이 되게 한다.

7. 예배 시 충분히 찬양과 기도를 통해 하나님의 임재와 능력을 경험하게 한다.

8. 예배 시 성도 간에 사랑을 고백하고, 축복하는 시간들을 많이 가진다.

9. 불신자들이 알아듣기 쉽게 설교하고, 어색해하지 않는 분위기를 만들기 위해 끊임없이 연구하고 노력한다.

10. 예배자가 곧 봉사자가 되도록 훈련하여, 예배를 드리면서 성도, 특히 새 신자를 잘 섬기게 한다.

11. 예배에 관계된 사역을 감당하는 모든 사역자가 기도함으로 준비하게 한다.

12. 예배를 철저히 준비하기 위하여서 큐시트를 따른 리허설을 통해 한 치의 오차도 없는 예배가 되게 한다.

13. 새 신자 등이 예배에 대해 의견을 제출할 수 있는 통로를 만들어 적극 반영함으로써 예배의 중심을 기존신자 중심에서 새 신자 중심으로 바꾸어 나간다.

14. 예배 시 간증이나 영상물, 드라마 등을 도입하여 메시지를 더욱 깊이 이해하고 받아드릴 수 있도록 한다.

15. 프리젠테이션이나 조명, 음향장비를 현대화하고, 적절히 사용하여 예배가 입체적으로 진행되게 한다.

16. 축제예배가 될 수 있도록 예배의 분위기를 밝게 하고 기쁨과 소망을 공급하며, 공동의 식사도 준비하여 온 성도가 먹고 마시며 즐겁게 교제하도록 한다.

17. 목회자와 예배국이 자주 모임을 갖고 더 나은 예배를 위해 연구하고 적용해 나간다.

18. 체크 리스트를 매주 사용하여 더욱 아름다운 예배가 되도록 보완하며 평가한다.

❖ **사 명**

1. 기쁨으로 오직 하나님께 찬양과 영광 돌리는 기쁨 받으시는 예배 분위기 조성한다.

2. 예배 전 준비 사항들의 기획, 준비, 점검 등을 통하여 최상의 예배 환경을 준비한다.

❖ **전 략**

1. 매 예배 때 체크 리스트에 의한 준비사항 확인 점검 실시한다.(예배 인도전 30분전까지)

2. 준비 사역이 효과적으로 이루어지도록 담당 사역자 발굴 운영한다.

❖ **사역지침**

1. 준비 : 예배 준비 팀장은 매주 금요일까지 예배 준비 사역 담당자와 예배 준비 상황 협의

2. 예배 준비 사역

① 강대상 정리 정돈을 예배 전 20분까지 한다.

　- 준비물(따뜻한 물, 수건)을 점검 교체한다.

② 예배 순서자(기도)에 대하여 주중 목요일까지 연락한다.

　- 다음 주 기도자에 대해 일주일전에 연락한다.(예배 담당 교역자와 협의 조치한다.

③ 꽃꽂이

　- 강단의 꽃 구입은 매주 금요일 오전에 한다.

　- 매주 토요일 오전 4층 본당에서 꽃꽂이 한다.

　- 꽃꽂이하기 전 함께 모여 기도하는 시간을 가진다.

- 헌화 차트 설치 운영을 한다(4층 로비에 비취 한다.)
- 매주 토요일 헌화자 체크(주보와 헌화헌금 체크 한다.)

④ 주보관리

- 주보접기는 매주 토요일 예사모 한 시간 전에 주보 접기를 실시한다.
- 완성된 주보는 4층 로비에 비치한다.
- 각 예배 후 성전 내에 흩어져 있는 주보를 수거 정리한다.
- 매주 주보는 예사모 전에 주보철에 보관 관리한다.

⑤ 성찬식 준비

- 성찬식 빵과 포도주를 준비한다.
  (모카빵 4개, 포도주는 1년1회 사역자들이 가을에 담근다.)
- 덮개와 장갑(7-8개) 준비한다.
- 성찬식 후 사용된 성찬기구를 세척 보관한다.
- 당일 성찬 준비는 예배 40분 전까지 마친다.

⑥ 세례준비

- 세례공부 장소를 정리, 청결하게 한다.(3층 새 가족실) : 공부 30분전까지 확인
- 세례공부 한 주전에 이름표를 완성한다.
- 세례식에 필요한 영상, 프로필, 간증문 준비 통보한다(일주일 전)
- 세례문답 때 필요한 이름표 정리한다.
- 세례식 당일 30분 전까지 세례기와 물 그리고 장갑, 사진기, 꽃, 기타 선물을 준비한다.
- 세례식 전날까지 세례증을 준비해 놓는다.

❖ **대표기도지침**

1. 기도 담당자는 일주일 동안 대표기도를 위해 매일 기도한다.
2. 기도자는 설교자와 같은 반열에서 예배를 섬기는 자임을 명심해야 한다.
3. 기도문은 기도 내용이 빠지거나 반복되지 않도록 하며 3분을 넘지 않게 한

다. (기도문은 예배 후 기도 담당자에게 제출 : 대표기도 모음집 준비)

4. 대표 기도를 드리는 날에는 몸을 깨끗이 하고 단정한 옷차림으로 준비한다.

5. 대표 기도자는 예배 시작30분전 까지 맨 앞자리에 앉아 준비

6. 기도 내용

　① 교회와 예배를 위한 기도

　② 설교자를 위한 기도

　③ 회중 전체의 찬양, 감사, 고백, 간구를 대신함

7. 대표 기도의 주의 사항

　① 개인 기도가 아니고 공중 기도임을 명심

　② 쉬운 말로 분명하게 뜨겁게 간절히 기도

　③ 개인적 감정, 자신의 입장이나 설득하거나 충고의 기도를 하지 않음

　④ 기도는 사람에게 하는 것이 아니라 하나님께 드림을 명심

　⑤ 목소리를 가장하지 말고 자연스럽게 함

　⑥ 대표 기도자는 설교자를 도와야 함

팀 장 : (인) 예배준비사역 범례 : 양 호 ❖ 보 통 △ 개 선 ■							
구 분	Check List	1주	2주	3주	4주	5주
청소상태	1. 강대상은 깨끗한가.					
	2. 의자 밑에 주보나 휴지가 떨어져 있지는 않는가.					
	3. 계단 및 교회 진입로는 깨끗한가.					
의자배열	1. 의자간의 간격은 적당한가.					
	2. 의자간의 정렬상태는 맞추어져 있는가.					
강대상	1. 강대상은 정 위치에 잘 놓여 있는가.					
	2. 강대상 주위를 잘 정돈 하였는가.					
	3. 강대상 및 강단에 불필요한 물건은 놓여 있지는 않는가.					
	4. 강대상에 물과 수건 주보들이 비치되어 있는가.					
	5.예배 후에 강대상의 모든 것을 정리 및 회수하였는가.					
부착물	1. 모든 교회 내 부착물은 정 위치에 잘 부착되어 있는가.					
	2. 필요 없는 부착물이 달려 있지는 않은가.					
예배인도자 자리	1. 목사님과 연주자 의자는 잘 배열되어 있는가.					
	2. 연주자 의자가 부족하지 않는가.					
	3. 연주자 옆 믹서(mix)는 정 위치에 있는가.					
	4. 전기 코드는 작동되며 정 위치에 있는가.					
꽃꽂이 및 장식	1. 꽃꽂이 및 화분의 위치는 잘 배치되어 있는가.					
	2. 예배에 필요한 물품들이 정 위치에 준비되어 있는가.					
기도	1. 대표기도 담당자에게 연락을 했는가(정장차림)					
냉·난방	1. 예배 전에 냉난방의 작동상태를 확인하였는가.					
	2. 예배 후에 불필요한 냉난방의 off 상태를 확인하였는가.					
조 명	1. 예배 전에 조명은 알맞게 켜있는가.(벽 등, 형광등)					
	2. 강단 형광등 및 필요한 조명이 켜져 있는지 확인했는가.					
	3. 예배 후에 불필요한 조명은 소등했는가.					
비 품	1.각종 전선들과 비품 중에 위험하게 노출된 것은 없는가.					
제안사항						

❖ 가 치

우리는 예배 안내를 통해 새 가족들과 모든 성도들이 불편함 없이 즐거운 마음으로 예배할 수 있도록 돕는 것을 가치 있게 여긴다.

❖ 사 명

우리는 예배드리는 모든 성도들이 친절한 예배 안내를 통하여 그리스도의 사랑을 경험하게 하며, 즐겁고 편안한 마음으로 예배할 수 있도록 돕는 것을 그 사명으로 여긴다.

❖ 전 략

1. 사역자들의 복장을 깔끔하고, 단정하게 착용하도록 한다.
2. 사역자들을 정기적으로 예절, 친절 교육을 시킨다.
3. 사역자들에게 늘 미소를 지으며 안내하도록 한다.
4. 예배안내에 필요한 성경책과 찬송가를 준비하도록 한다.
5. 간단한 필기도구를 준비하여 필요시 제공한다.

❖ 사역팀 지침

1. 준 비

   (1) 예배안내팀장은 예배시작 40분전 2층 로비에서 안내자들의 출석을 확인하고 기도 후 정해진 위치에 배치한다.

   (2) 예배안내 위원들은 정장 혹은 한복(명절 때)을 입고 안내 명찰을 달고 안내한다.

   (3) 안내위원들은 친절하고 밝은 모습으로 예배에 참석하는 교우들을 환영하며 맞이한다.

(4) 담당자는 각종 헌금봉투 및 주보, 홍보지료 등이 고루 준비 되었나 확인한다. 부족할 경우 사무간사 또는 행정목사에게 즉시 연락 보충한다.

(5) 안내위원은 주보와 유인물을 확인하여 나누어 준다.

(6) 예배안내팀장은 예배시작 30분전 안내위원이 모두 정위치 되어 있는지 재차 확인한다.

(7) 1부 예배는 별도 운영한다.

(8) 예배중 이동하는 유아들을 돌보고 예배를 방해하지 않도록 인도한다.

2. 외부 업무수행 방법

구 분	외부 안내 업무내용
준 비	팀장은 안내위치별로 인원 확인.
안 내 대 상	처음 오시는 분 기존 (동행)교인.
안 내 준 비	안내팀장은 예배 30분전 안내위원 정위치 확인. 주보를 데스크에서 가져다가 각 위원에게 배포. 현관 및 내부안내. 도구장신구 등의 위치 및 정돈상태 점검.

안 내
방 법
	안내자세
	 표정 : 반가운 친지를 만난 듯, 밝은 미소(예수님 표정) 유지.
	 행동 : 부드럽고, 공손한 태도유지.
	안내요령
	(1) 교회 1층 출입구 안내
	  1) 교회 바깥을 바라보며 안내, 기존교인, 처음오시는 분, 혹은(동행) 성도
	    가 오면 어서 오십시오, 환영합니다." 로 인사
	  2) 처음 오시는 분은 새 가족 안내팀이 안내
	  3) 주보 전달 요령 : 상대방이 바로 받도록 방향주의(전달자 측에서 반대방
	    향)
	  4)화장실을 찾는 분에게 입구까지 안내
	  5) 유치부 초등부는 지하교육관으로 안내
	(2) 본당 2층 안내
	  1) 계단을 올라오는 분들에게 "어서오십시오. 반갑습니다." 인사
	  2) 화장실 또는 유아실을 찾는 분들에게 위치 안내, 특히 유아동반자가 유
	    아실 사용 예정 시 유아실 안까지 동행안내.
	  3) 안내 종료 시기는 2층 로비는 예배시작 10분 후까지 늦게 오시는 분을
	    준3층으로 안내 후 예배 참석
	다. 본당 준3층 안내 : 늦게 오시는 분을 위하여 입구 옆 의자에서 대기하며 안
	  내 (예배 중 출입문 소음예방)

예배 후 환송	축도 후 송영 시 각 봉사위치로 이동 후 "안녕히 가십시오, 감사합니다." 로 환송 인(7) 목회자(본당로비), 장로(1층 교회 출입구)

3. 내부 업무수행 방법

구 분	내부 안내팀
준 비	팀장은 안내위치별로 인원 확인
안 내 대 상	처음 오시는 분 기존 (동행)교인.
안 내 준 비	안내팀장은 예배 30분전 안내위원 정위치 확인.
안 내 방 법	**1. 안내자세** 　(1) 표정 : 반가운 친지 만난 듯, 밝은 미소(예수님 표정) 유지. 　(2) 행동 : 부드럽고, 공손한 태도유지. **2. 안내요령** 　(1) 새 가족 혹은 (동행)성도가 오면 "반갑습니다." 하며 인사 　(2) 뒷자석에 앉으시려는(앉으신) 분: 앞좌석으로 이동 착석 협조 요청. 　　1) "죄송합니다. 앞좌석으로 앉아주시겠습니까?" 　　2) 앞으로 이동하면 (이동하기 위해 일어나면): "감사합니다." 한 뒤 　　　앞좌석까지 동행인도 　다. 좌석을 넓게 앉거나, 장의자 끝자리에 앉으신 분 : 자리를 좁혀 앉도록 　　협조 요청 　　1) "죄송합니다. 안쪽으로 자리를 좁혀주시면 감사하겠습니다." 　(4) 가방이나 동절기에 외투를 옆자리에 놓으신 분 : 무릎 위에 놓고 앉도 　　록 협조 요청 　　1) "죄송합니다. 가방(외투)을 무릎 위에 올려주시면 감사하겠습니다." 　(5) 영·유아실을 찾는 분들에게는 영·유아실 안까지 동행 안내 **3. 안내 종료시기** 　(1) 예배 시작 찬송 5분까지 기립 안내 후 예배시작 후에도 늦게 오시는 분 　　안내 계속 (뒷 열 첫째 줄 좌석대기). 　(2) 출입문 옆 좌우에 별도 좌석 마련(2 EA) 대기
기 타	

찬양대 사역팀

❖ 가 치

1. 이 백성은 내가 나를 위하여 지었나니 나의 찬송을 부르게 하려 함이라. (사 43:21)
2. 예배는 하나님의 백성의 존재이유이다. (사 43:21)
3. 하나님은 예배하는 자를 찾으신다." (요 4:23~24)
4. 예배의 성공이 모든 성공의 첫걸음이다.

❖ 사 명

1. 영감 있는 예배가 되게 한다.
2. 회중의 신앙의 힘이 드러나도록 영성발굴과 은혜를 함께 나누도록 한다.

❖ 비 전

1. 예배사역이 잘 이루어지도록 봉사자를 발굴한다.
2. 각 파트별 봉사자들이 자신의 하는 일에 기쁨을 갖도록 도와준다.

❖ 사역지침

1. 교회에 도착하면 지하 까운 보관함에서 개인 까운을 들고 연습장소인 어린이집 사랑반에 10시 10분전까지 지정된 자리에 앉는다.(악보는 개인보관지참)
2. 사랑반 환경 준비(시건장치, 전등, 보일러, 에어컨 등)는 담당자가 사전에 점검한다.(사용 후에도 점검한다.)
3. 기도인도(팀장, 지휘자, 총무)후 지휘자의 지시대로 10시 45분까지 연습한다.
4. 2층 예배실 계단을 통하여 찬양대 석으로 이동하면서 정숙을 유지하며, 찬양대 지정 자리에 서 있으면 지휘자의 지시에 따라 전체가 앉는다.
5. 연습에 불참한 대원은 회중석에 앉아 예배드린다.

6. 예배 중에는 회중석에서 잘 보이므로 예배 분위기를 저해하는 행동을 하지 않으며 모범된 예배를 드리도록 한다.

7. 송영, 찬양 시에는 지휘자의 지시에 따라, 주님의 십자가와 영광 보좌를 바라보며 주님의 임재 속에 들어가 찬양하는 일에 집중한다.

8. 예배 중 찬송시간에는 예배 찬송을 인도하는 자세(빠르기, 박자, 음정, 태도 등)로 하나님을 찬양하며 영감 있는 예배가 되도록 가능한 주일 새벽기도회에 참여하도록 노력한다.

9. 예배 폐회 후 에는 담당자는 찬양대 전등을 OFF(ON은 예배 준비팀)하고 까운을 개인이 보관함에 보관한다.

10. 오후 예배 후 담당자는 찬양대 전등을 ON한다.

11. 오후 연습 후에는 전등을 OFF하고 간식, 악보 등 환경을 점검한다. 본당에 다른 전등이 ON 되어 있으면 모두 OFF하고 문을 닫은 후 퇴실한다.

12. 반주자는 예배 찬송의 전주시 예배흐름이 끊어지지 않도록 회중들이 즉시 찬양할 수 있도록 전주로 인도한다.

13. 찬양 중 독창, 중창 등은 온 회중이 들을 수 있도록 천정마이크 근처에 위치하여 찬양하므로 회중전체가 찬양에 화답할 수 있도록 한다.

14. 총무는 전체 대원의 현황관리를 하며 신입 대원이 있으면 은사 배치팀과 협의한다.

15. 회계는 교회 보조금과 대원들의 회비 찬조금 등을 관리하며, 회계보고는 분기마다서면보고하며 매주 필요한 간식을 준비한다

❖ 가 치

1. 찬양은 하나님의 피조물 되고 구원받은 백성이 된 성도의 마땅한 본분이다.

2. 우리는 오직 하나님께 합당한 영광을 돌리는 찬양에 가치를 둔다.

3. 우리는 영감 있는 찬양으로 축제의 예배를 드리는 것을 가치 있게 여긴다.

4. 우리는 찬양 가운데 임재하시는 하나님을 경험하는 것을 가치 있게 여긴다.

❖ 사 명

1. 주일 축제 예배가 영감 있는 예배가 되게 한다.

2. 찬양을 통해 창조 목적을 깨닫게 하고, 하나님께 영광을 돌리게 한다.

3. 찬양을 통해 성도들이 영적 예배자로 세워지는 것을 사명으로 여긴다.

4. 새롭고 영감 있는 찬양의 보급과 예배 갱신을 위해 연구한다.

❖ 전 략

1. 예배 갱신의 주요 부분으로서의 찬양단 사역이 되게 한다.

    찬양의 예배 갱신적 차원을 이해하고 전 교인이 공감하고 초신자들도 이해
    할 수 있고 수용할 수 있는 음악전달에 주력한다.

2. 추수 행사

    행사 기획에 따라 예배팀에서 적절한 프로그램과 찬양인도에 필요한 특별
    찬송들을 구성하여 행사를 준비한다.

3. 찬양의 능력

    예배에 참석한 모든 성도가 찬양으로 능력을 체험하게 사역한다.

4. 새가족을 위한 사역

    새 가족을 위해 영접, 동화, 흡수, 감화, 성숙을 위한 찬양으로 사역한다.

5. 영적 훈련

　이 모든 사역을 위해 찬양팀은 강력한 기도와 깊은 단계의 영적 생활을 할 수 있도록 철저한 훈련을 한다.

❖ 찬양인도자와 싱어 사역 지침

1. 찬양 인도자와 싱어의 선발

　(1) **자격기준** : 찬양인도자는 세례를 받은 자로서 제자 삼으라는 주님의 명령에 헌신된 자로 음악적 은사가 있는 자로 찬양팀을 이끌고 나갈 수 있는 리더십을 갖춘 자이다. 찬양인도자의 선발과 임명은 목회자의 고유 권한에 속한다.

　(2) **싱어 선발방법** : 지원하는 자는 신청서를 찬양인도자에게 제출하고 신앙적 검증을 받아야 하며 오디션을 거쳐서 인턴과정을 통해 싱어로 사역할 수 있게 된다.

2. 예 배

　(1) **집합과 연습**

　　(가) 찬양팀원은 찬양 30분전에 예배당에 나와 연습에 임한다.

　　(나) 찬양팀원은 무단으로 연습에 3회 이상 불참 시 제명할 수 있다.

　(2) **기도** : 찬양팀원은 연습 후 예배기도담당자와 함께 그날의 예배를 위해 함께 기도한다.

　　(가) 모든 집합과 연습 시에 기도에 중점을 둔다.

　　(나) 예배 찬양 시 싱어로 참여하지 못하는 단원은 기도 사역을 감당한다.

　　(다) 찬양단원은 교회 공식 기도모임에 최선의 참석을 요한다.

　(3) **찬양자세** : 찬양팀원은 항상 마음에 기쁨과 감사가 있어 표정과 자태가 밝고 맑고 기쁨이 넘치는 모습이어야 한다. 그리고 편안한 표정과 경건미를 잃지 말아야 하며 다른 일과 행동을 해서는 안된다.

　(4) 찬양곡은 다양하게 하되 찬양인도자가 교역자와 의논해 선정하고 연습 시 결정한다.

(5) 찬양시간은 25분가량이며 담임교역자와의 협의아래 시간을 조절 한다.

(6) 찬양 전에 찬양 준비를 위하여 경건한 준비의 모습을 갖춘다.

(7) 예배 30분전에 시스템 완비하고 기도로 준비한다.

(8) 만약 예배 시에 못나올 경우 찬양단 사역팀장에게 반드시 연락 취하여야 한다.

3. 훈 련

찬양팀원은 찬양인도의 영성과 기술적 조화를 향상시키기 위하여 노력을 아껴서는 아니 된다.

(1) 기능훈련

(2) 발성과 공명훈련

(3) 화음의 훈련. 마이크 사용법 등

(4) 악기 연주와 전문적 기술 습득

4. 신앙훈련

(1) 찬양팀원은 정기적인 신앙공동체 훈련에 참여해야 하며 본인 자신의 신앙을 위하여 기도생활, 소그룹모임, 예배참석에 충실해야 한다.

(2) 신앙 및 기능의 훈련을 위하여 년 2회 이상 수련회 또는 세미나를 갖는다.

5. 선 곡

(1) 찬양인도자는 찬양할 곡을 선곡 시 다음 사항을 고려해야 한다.

(가) 이곡은 인도팀이 소화할 수 있는 곡인가?

(나) 이곡은 예배갱신에 도움을 줄 수 있는 곡인가?

(다) 이곡은 성도들이 이해할 수 있는 곡인가?

(라) 시작 곡은 경쾌하고 빠른 템포의 곡과 마지막은 하나님의 임재를 느낄 수 있는 곡을 선택한다.

(마) 찬양인도 체크리스트를 반드시 예배 후 작성하여 찬양단 사역팀장에게 제출하며 매월 평가를 갖는다.

(바) 선곡은 인도자의 고유 권한이며, 찬양단원은 인도자의 요청에 의해 선곡에 참여할 수 있다.

6. 주의사항

(1) 찬양 인도자가 지정한 포지션을 순종함으로 지키며, 성실히 사역한다.

(2) 지각 또는 연습에 불참하거나 기타 영적 생활에 충실치 못하여 찬양사역에 참여하는 것이 적당치 않다고 인도자가 판단하여 사역을 일시 정지 시킬 때에는 찬양단지정석에 앉아 회중석에서 찬양한다.

(3) 마이크 ON, OFF를 반드시 확인하고, 마이크를 스피커 옆으로 가져가지 않는다.

(4) 찬양 시 마이크 위치는 손가락 하나 들어갈 만 한 위치에서 부른다. (믹서기 조정을 위해 반드시 지켜야 할 사항)

(5) 마이크 잭을 뽑을 때에는 앰프가 꺼진 것을 확인하고 뽑아서 소음이 발생하지 않도록 한다.

(6) 위치는 반드시 대칭을 이루어 조화 있게 배열 위치한다.

(7) 악기 담당자는 자신이 쓰는 악기를 아무나 만지지 못하게 하여 언제든지 최상의 상태로 연주할 수 있도록 항상 신경을 쓴다.

(8) 곡이 바뀔 시에 찬양인도자 보다 먼저 부르지 않는다.

(9) 마이크 선들을 보기 좋도록 배열한다.

(10) 인도자가 찬양단원의 복장, 지나친 모발염색, 짙은 화장이나 장신구 착용에 대하여 시정을 요구할 때 즉시 따르도록 한다.

(11) 모든 찬양사역자는 영혼을 건지는 일에 최대의 가치를 두고 사역하여야 하며, 사역을 번식시키기 위해 인턴을 찾고 정하여 기도하고 양육하여야 한다.

(12) 찬양사역자는 더 나은 사역을 위해 끊임없이 스스로 연구하고 변화하며, 진보하기 위해 전심전력을 기울여야 한다.

7. 주일축제 예배 흐름 안내

(1) 찬양사역 시작 40분 전 지정 장소에 모여 개인기도(10분)와 연습 후에 강력하게 합심 통성기도로 준비한다.

(2) 30분 전에 개인 마이크 셋팅, 보면대 설치하고 악보를 준비한다. 싱어

대형 갖추기(좌우 대칭형), 악기 셋팅을 마친다.

(3) 마이크와 입술 간격을 손가락 하나 들어갈 만한 위치에서 연습곡을 부름으로 음향엔지니어가 볼륨을 조정할 수 있게 하고 찬양 시작 전에 마이크 줄이 어지럽지 않도록 가지런히 정리한다.

(4) 모든 준비가 끝나면 강단에 정렬한 채 모든 팀원이 손을 잡고 팀장의 인도 하에 기도하고 찬양을 시작한다.

(5) 주님의 십자가와 영광 보좌를 바라보며 주님의 임재 속에 들어가 찬양하는 일에 집중한다.

(6) 찬양의 절이 바뀌거나 곡이 바뀔 때는 인도자를 잘 살펴서 실수가 없도록 한다.

(7) 화음은 연습 또는 약속에 따라서 하고, 개인이 임의대로 하지 않는다.

(8) 표정관리를 잘하고 모든 동작은 인도자와 보조를 맞추는 선에서 한다.

(9) 찬양이 끝나갈 때쯤 통성기도에 들어가면 마이크를 OFF하고 재빨리 마이크 선을 정리하여 강단아래 계단에 정리하여 두고 보면대를 들고 내려와 강단 좌우에 정렬하고(키를 맞추어서), 지정 좌석에 앉는다.

(10) 관현악기는 설교 전 찬양까지 협연한 후 기도 시간에 조용히 지정좌석으로 이동한다.

(11) 자리에 앉아 있는 중에도 인도자와 신호를 주고받을 수 있도록 하고 인도자의 신호가 나면 팀원이 거의 동시에 자리에서 일어나 다시 등단하여 찬양한다.

(12) 재 등단 시에는 보면대를 사용하지 않고 모니터 화면에 뜬 가사를 따라 찬양한다.

(13) 예배가 끝나면 악기를 정리하여 정 위치에 보관하고, 마이크도 잭을 뽑고 줄과 분리하여 마이크 보관함에 보관하고 보면대는 최대한 키를 낮추고 줄을 맞춰 세워 놓는다.

❖ 워쉽댄싱 사역지침

1. 워쉽팀은 곡에 맞추어 워쉽과 율동을 개발한다.

2. 워쉽팀 의상은 자유롭게 하되 내용상 계획된 분야 시 통일한다.

3. 발표할 수 있는 워쉽곡을 개발한다.

4. 귀한손님 초청잔치 혹은 특별 행사시 발표용 워쉽 의상은 목적 복장으로 한다.

5. 문화적인 워쉽행사를 보고 참조 또는 개발한다.

6. 워쉽을 소개한 책자를 참조하여 워쉽 연구한다.

7. 개성이 있는 특별예배를 기획한다.

8. 초등부, 중·고등부 워쉽팀을 개발하고 예비워쉽팀을 양육한다.

9. 매달 마지막 주 수요 찬양기도회 시 1곡씩을 준비해서 공연한다.

❖ 음향 엔지니어 사역

1. 기본적인 음향 레벨을 기억한다.

2. 실제음을 듣는 위주로 음향 레벨과 조화를 맞춘다. (헤드폰보다)

3. 찬양 시 적당한 선에서 Reverve 작동한다.

4. 믹서기에 악기 및 보컬 라인 기록한다.

5. 마이크의 상태 확인 및 선들의 배열 등 전기의 보수. 수리한다.

6. 예배 시 하울링 등이 생기지 않도록 주의를 기울이며 적절히 볼륨을 유연하게 맞춘다.

7. 마이크 조정 시 찬양단 사역팀장의 지시에 따른다.

8. 예배 전. 후에 적당한 음악을 선곡해서 틀어야 한다.

    (예배시작 20분전부터 5분전까지)

❖ 찬양인도사역 (   )월 Check List ❖

작 성 : (인) 찬양인도사역 범 례 : 양 호 O 보 통 △ 개 선 X						
구 분	Check List	1주	2주	3주	4주	5주
찬양 인도자	1. 찬양곡은 설교 주제와 연관성 있게 선곡되었는가?					
	2. 찬양곡은 충분히 연습이 되었는가?					
	3. 예배 30분전에 찬양팀과 함께 기도로 준비했는가?					
	4. 찬양의 인도 시 성령의 인도하심을 받았는가?					
싱 어	1. 찬양 시 가사의 내용을 충분히 전달하였는가?					
	2. 예배의 순서에 따라 매끄럽게 진행되었는가?					
	3. 찬양가사에 따라 얼굴 표정은 잘 조절되었는가?					
	4. 찬양속에 임재하시는 하나님을 경험하였는가?					
악 기	1. 찬양팀과 악기팀의 일치와 조화가 이루어졌는가?					
	2. 찬양팀의 악기는 잘 정비되어 있으며 이상은 없는가?					
	3. 찬양팀 악기의 음량은 적당히 조절되었는가?					
음 향	1. 싱어와 악기의 음량조절이 적당한가?					
	2. 각종 장비와 라인은 정리정돈이 되었는가?					
	3. 각종 장비의 정비 상태는 양호한가?					
	4. 교회 본당 앰프와의 조화는 적당한가?					
방송팀	1. 찬양가사내용이 정확하게 자막에 띄워졌는가?					
	2. 찬양팀과 방송팀의 호흡이 잘되었나?					
	3. 마이크 볼륨조절은 제대로 되었나?					
	4. 워십팀과 일치와 조화를 이루었나?					
제안사항						

❖ 각종 연주사역지침(관현악 포함)

1. 업무분담

   (1) **악기 연주사역의 담당**

   ① 관현악기와 신디사이저, 피아노 드럼 기타 악기의 손질과 청결을 유지한다.

   ② 자리 배치와 악기세팅시의 전선의 배열 등을 책임지며 사용상의 on off를 관리한다.

   ③ 체크리스트를 매주 쓰고 찬양단 사역팀장에게 제출한다.

2. 악기관리 방법

	신디사이저	피아노	드럼	기타
상시관리	악기관리대장 비치하여 연주 후 악기의 상태를 수시로 파악 기록한다.			
문제발생시	1. 악기에 문제가 발생 시 담당자는 관리책임자에게 보고하고 관리 책임자는 찬양단 사역팀장에게 보고하고 A/S처에 연락 신속히 수리한다. 2. A/S를 받을 때에는 관리책임자가 입회하여 A/S의 최종 결과를 확인 후 이상 유무를 분명히 하고 종료한다.			
조율 혹은 업그레이드	문제 발생시 혹은 필요시	피아노의 경우 년 1회 정기조율, 관현악기는 개인이 관리		

3. 예배 시 악기 연주의 방법 및 주의사항

   (1) 악기의 볼륨에 유의한다.

   (2) 예배 전에 경건한 경배 송 연주로 기도 시간을 준비한다.

   (3) 타인의 악기 소리가 들리는지 신경 쓴다.

   (4) 잭을 사용할 때 충격음이 발생되지 않도록 한다.

   (5) 악기 연주자들은 찬양인도자를 잘 보면서 한다.

   (6) 항상 리더자의 박자를 유의한다.

❖ 관현악 및 악기 연주사역 (   )월 Check List ❖

작 성 : (인) 악기 연주사역 범 례 : 양 호 O 보 통 △ 개 선 X						
구 분	Check List	1주	2주	3주	4주	5주
악 기	1. 악기는 미리 정 위치에 세팅이 되었는가?					
	2. 악기의 청결상태는 유지 하였는가?					
	3. 각종 악기는 정비되어 있으며 이상은 없는가?					
연 주	1. 연주자는 예배시간 전에 미리 연습, 준비되어 있는가?					
	2. 연주자들끼리의 사인은 잘 되었는가?					
	3. 연주팀 악기의 음량은 적당히 조절되었는가?					
제안사항						

드라마팀

❖ 가 치

1. 천국의 축복과 지옥의 저주 등 영원한 실체에 대한 성경의 가르침을 따른다.
2. 기도로 준비하고 맡은 일에 최선을 다하며 성령이 자유로이 역사하실 수 있도록 한다.
3. 한 영혼을 천하보다 귀하게 여긴다.
4. 모든 영광은 하나님께 돌린다.

❖ 사 명

죽음 이후의 삶에 대하여 성경이 주는 가르침에 따라 인간이 영원히 머물게 될 장소에 대하여 불신자들로 하여금 깊이 생각하도록 하는 최고의 드라마를 연출한다.

이생에서 자신이 선택한 삶과 그 선택한 삶의 결과로 이어지는 죽음 이후의 삶과의 관계를 연출함으로써 드라마를 관람한 대부분의 불신자들이 예수님을 영접하도록 한다.

❖ 비 전

드라마를 통하여 교회 성장과 영혼 구원의 신실한 도구가 되기 위하여 매진한다. 국내 최고의 드라마 문화 사역 팀이 된다.

❖ 전 략

1. 드라마가 공연되는 지역, 시대, 환경에 적합한 최고의 대본을 지속적으로 개발한다.
2. 실제적인 감동과 충격을 주기 위한 최선의 연출진, 무대 장비, 음향 시설, 조명 및 소품을 갖춘다.

3. 관람객에 대한 섬김의 태도와 자세가 최고가 되도록 섬기는 자를 지속적으로 교육, 훈련한다.
4. 공연 준비는 지나칠 정도로 철저히 한다.
5. 훌륭한 팀웍을 성장 시킨다.

❖ 드라마 사역 지침

1. 준 비

(1) **사역조직하기** : 드라마 시작 약 2개월 전 드라마 공연을 위한 운영 조직을 구성한다. 운영 조직은 아래 사역 조직의 각 팀장을 우선 구성하여 팀장의 조언에 따라 팀원을 조직한다.

(2) **Master Plan 작성**

① 사역 운영조직이 구성되면 각 팀장들이 모여 드라마 공연을 위한 Master Plan(첨부 1 양식)을 작성한다.

② Master Plan에는 아래의 내용이 반드시 포함되어야 한다.

활동명 :

담당 :

일정 :

예산 :

(3) **물품 준비**

① 각 팀장은 각 팀에 물품 리스트에 따라 필요한 물품을 파악하고 구입 및 수리해야 할 물품목록을 본부에 보고한다.

② 운영 본부의 물품상태를 파악하여 예산을 편성, 제작 수리하도록 한다.

(4) **기 도**

① 중보기도팀은 충분한 기도가 쌓일 수 있도록 기도회를 조직한다.

② 전체 팀의 기도 제목을 계속 업 데이트하여 연쇄 기도자와 성도들이 원활하게 중보기도 하도록 기도카드를 제작, 배포한다.

③ 행사 기간 중 필요한 중보 기도자를 확보한다.

(5) 홍 보

① 홍보/디자인팀은 당회 공연의 목적과 대상을 파악하여 홍보 기획을 한다.

② 홍보/디자인팀은 공연포스터, 입장권 및 기타 홍보물을 제작하여 공연 1개월 전부터 홍보를 시작한다.

(6) 무대 설치

① 무대 설치는 공연 4일 전까지 완료되어야 한다.

② 무대팀장은 무대 설치 시방서를 작성한다.

③ 작업 시 안전에 관계되는 조건 및 사용 장구에 대하여는 무대 설치 전 사전 교육 및 전달이 되어야 한다.

④ 무대팀은 무대 설치 시방서에 따라 무대를 설치한다.

⑤ 무대팀장은 무대 설치 중 현장에 상주하며 설치를 감독한다.

⑥ 무대팀장은 무대 설치 시 가벼운 작업은 출연자를 소집하여 작업함으로써 출연자가 무대에 익숙해지도록 배려한다.

⑦ 설치가 완료되면 운영본부에 의뢰하여 점검을 받는다.

⑧ 점검 시 하자 부분은 즉시 해결한다.

(7) 대본 준비

① 연출팀은 성경을 근거로 시나리오를 개발한다.

② 시나리오는 담당 교역자에 의해 검토되고 전문가의 조언에 따라 수정 보완한다.

③ 결정된 시나리오는 배역자 별로 복사하여 준비하며, 보안을 유지한다.

(8) 출연자 선발 및 배역 선정

① 연출팀은 출연자 선정을 위해 충분한 기도와 자료를 준비하여 필요한 인원을 공연 1개월 전에 선발하여 개인별로 통보 한다.

② 특정 배역을 제외하고는 지원을 받아 선발한다.

③ 배역의 선정은 공연 2일전 개인별 오디션을 통하여 결정한다.

(9) 연출 및 연기 지도 : 연출 책임자는 공연 2일전에 각 배역 별로 대본

을 배포하고 이전 공연 녹화를 시청하며 배역별 역할과 영적 흐름을 설명하며 연기지도를 한다.

(10) **음 향**

① 음향팀은 시나리오가 확정되면 음향에 관련된 모든 사항을 연출팀의 조언을 받아 기획한다.

② 음향 제작은 스튜디오에 의뢰하여 제작하며, 핀 마이크의 사용에 대한 제반 사항도 책임진다.

(11) **조 명**

① 조명팀은 조명에 관한 모든 사항을 연출팀의 조언을 받아 기획 준비한다.

② 조명의 설치는 리허설 전에 완료하여야 한다.

(12) **리허설**

① 공연 당일 모든 공연 여건을 고려하여 총연습을 한다.

② 리허설 시 각 팀은 자신이 맡은 부분을 점검 보완한다.

(13) **의상, 분장**

① 의상 분장팀은 각 배역의 의상을 미리 점검하여 준비하여 의상의 입는 방법을 교육하고 도와준다.

② 의상 분장팀은 각 배역의 특성에 맞게 분장을 한다.

③ 의상 및 분장은 공연 시작 1시간 전에 완료되어야 한다.

2. 공 연

(1) **공연준비**

① 시작 1시간 전 준비 점검표에 따라 준비 상태를 점검한다.

② 공연 시작 전 불필요한 시설물들은 다른 곳으로 이동 시켜야 한다.

③ 시작 1시간 전부터 상황을 판단하여 안내자 배치 계획을 확정하고 안내자를 배치한다.

④ 공연장 주변 이동 통로 혼잡을 방지하기 위하여 마당에서부터 인원을 배치하여 가볍게 통제한다.

⑤ 연기자들은 1시간 전에 의상 및 분장을 완료하여야 한다.

(2) **기도회** : 공연 시작 1시간 전 모든 스텝과 연기자들은 기도실에 모여 기도 인도자의 인도를 따라 준비 중보기도를 한다.

(3) **안내**

① 지원팀 안내 담당은 시작 1시간 전부터 준비 한다.

② 공연장 주변 필요 시 안내 표지판 및 경계선을 설치한다.

③ 배치계획서 대로 배치하고 담당 구역을 이탈하지 않도록 한다.

④ 관람객이 다치지 않도록 각별히 유의 한다.

⑤ 안내 멘트를 미리 준비하여 안내를 해야 하며 관람객 유도 시 강압 명령어를 사용하여서는 안 된다.

⑥ 관람객을 불쾌하게 하는 행위를 하여서는 안 된다.

(4) **입장권 회수 및 접수**

① 미리 입장권을 준비하지 못한 사람들을 위해 여분의 입장권을 준비 해 둔다.

② 입장권을 회수하고 접수하는 장소가 혼잡하지 않도록 충분한 인원을 배치하고 사전 안내를 한다.

③ 입장권을 회수할 때에는 인적 사항이 기록되어 있는 지 확인한다.

(5) **소개 및 공연**

① 공연 시작 10분전에 모든 준비는 완료되어야 하며 연기자와 스텝은 각자의 위치에서 대기한다.

② 소개 및 공연은 시나리오에 충실해야 한다.

(6) **결 신**

① 결신팀은 담담 교역자의 지시에 따라 결신자를 도와야 한다.

② 정해진 위치를 이탈하지 않는다.

③ 결신자를 향해 강압적 명령어를 사용하거나 불쾌한 손짓을 해서는 안 된다.

(7) **공연지원**

① 연기자 / 조명 / 연출 지원 : 지원팀은 연기자 의상 및 긴급 상황을 대비 지원자를 배치한다.

② 소품 지원 : 지원팀은 공연 시 필요한 소품을 제공, 전달하기 위해 필요 인원을 배치한다.

③ 식당 및 간식 지원

(1) 지원팀의 식당담당은 청결하고 쾌적한 환경에서 식사할 수 있도록 편안하고 쾌적한 분위기를 제공하고 식당 이용 중 불편함이 없도록 친절하게 응대 한다.

(2) 식당 내 모든 집기 및 시설이 위생적이고 안전해야 한다.

(3) 식당 안내 시 정 위치에서 항상 바른 자세로 대기하고 있어야 한다.

④ 미디어(사진, 비디오) 지원 : 사진 및 비디오 촬영은 사전 계획 하에 실시되어야 하며 관람객이나 연기자 및 스텝들에게 방해가 되지 않도록 주의 한다.

(8) **배웅 및 청소**

① 공연 및 모든 행사가 끝나면 친절하고 안전하게 관람객을 유도 배웅하며 미리 준비된 배웅인사 멘트에 따라 배웅 인사를 한다.

② 주차담당은 차량 접촉 및 안전사고가 발생하지 않도록 주의한다.

③ 모든 팀은 상호 협조 하에 신속하게 뒷정리 및 청결 업무를 한다.

(9) **마 감**

① 입장권 및 접수 담당은 당일의 접수 현황을 보고한다.

② 각 팀은 당일의 문제점 및 잘한 일을 서로 나누며 칭찬과 격려를 한다.

③ 소품, 물품, 의상, 조명 등의 상태를 파악하고 안전한 장소에 보관한다.

3. 후속관리

(1) 무대, 소품, 조명 철거

무대 소품 조명 철거 시 각 물품이 손상되지 않도록 철거 한다.

(2) 시나리오, 미디어, 소품, 물품, 의상, 조명 점검

① 각 팀은 모든 시나리오, 미디어, 소품, 물품, 의상, 조명은 각각의 리스트에 따라 그 상태를 점검한다.

② 세탁 및 수리가 필요하거나 파손, 분실, 노후 된 것들의 리스트를 작성한다.

③ 리스트된 물품은 운영본부의 지시에 따라 처리한다.

(3) **보관 및 관리**

① 보관 품은 품목별로 분류 한다.

② 품목별 재고를 파악하여 리스트로 관리한다.

③ 의상은 항상 청결하게 유지하여 보관한다.

④ 모든 보관품이 손상 및 파손되지 않도록 보관 장소를 주기적으로 점검한다.

⑤ 중요 보관품은 반드시 Cover 씌워 보관한다.

(4) **평가회**

① 공연 종료 1주일 이내에 각 팀은 자체 평가회를 실시하고 15일 이내에 전체 평가회를 실시한다.

② 평가회의 시에는 긍정적인 부분과 부정적인 부분을 평가하고 필요한 대책을 수립 조치한다.

(5) **드라마 종료**

각 팀별 모든 자료의 보고가 끝나면 운영 본부는 종합 보고서를 작성하여 담당 교역자에게 보고하고 사역 조직을 해산한다.

1060. 방송사역팀

❖ **가 치**

우리는 방송을 통해 모든 성도들이 효율적이고 영감 있는 예배를 드릴 수 있도록 돕는 것을 가치 있게 여긴다.

❖ **사 명**

1. 우리는 방송장비를 통해 모든 성도들이 보다 나은 시각과 청각 그리고 영감 있는 예배를 드릴 수 있도록 연출하는 것을 사명으로 여긴다.
2. 예배의 성공이 모든 사역의 첫 걸음 이므로 성공적인 예배를 드릴 수 있도록 좋은 미디어 환경을 만드는 것을 사명으로 여긴다.

❖ **전 략**

1. 기자재를 잘 사용하는 기능자를 발굴 육성한다.
2. 사역자의 전문 기능 향상을 위한 프로그램의 개발을 개발하고 운영한다.
3. 모든 방송제작물을 하나님과 사람 앞에 아름답게 편집 디자인 한다.

❖ **사역지침**

1. 예배시작 전에 음향, 영상, 조명기기 등의 작동 상태를 확인한다.
2. 예배시작 전에 조명 상태를 확인하고 조명기기가 오래된 것을 점검하여 교체하도록 하며 항상 여분의 조명기구를 준비해둔다.
3. 예배 20분전까지 예배 실황 중계 및 녹화 준비를 완료 한다.
4. 자막송출 내용은 예배전에 모든 내용이 방송팀에 반영될 수 있도록 찬양대, 성가대등 다른 사역팀과의 조율을 20분전까지 마치도록 한다.
5. 모든 예배 실황 중계는 기록을 하되 자료보관 방침에 따라 분류 보관한다.
6. 필요한 소모품과 기자재는 상시 확인하고 예비해 둔다.

7. 예배에 필요한 콘텐츠와 방송에 필요한 자료를 미리 준비한다.

8. 교회내의 모든 행사는 영상물로 기록하여 자료보관 방침에 따라 분류 보관
   한다.

9. 방송 기자재의 최종 사용자는 반드시 사용기록을 남긴다.

10. 방송 사역을 위한 기능자를 발굴한다.

11. 사역 인력의 역량강화를 위한 프로그램을 개발 운용한다.

▍예배방송메뉴얼

1. 주일예배, 수요예배

(1) 예배 시작 20분 전에 방송실에 입장한다.

(2) 음향시스템 옆의 자동전압조절장치(AVR)의 청색버튼을 눌러 전원을 켠다.

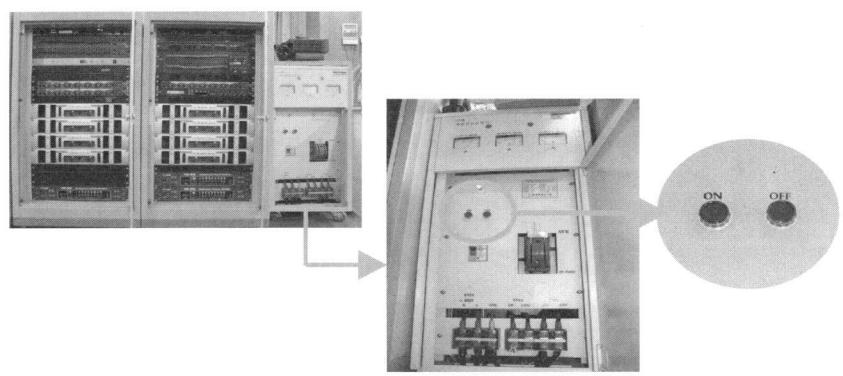

(3) 방송데스크 하단의 자동전압조절장치(AVR)의 전원스위치레버를 올려 전원을 넣고 자막생성용PC를 켠다.

자동전압조절장치(AVR) 스위치

자막생성용 PC

(4) CD 오디오테이프데크에 예배분위기를 돋우기 위해 경건한 음악으로 재생
(PLAY)한다.

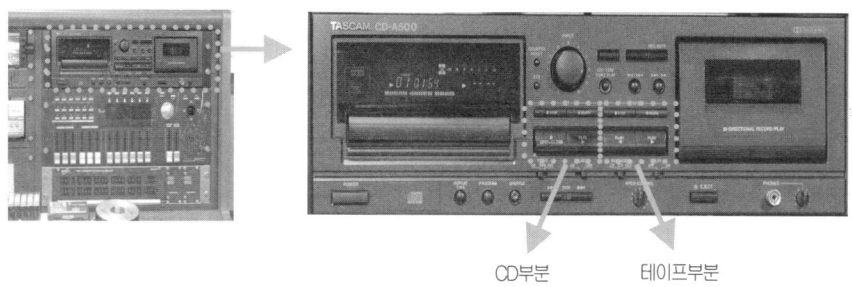

CD부분   테이프부분

(5) 음향믹서의 23-24번 CD 채널 뮤트버튼(믹서 중하단 적색사각형 버튼)을 풀고
볼륨 슬라이드버튼을 20까지 올린다.

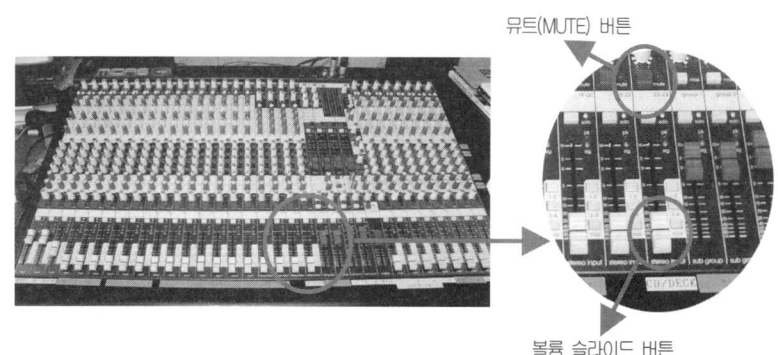

뮤트(MUTE) 버튼

볼륨 슬라이드 버튼

(6) 자막송출용PC가 켜졌으면 자막프로그램을 가동하여 로고화면을 선택하고 송출 명령한다.

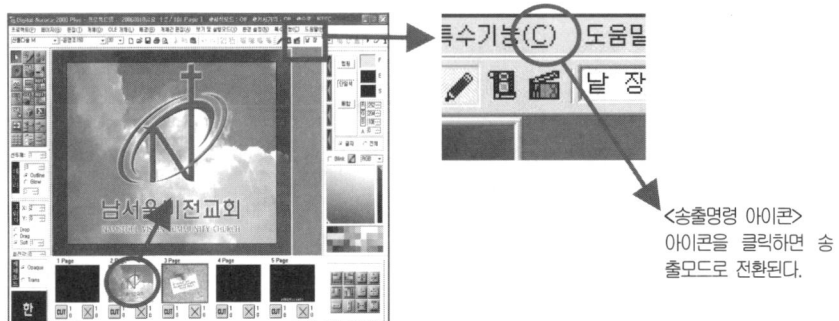

<송출명령 아이콘>
아이콘을 클릭하면 송
출모드로 전환된다.

<자막생성 프로그램의 입력모드 화면>
아래쪽 작은 화면선택 창에서 맨 앞 쪽
에 셋팅되어 있는 로고화면을 선택하면
중앙의 큰 창에 선택한 내용이 나타난다.

<송출모드 화면>
키보드의 <스페이스>바를 누르면 송출대기화면의
내용이 송출화면으로 이동한다. 이때 영상송출 스
위처의 자막송출버튼<DISK>를 누르면 최종송출영
상에 로고 또는 자막이 나타나게 된다.

(7) 예배 15분 전이 되면 방송을 위한 아래의 표기된 모든 장비들을 켠다.

❶ 영상송출 스위처 ❷ 영상송출모니터 ❸ 카메라 콘트롤러 ❹ 카메라 모니터 ❺ DVD 레코더
❻ DV CAM ❼ 강대상 특수조명 콘트롤러 ❽ CD,오디오테이프 데크

(8) 영상송출스위처, 영상송출모니터를 켠다.

영상송출스위처

영상송출모니터 전원버튼

(9) 카메라콘트롤러, 카메라모니터를 켠다.

카메라 콘트롤러 전원버튼

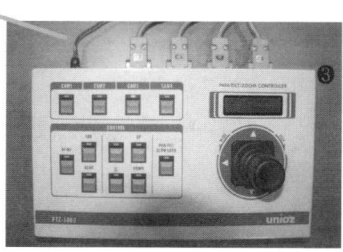

❯ 카메라 모니터 전원버튼

(10) DVD VHS데크를 켠 다음 녹화용 DVD 공디스크를 넣는다.

전원스위치   오픈버튼 : 이 버튼을 누르고 DVD디스크를 넣는다.

녹화버튼 : 녹화 시에는 이 버튼을

패널 개폐부분 전면 부 패널을 열 때 이 부분을 당긴다.

(11) DV CAM 데크를 켠 다음 오디오레벨을 10까지 올려둔다.

전원스위치

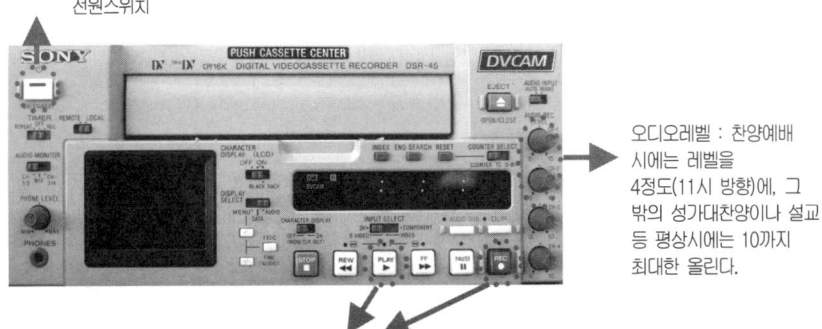

오디오레벨 : 찬양예배
시에는 레벨을
4정도(11시 방향)에, 그
밖의 성가대찬양이나 설교
등 평상시에는 10까지
최대한 올린다.

녹화버튼 : 녹화 시에는 <PLAY>, <REC> 두 버튼을 동시에

(12) 본당 전체조명 모두를 켠다.

천정돔 부분의 조명
: 전체부분과 본당
후면 부 천정조명,
4층의 천정조명을
제어한다. 특히 3층
-4조명은 3층에서
도 제어되므로 끌
시에는 카메라모니
터를 통해 확인하도
록 한다.

제대 앞 간접조명 :
항상 켜두어야 하며
끄지 않도록
주의한다.
(다시 켜질 경우에는
정상적인 밝기로
돌아오는 데에 약
15분이 소요됨)

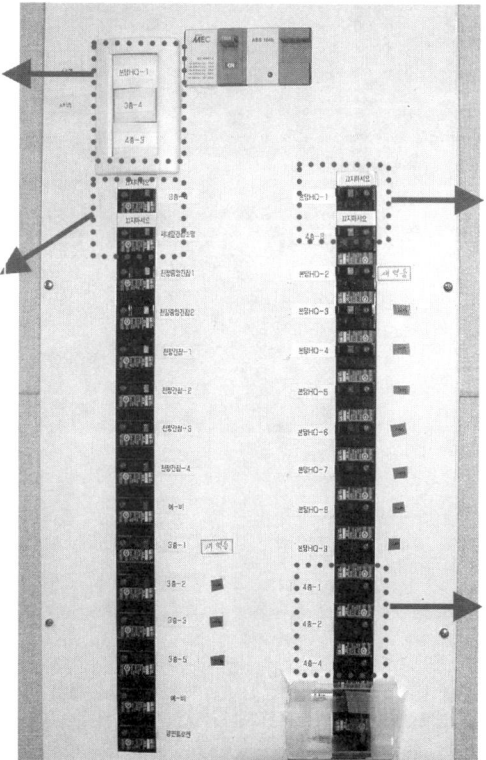

3층에서도 제어가 될
수 있도록 항시
켜둔다.

본당 4층 부분
천정조명 : 주일예배
외에는 켜지 않는다.

(13) 강대상특수조명 24번 채널 슬라이드 버튼을 7까지 올려 강대상을 밝힌다.

슬라이드 버튼 : 아래 위로 움직여
전체 조명의 밝기를 조절할 수 있다.

(14) 방송실 좌측벽면의 청색 강대상특수조명 전압조절박스에서 2개의 스위치를
켜서 냉각팬을 가동한다.

강대상특수조명을 작동하면
곧바로 방송실 좌측 벽면에
있는 청색박스의 냉각팬을
열고 두개의 스위치를 눌러
팬을 가동시켜야 한다.

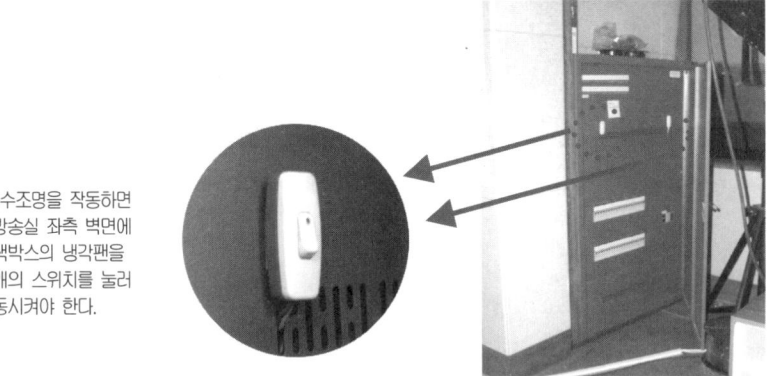

(15) DV CAM 하단의 두개의 유선리모콘(SANYO)을 이용하여 본당중앙의 대형프로젝트화면을 켜고, 본당중앙의 PDP도 유선리모콘(LG)의 녹색버튼을 눌러 켠다.

본당 중앙 PDP화면 리모콘 스위치

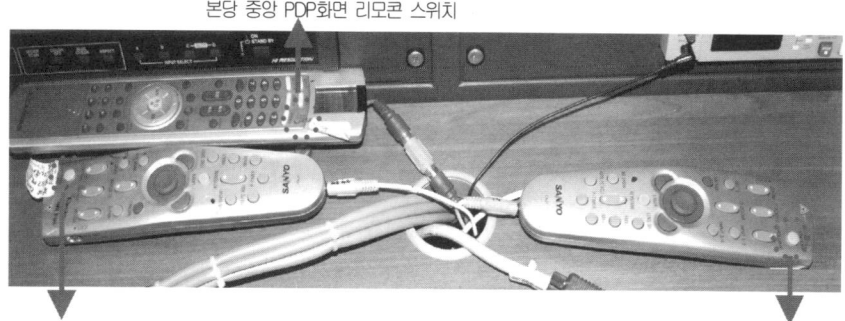

본당 정면 대형 프로젝트화면 리모콘 스위치   본당 정면 대형 프로젝트화면 리모콘 스위치

(16) 영상송출스위처의 자막송출버튼(DISK)를 눌러 자막송출용PC에서 송출명령된 로고화면이 나오도록 한다.

자막송출버튼 (DISK)

(17) 4번 카메라를 이용하여 본당 중앙의 PDP가 켜졌는지 확인한다.

(18) 6mm DV테이프를 준비하여 DV CAM에 넣는다.

(19) 녹음용 오디오테이프를 준비하여 CD오디오데크에 넣는다.

(20) 콘티와 주보를 확인하여 예배순서와 내용을 확인한다.

(21) 예배 10분전 오케스트라의 연주가 있을 시에는 연주팀의 신호에 따라 음향믹서 23-24번 CD채널의 볼륨을 줄이고 31, 32번 채널의 뮤트 버튼을 풀어준 다음 CD채널을 뮤트한다.

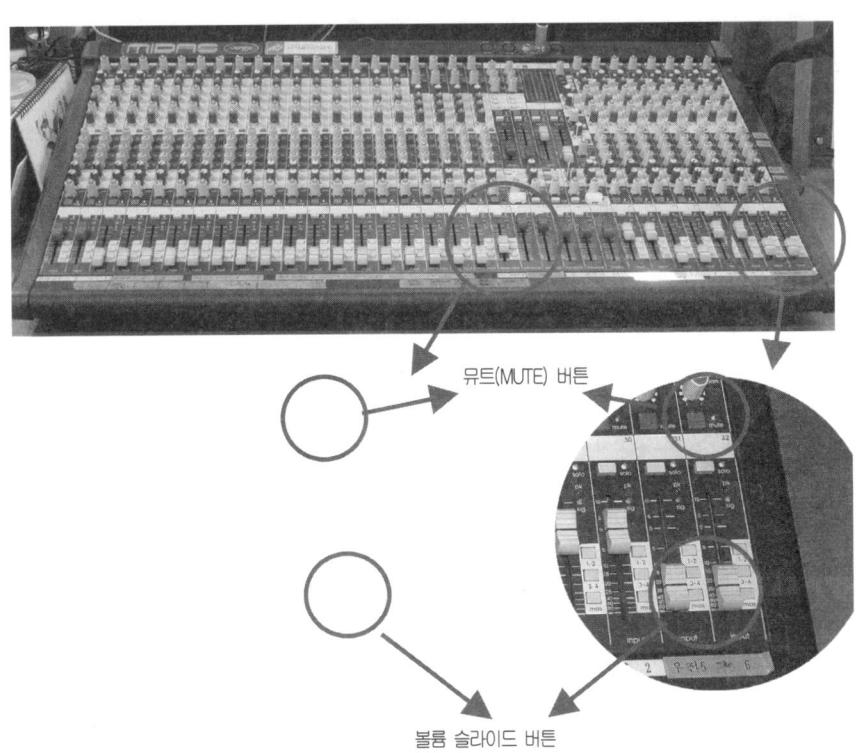

뮤트(MUTE) 버튼

볼륨 슬라이드 버튼

(22) 예배시간이 되어 사회자가 강대상에 서면 오케스트라 채널을 뮤트하고 강대
상의 마이크 채널의 뮤트 버튼를 확인하고 버튼 옆 램프가 켜져 있으면 신
속히 풀어준다.

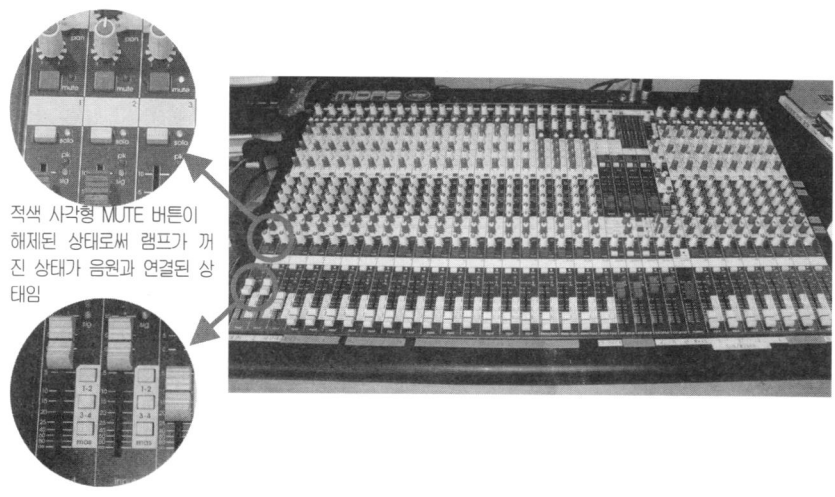

적색 사각형 MUTE 버튼이
해제된 상태로써 램프가 꺼
진 상태가 음원과 연결된 상
태임

(23) DVD의 녹화는 사회자가 강대상에 서는 즉시 시작한다.

녹화버튼 : 녹화 시에는 이 버튼을 누른다.
패널 개폐부분 : 전면 조작 부 패널을 열 때 이 부분을 당긴다.

(24) 예배의 진행에 따라 자막송출용PC, 카메라, 음향을 각각 담당하여 예배의 내
용에 주의하여 상황에 대처한다.

(25) 헌금기도 시작 직전 마이크하강기를 이용하여 강대상 천정의 성가대용 마이크를 내린다.

올리기 버튼 (UP)　　내리기 버튼 (DOWN)

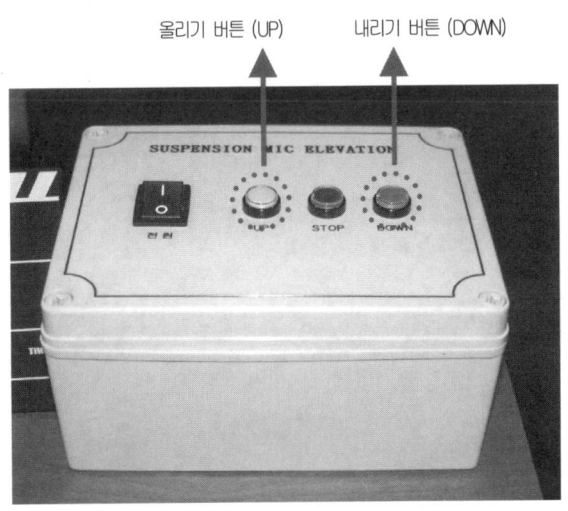

(26) DV CAM의 녹화는 헌금기도가 끝나자마자 시작한다. 주일 2, 3부 예배시만 실시한다.

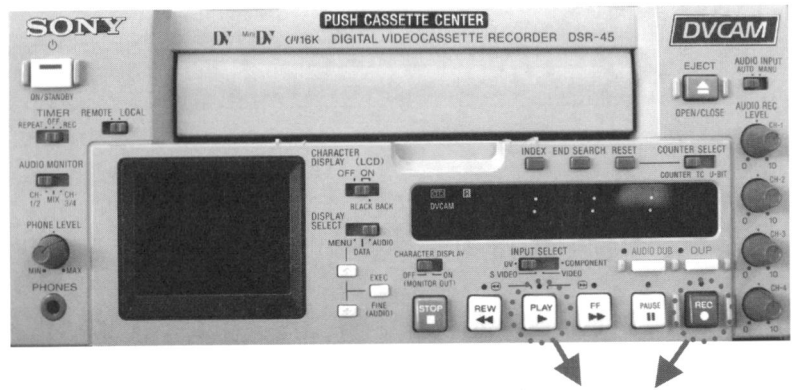

녹화버튼 : 녹화 시에는 <PLAY>, <REC> 두 버튼을 동시에 누른다.

(27) 천정마이크가 완전히 내려오면 음향믹서의 29, 30번 성가대채널의 뮤트버튼을 풀고 1, 2번 강대상채널을 뮤트한다.

적색 사각형 MUTE 버튼이 풀려진 상태로써 램프가 꺼진 상태여야 함

적색 사각형 MUTE 버튼이 눌려진 상태로써 램프가 켜진 상태여야 함

(26) 성가대의 찬양이 끝나면 즉시 음향믹서의 1, 2번 강대상채널의 뮤트를 풀고 성가대채널을 뮤트한다.

(27) 마이크하강기의 올리기 버튼(UP)눌러 즉시 성가대용 천정마이크를 올린다.

(28) 오디오테이프의 녹음은 설교자가 인사를 마치고 본 설교를 시작할 때 시작한다. 녹화 시에는 오디오데크의 레코드(RECORD)버튼을 먼저 누르고 플레에(PLAY)버튼을 누른다.

<RECORD> 버튼   <PLAY> 버튼

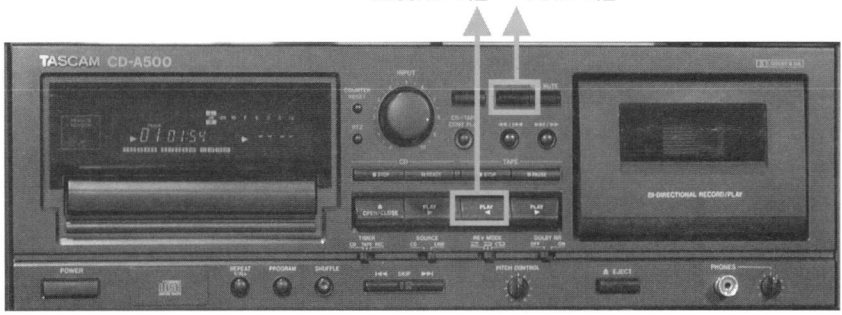

오디오테이프의 녹음은 주일 2, 3부 예배 시 설교부분만 실시한다.

(29) 설교가 끝나면 로고화면을 송출하고 DVD레코더의 리모콘을 이용해 기록된 DVD를 <Finalized>한다.

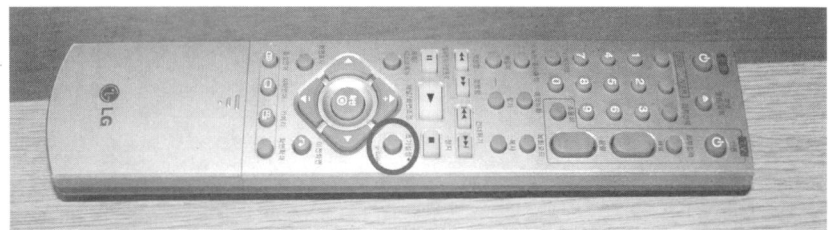

영상송출 스위처의 <Shift>+<DVD>버튼을 누르고 DVD 리모컨의 <초기설정>버튼을 누르면 송출대기화면 모니터에 DVD 레코더의 설정화면이 나타난다.

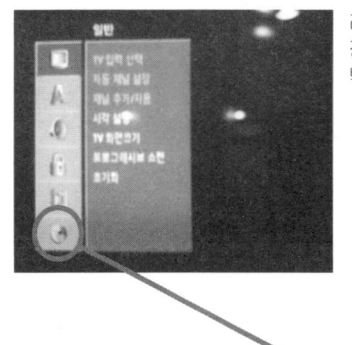

리모컨의 방향키의 아래쪽 버튼을 눌러 설정화면의 맨 아래부분 디스크 아이콘을 선택하고 리모컨의 <확인>버튼을 누른다.

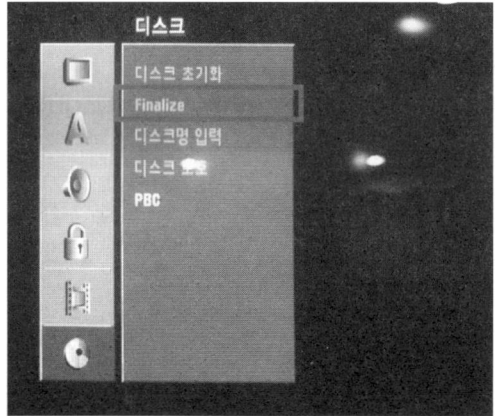

리모컨의 방향키로 <Finalize>를 선택하고 <확인>버튼을 눌러 기록된 내용을 마무리한다. <Filnalize>완료 후 완료 메시지가 나타나면 <확인> 후 디스크를 꺼내고 기록하고 규정에 따라 분류 보관한다.

(30) 본당의 예배자들이 모두 빠져나가면 강대상 특수조명을 끄고 모든 영상기기

들을 역순으로 전원을 끄고 정리한다.

(31) 예배를 마치면 모든 기록물은 날짜, 예배명칭, 설교자의 이름을 기록한다.

(32) 녹화된 주일 예배내용은 작업용컴퓨터로 캡춰하여 성가대의 찬양부분과 설교 부분을 별도로 편집하여 512K(320 X 240)의 사이즈로 축소 후 교회 홈페이 지의 각 코너에 업로드 한다.

(33) 모든 영상자료는 미디어별, 날짜별, 내용별로 리스트화 하여 자료보관방침에 따라 분류 보관한다.

(34) 본당의 전체조명을 끈다.

(35) 다음 예배를 준비하거나 방송실내의 에어콘, 온풍기, 냉방기 등을 끄고 방송 실을 잠근 후 퇴실한다.

2. 금요심야기도회

(1) 주일예배와 같이 준비한다.

(2) 단, 찬양 시에는 DV CAM의 레벨을 4(11시방향)에 맞추었다가 끝난 후 사회자 가 강대상에 서면 레벨을 다시 10의 위치에 오도록 한다.

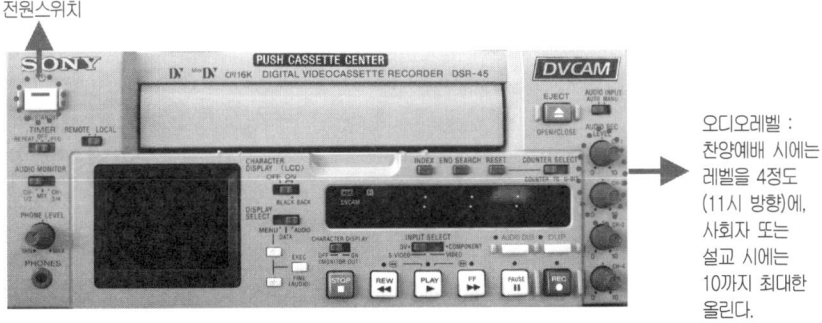

전원스위치

오디오레벨 : 찬양예배 시에는 레벨을 4정도 (11시 방향)에, 사회자 또는 설교 시에는 10까지 최대한 올린다.

(3) 설교자의 설교가 끝나고 통성기도가 시작되면 CD오디오테이프 데크에 통성기 도용 음악CD를 넣고 재생한다.

CD부분

(4) 음향믹서의 CD채널을 슬라이드버튼을 0의 위쪽 5까지 올린다.

(5) 강대상 특수조명의 24번 채널 슬라이드버튼을 0의 위치에 오도록 내린다.

(6) 제대앞 조명을 제외한 본당의 모든 일반 조명을 끈다.

(7) 11시가 되면 음악을 일시정지(3분정도)해서 교회차량의 출발시각을 알려준다.

(8) 기도자들이 모두 빠져나가면 강대상 특수조명을 끄고 모든 영상기기들을 역순
으로 전원을 끄고 정리한다.

(9) 예배를 마치면 모든 기록물은 날짜, 예배명칭, 설교자의 이름을 기록한다.

(10) 모든 영상자료는 미디어별, 날짜별, 내용별로 리스트화하여 자료보관방침에
따라 분류 보관한다.

(11) 본당의 전체조명을 끈다.

(12) 다음 예배를 준비하거나 방송실내의 에어콘, 온풍기, 냉각팬 등을 끄고 방송
실을 잠근 후 퇴실한다.

3. 새벽기도회

(1) 예배 시작 20분 전에 방송실에 입장한다.

(2) 음향시스템옆의 자동전압조절장치(AVR)의 전원을 켠다.

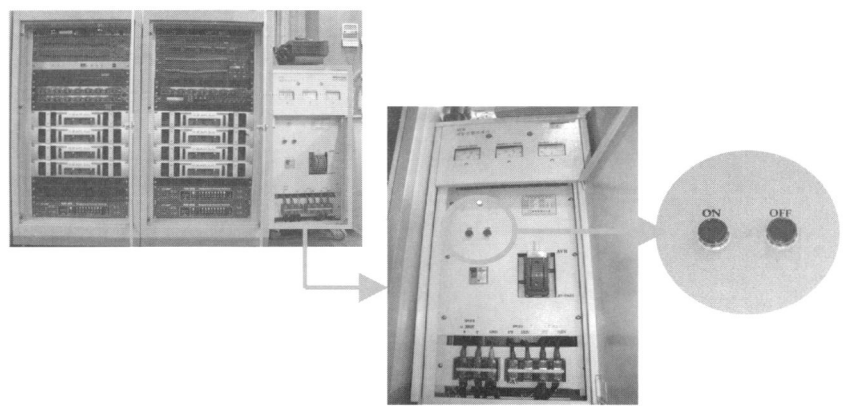

(3) 방송데스크 하단의 자동전압조절장치(AVR)를 켜고 자막송출용PC를 켠다.

자동전압조절장치(AVR) 스위치

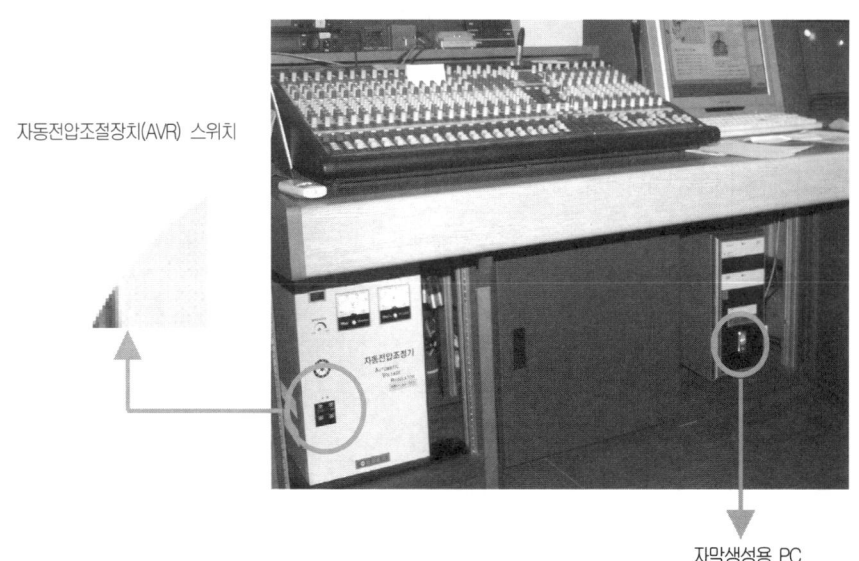

자막생성용 PC

(4) CD 오디오테이프데크에 예배분위기를 돋우기 위해 새벽기도용 음악을 넣고
재생(PLAY)한다.

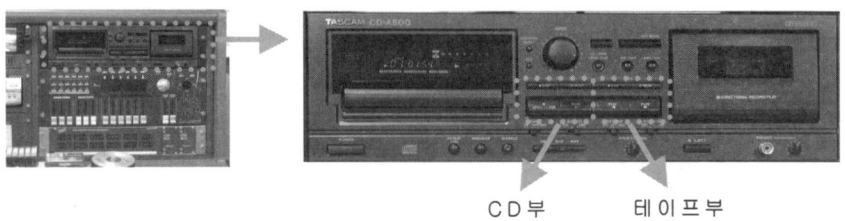

CD부   테이프부

(5) 음향믹서의 23-24번 CD 채널 뮤트 버튼(믹서 중하단 적색사각형 버튼)을 풀고
볼륨을 25까지 올린다.

뮤트(MUTE) 버튼

볼륨 슬라이드 버튼

(6) DV CAM 데크를 켠다.

전원스위치

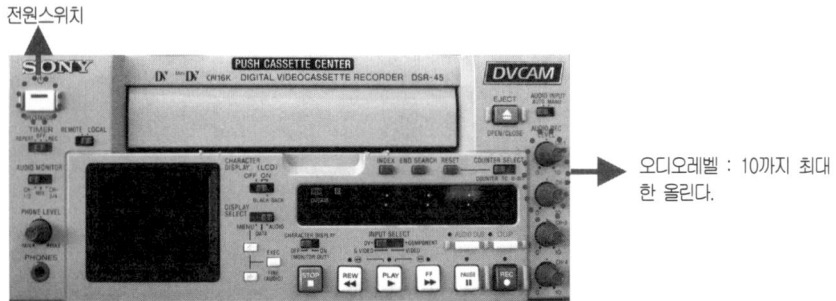

오디오레벨 : 10까지 최대
한 올린다.

(7) 예배 10분전이 되면 강대상특수조명 24번채널 슬라이드버튼을 7까지 올려 강
    대상을 밝힌다.

슬라이드 버튼 : 아래 위로 움직여
전체 조명의 밝기를 조절할 수 있다.

(8) 본당내의 일반조명 중 새벽기도용 만을 켠다.

천정돔 부분의 조명
: 전체부분과 본당
후면부 천정조명,
4층의 천정조명을
제어한다.
특히 3층-4조명은
3층에서도
제어되므로 끌
시에는
카메라모니터를
통해 확인하도록
한다.

제대 앞 간접조명 :
항상 켜두어야 하며
끄지 않도록 주의한
다.
(다시 켜질 경우에는
정상적인 밝기로
돌아오는 데에 약 15
분이 소요됨)

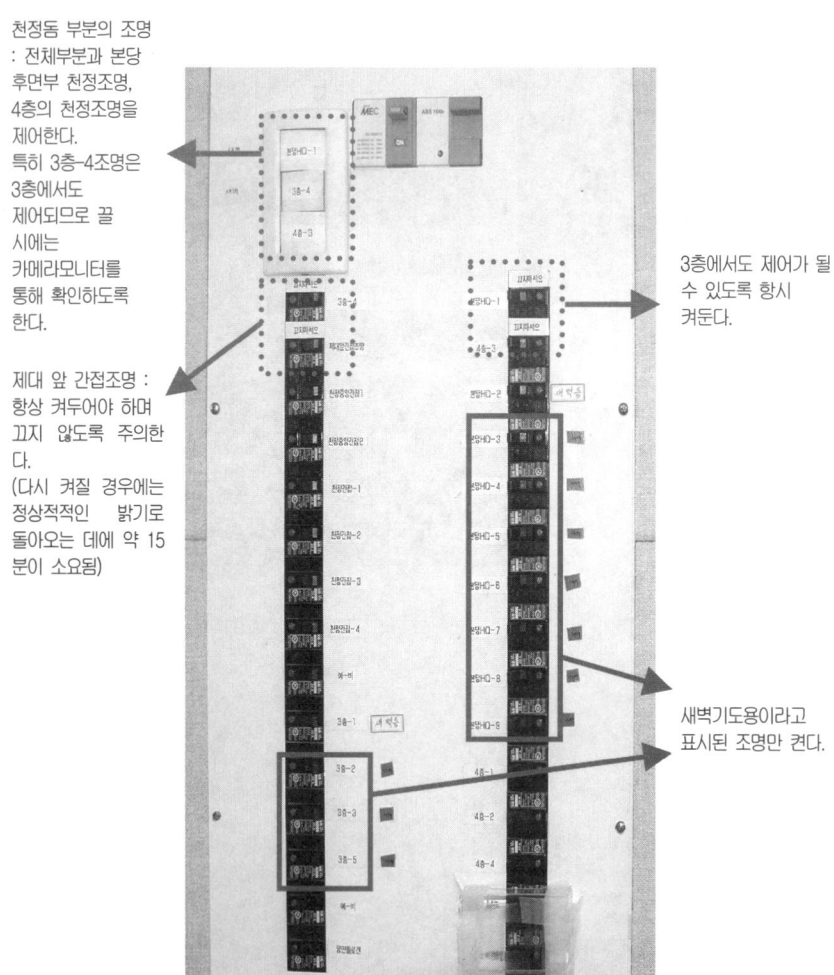

3층에서도 제어가 될
수 있도록 항시
켜둔다.

새벽기도용이라고
표시된 조명만 켠다.

(9) 방송실 좌측벽면의 청색 강대상특수조명 전압조절박스에서 냉각팬을 가동한다.

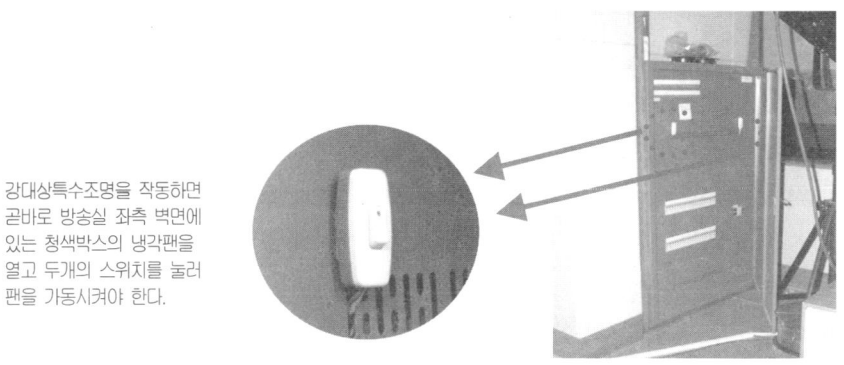

강대상특수조명을 작동하면
곧바로 방송실 좌측 벽면에
있는 청색박스의 냉각팬을
열고 두개의 스위치를 눌러
팬을 가동시켜야 한다.

(10) 사회자가 강대상에 서면 CD채널을 뮤트하고 강대상의 마이크 채널의 뮤트
버튼를 확인하고 버튼 옆 램프가 켜져 있으면 신속히 풀어준다.

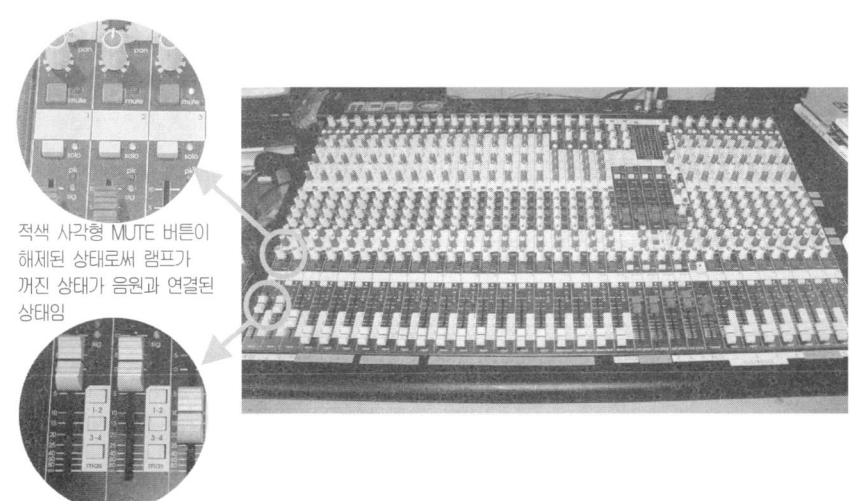

적색 사각형 MUTE 버튼이
해제된 상태로써 램프가
꺼진 상태가 음원과 연결된
상태임

(11) 설교자의 설교가 끝나고 통성기도가 시작되면 CD오디오테이프 데크에 통성기도용 음악 CD를 넣고 재생한다.

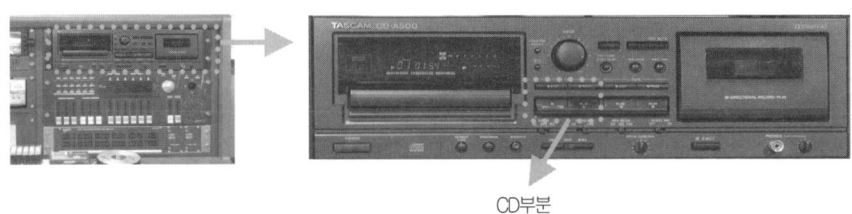

CD부분

(12) 음향믹서의 23-24번 CD채널 뮤트 버튼을 풀고 슬라이드버튼을 0까지 올린다.

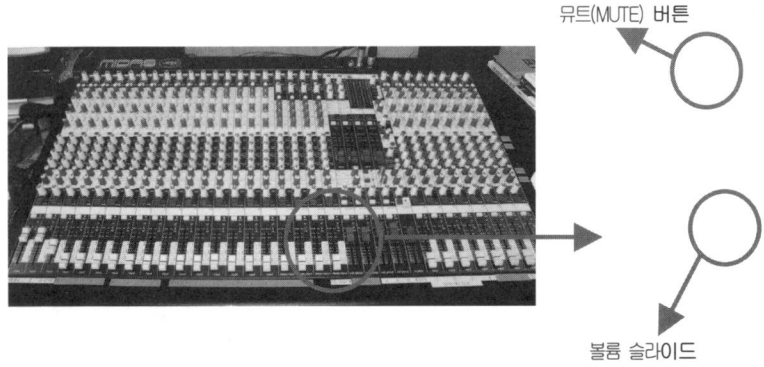

뮤트(MUTE) 버튼

볼륨 슬라이드

(13) 강대상특수조명의 24번 채널 슬라이드버튼을 0의 위치에 오도록 내려 특수조명을 끈다.

(14) 일반조명 중 새벽기도용으로 켰던 것 모두를 끈다.

(15) 05시 40분이 되면 음악을 일시정지(3분정도)해서 교회차량의 출발시각을 알려준다.

(16) 기도자들이 모두 빠져나가면 모든 영상기기들을 역순으로 전원을 끄고 정리한다.

(17) 방송실내의 에어콘, 온풍기, 냉각팬 등을 끄고 방송실을 잠근 후 퇴실한다.

❖ 미디어팀 사역 (   ) 월 check List ❖

작성 : 팀 장   (인), 음향 , 비디오카메라, 프리젠테이션   범 례 : 양 호 ○ 보 통 △ 개 선 X

구분	Check List	1주	2주	3주	4주	5주
마이크 및 음향 시스템	1. 예배 진행 순서와 성격에 맞게 마이크는 세팅 되었는가?					
	2. 모니터 스피커가 바르게 세팅되고 배치 되었는가?					
	3. 예배 시간 전에 마이크 및 음향시스템 확인점검을 하였는가?					
	4. 예배 전후 적절한 음악을 선정하여 송출 하였는가?					
	5. 유아실 스피커의 음량은 적절 하였는가?					
녹 음	1. 강대상 마이크는 최적의 상태로 설정 되었는가?					
	2. 강단 및 방송실 모니터 스피커의 음량은 적절 한가?					
	3. 녹음을 위해 필요한 자재가 잘 준비 되었는가?					
	4. 설교 녹음테이프의 원본은 잘 정리하여 보관 하였는가?					
	5. 설교 녹음테이프가 잘 복사 되었는가?					
카메라	1. 예배 진행 컨텐츠를 사전에 확보 하였는가?					
	2. 컴퓨터와 영상장비들의 위치, 작동 상태를 확인 하였는가?					
	3. 카메라의 작동 상태가 양호 하였는가?					
	4. 녹화에 필요한 자재가 잘 준비 되었는가?					
	5. 영상을 편집할 수 있도록 충분한 녹화가 이루어졌는가?					
프리젠 테이션	1. 필요한 자료는 예배 성격 및 설교자의 의도대로 준비 되었는가?					
	2. 송출할 자료의 내용을 철저히 확인 하였는가?					
	3. 관련 장비의 정확한 작동 및 실행 여부를 확인 하였는가?					
	4. 컴퓨터 파일 정리를 하였는가?					
제 안 사 항						

1070. 성례지원팀

❖ 사 명

세례와 성찬식을 빈틈없이 진행되도록 모든 준비와 마무리를 한다.

❖ 사역지침

1. 성찬식 준비

   (1) 매월 첫째 주일날 성찬식이 있을 시, 하루전 날 본당에 성찬상 2개와 본당 입구에 준비 테이블 1개를 놓고 준비 테이블이 교인들에게 보이지 않도록 칸막이를 설치한다.

   (2) 성찬식이 있을 시, 예배시작 1시간 전에 도착하여 기도하고, 제구함에서 성찬기와 성찬보, 포도즙과 떡을 가져와 필요한 준비를 예배시작 20분에 마치도록 한다.

   (3) 성찬상에 보를 깔고, 오른쪽엔 떡을, 왼쪽에는 포도즙을 진열하고, 십자가 무늬가 정면에서 잘 보이도록, 그리고 주름이 생기지 않도록 성찬보를 덮는다.

   (4) 떡과 잔은 성찬식에 참여할 예상인원보다 10~20%쯤 많게 준비한다.

   (5) 성찬보를 덮은 위에 집례자와 분병(분잔) 위원이 사용할 흰 장갑을 준비해 둔다.

   (6) 성찬식이 끝나고 나면 성찬상을 정리하고 남은 떡과 포도주는 목회자의 지시를 받아 처리하고 특별한 지시가 없을 때에는 땅에 묻도록 한다.

   (7) 성찬기의 물기를 닦아서 보관하고, 성찬보는 구김이 가지 않도록 제구함에 가지런히 보관한다.

   (8) 성찬식에 필요한 모든 도구들은 언제든지 사용할 수 있도록 항상 준비해 둔다.

2. 성찬위원 사역

   (1) 성찬위원은 장로, 안수집사 중에서 임명하되 봉사하는 사역에 따라 1부, 2
   부, 3부, 4부로 적절하게 나누어 임명한다. 임명된 성찬위원은 1년간 사역
   하도록 한다. 인원이 부족한 경우 부교역자들이 협조한다.

   (2) 성찬위원의 복장은 검정색양복, 흰색셔츠, 붉은색 넥타이. 검정색 구두
   를 신는다.

   (3) 임명된 성찬위원에게는 예배 시 앉을 좌석과 봉사할 좌석을 미리 도면
   으로 작성 배포하여 혼란이 없도록 하여야한다.

   (4) 성찬위원은 예배 10분전까지 지정좌석에 착석하여 경건하게 성찬을 준
   비한다.

   (5) 성찬위원 중 부득이한 사정으로 사역을 할 수 없거나 시간 변경이 필요
   할 경우 즉시 팀장에게 연락하여 신속히 다른 사람을 임명할 수 있도록
   하여야한다.

   (6) 성찬위원은 분병 및 분잔 시 성도들이 기도로 준비하고 있으므로 낮은
   목소리로 '분병(분잔)하십시오' 하고 알려주어 신속한 성찬이 진행되도
   록 한다.

   (7) 성찬 시 큰소리로 분병(분잔)을 외치거나 신체를 찌르는 등의 행동을 조
   심한다.

선교사역국 사역가이드

❖ 가 치

1. 우리는 모든 족속을 제자 삼으라는 주님의 명령을 실천하는 것을 가치 있게 여긴다. (마:28 18 20)

2. 우리는 너희가 권능을 받고 예루살렘과 유대와 사마리아와 땅 끝에 까지 이르러 내 증인이 되리라 하신 말씀을 가치 있게 여긴다. (행 1:8)

3. 우리는 건너와 우리를 도우라 하신 말씀을 가치 있게 여긴다. (행 16:9)

4. 우리는 하나님을 사랑하고 이웃을 네 몸같이 사랑하라는 말씀에 순종하는 것을 가치 있게 여긴다. (마22:37 39)

5. 우리는 선교사들과 복음을 위해 일하는 미 자립 교회 목회자들과 선교단체들을 후원하는 일들을 가치 있게 여긴다.

6. 우리는 지식적 육체적 사회적 영적인 네 가지 영역에서 균형 있게 봉사하는 것을 가치 있게 여긴다. (눅2:25)

7. 우리는 우리의 재물을 가지고 궁핍한 자들을 돕는 것을 가치 있게 여긴다. (요일 3:17)

❖ 사 명

1. 후원을 필요로 하는 선교사들과 국내 교회의 목회자들을 발굴하여, 기도하고 물질로 후원한다.

2. 후원하는 선교사들과 국내 목회자들의 사역현황을 홍보하여 모든 성도들의 선교의식을 일깨운다.

3. 지역사회의 필요를 발견하여 하나님의 사랑으로 섬기는 일을 주관한다.

4. 지역사회를 하나님의 통치가 있는 거룩한 도성이 되게 하는 일에 헌신할 일

꾼들을 모아 훈련하여 양성한다.

5. 다음세대들에게 선교훈련 및 비전 트립을 통해 선교 비전을 갖게하고 선교에 헌신할 선교사 들을 배출하여 파송한다.

❖ 전 략

1. 모든 성도들이 하나님의 복음과 의가 확장되는 일에 기도와 관심을 갖도록 독려한다.

2. 모든 성도들이 밀알 헌금을 할 수 있도록 독려한다.

3. 사랑방들과 선교사, 기관, 미 자립 교회등과 연결하여 중보기도와 후원하도록 한다.

4. 비전 트립을 매년 계획하여 선교의 비전을 갖게 하고 헌신하게 한다.

5. 지역사회에 맞는 사역을 개발하여 교회에 정착 시킨다.

6. 지역사회 필요중심의 겨자씨 프로젝트를 개발하여 실행한다.

❖ 가 치

1. 우리는 건너와 도우라는 말씀을 가치 있게 여긴다.

2. 우리는 선교사들의 복음을 위해 일하는 것을 후원하는 일을 가치 있게 여긴다.

3. 우리는 다음 세대가 선교사에 대한 비전을 가지며 그들을 양육하는 일을 가치 있게 여긴다.

4. 우리는 연약한 자를 돌보라는 말씀을 가치 있게 여긴다.

5. 복음을 위해 일하는 미자립 교회를 후원하는 일을 가치 있게 여긴다.

6. 지원하는 미자립 교회가 양적 질적 영적으로 부흥하는 일을 가치 있게 여긴다.

7. 우리는 하나님을 사랑하고 이웃을 내 몸과 같이 사랑하라는 말씀을 가치 있게 여긴다. (마 22:37-39)

8. 우리는 선교기관을 발굴하고 후원하는 일을 가치 있게 여긴다.

9. 우리는 후원하는 선교사, 미 자립교회 목회자. 선교기관에 각종 활동사항과 어려운 점 등을 발견하여 교우들에게 홍보하여 선교의식 및 선교사역에 동참케 하는 일을 홍보하여 가치 있게 여긴다.

10. 지역 사회 어려운 가정에 장학금을 지급함으로 그리스도의 사랑을 실천함을 가치 있게 여긴다.

11. 교우 및 지역사회의 어려운 가정을 발굴하고 후원하는 일을 가치 있게 여긴다.

❖ 사 명

1. 우리는 후원을 필요로 하는 선교사를 발굴하는데 사명을 가진다.

2. 우리는 선교사들이 선교지에서 영적 전투의 승리와 건강과 가정의 화평을 위하여 기도하며 나눔을 사명으로 여긴다.

3. 우리는 선교사들의 사역현장을 홍보하며 교우들의 선교의식을 일깨움을 사

명으로 여긴다.

4. 후원이 필요한 국내 교회의 목회자를 발굴하는 일을 사명으로 여긴다.

5. 후원하는 국내 목회자들을 위해 중보 기도하는 일을 사명으로 여긴다.

6. 후원하는 선교기관을 위하여 중보 기도하는 일을 사명으로 여긴다.

7. 선교기관에 후원금이 정책한 일자에 전달하는 일을 사명으로 여긴다.

8. 선교기관마다 특성 있는 활동사항을 홍보하는 일을 사명으로 여긴다.
   (해외선교팀. 국내선교팀. 기관선교팀)

9. 우리는 각종 정보를 통하여 후원자 발굴하는 일을 사명으로 여긴다.

10. 우리는 사역국이 하는 일들을 정확하게 전달하는 일을 사명으로 여긴다.

11. 우리는 선교편지, 교회게시판, 홈페이지 선교란을 관리하는 일을 사명으로 여긴다.

12. 장학금 대상자들이 학업에 전심전력하는 일을 사명으로 여긴다.

13. 장학금 대상자들의 그리스도의 장성한 분량까지 믿음이 성장하는 일을 사명으로 여긴다.

❖ 선교 지원팀 사역지침(국내 국외 기관, 장학, 선교정보게시)

1. 재정확보

   (1) 매년 11월에 선교예산을 세운다. (선교예산은 작정헌금+교회제정보조금)

   (2) 교우들이 "밀알 헌금"을 작정하도록 한다. (작정서. 부록참조)

   (3) 매주 밀알 헌금을 정산하며 한 달씩 집계하고 부족한 금액은 교회제정에 청구한다. (청구서 부록참조)

   (4) 제정은 분기 단위로 결산하며 제직회 보고하여 교우달이 밀알 헌금이 어느 곳에 쓰여 지는지 알도록 한다.

2. 후원 대상자 선정

   (1) 후원대상자 선정은 교우들의 추천을 받아 담임목사님, 선교사역국 담당 교역자, 선교사역국장 국내해외선교팀장이 선정한다. (후원 대상자 현황 부록참조)

(2) 1년 단위로 선정하고 1년간 교회와 교제, 연락, 선교보고 등을 평가하여 매년 11월에 재선정 여부를 결정한다.

3. 송금 방법

(1) 송금은 ○○은행 (600-××××-××)매월 1회 송금한다.

(2) 매년 11월초에 우리은행에 자동이체를 신청한다. (신청서 양식 참조)

(3) 송금은 교회 이름으로 한다.

4. 후원회 결성

(1) 선교사들을 위하여 각 단위별로 후원회를 결성한다.

- 남성사랑방 - 여성 사랑방 - 각 교육기관 (청년부, 중고등부, 유·초·소년부)

(2) 결성된 후원회와 각 단위별로 e-mail보내기, 편지 보내기 등 사랑과 관심과 나눔을 갖도록 한다.

(3) 각 사랑방 단위별로 후원지역을 환경, 기후 풍습 등을 소개하도록 하여 선교사들의 애로 사항을 이해하며 격려하도록 한다.

5. 단기 선교

(1) 단기 선교를 계획하여 교회가 후원하는 선교지와 교회를 방문하여 현장을 알게 하는 일을 계획하고 진행한다.

(2) 단기 선교는 국내 단기선교와 해외 단기선교로 나눈다.

(3) 단기선교에 대한 각종 정보를 수집한다.

(4) 단기 선교일정을 6개월 전에 선교 사역국을 통하여 검토하여 단기선교를 준비한다.

(5) 단기선교는 교회에서 실시하는 선교학교 8주 과정을 이수 후 다녀오도록 한다.

(6) 단기선교 경비는 개인부담을 원칙으로 한다. (단 초·중·고·청년에게는 특별한 사정에 따라서 경비의 40%내에서 보조금을 지급할 수 있도록 한다.

(7) 단기 선교의 후원을 위한 행사를 주관한다.(모금함설치, 단기 선교팀 헌

신예배, 간증문 발표)

6. 기도회 모임

(1) 선교부는 매주 기도모임을 가진다.(토요일 오후3시 4층 고등부실)

(2) 선교사역국장은 기도회 진행을 책임진다.

(3) 기도회 순서는 찬양 시작기도, 찬양, 말씀묵상, 마무리기도로 한다.

(4) 기도는 해외 선교자 국내 선교지, 기관이 보내온 제목을 중점적으로 기도하며 개인적 신앙에 성장을 위하여 기도한다.

(5) 말씀준비는 선교사역국 담당 교역자가 함을 원칙으로 하되. 교재를 선정하여 나눌 수 있다.

7. 선교사명자 양성

(1) 단기선교 후 선교사 결심자를 파악하여 관리한다.

(2) 국내에서 실시하는 단기선교 교육기관을 소개하며 훈련에 참석하도록 한다. (단 총회에서 인정하는 교육기관)

(3) 단기선교교육기간에 참석하는 경비 중 50%를 재정에서 지원한다.

(4) 선교사명자의 생활이 거룩하고, 의롭고 참되도록 말씀과 기도훈련을 하도록 한다.

8. 선교학교운영

(1) 선교학교는 선교에 관심이 있는 교우들의 신청을 받아 년 2회 실시한다.

(2) 단기 선교 희망자는 선교학교 훈련과정을 마친 후에 실시한다.

(3) 교육진행은 선교사역국 담당교역자 선교국장, 선교팀장으로 하고 교육일정을 정하여 담임 목사님의 결재를 득한 후 진행한다.

(4) 기간을 8주로 실시한다.

(5) 기간 중 토요일 오후 3시~6시까지 주 1회 실시한다.

(6) 강사는 교회내부 강사 및 외부강사를 초청하여 실시한다.

(7) 선교학교 운영 기간 중 마지막주간으로 하여 선교 찬양제, 선교사진전, 선교지에대한 각종 소개 선교사 및 선교단체 안내 등을 실시한다.

9. 선교정보게시 조 활동

(1) **선교편지 관리**

① 월 1회 이상 선교지와 편지 및 e-mail을 교환한다.

② 선교지와 미 자립교회내용을 종합하여 교우들과 중보기도단, 사역국 기도모임에 기도 요청을 한다.

③ 선교 편지를 각 선교지 별로 정리한다.

④ 주소 및 e-mail을 파악하여 알기 쉽게 정리한다,

(2) **교회 게시판 관리**

① 새로운 선교지 소식을 교우들이 알도록 게시판을 관리한다.

② 선교사 별로 중보기도 내용을 요약하여 중보기도단에 기도 요청하며 게시판에 게시한다.

③ 선교활동 사진을 게시한다.

(3) **홈페이지 관리**

① 교회 홈페이지에 선교 사역국 게시판을 관리한다.

② 선교편지, 활동사항, 중보기도내용 등 요약하여 홈 페이지에 올린다.

③ 국내 선교 훈련 기관 등을 소개한다.

④ 선교사역국에 대한 건의 사항 및 애로사항을 받는다.

⑤ 사역국의 각종 행사 및 활동사항을 소개한다.

10. 장학선교 활동

(1) **대상자 선정방법**

① 장학금 지급 대상자는 매월 11월에 선정한다.

② 생활 보호 대상자 및 생활이 극히 어려운 학생.

③ 교회 발전 및 학생회, 청년회 활동에 기여한 자로 학업 성적이 우수한 자.

④ 본 교회 다니는 학생 중 품행이 방정하고 학업성적이 우수한 자.

⑤ 재학 중 징계사유가 없는 자.

⑥ 대상자는 매년 11월 중에 선정한다.

⑦ 담임목사, 사역국 담당 교역자, 사역국장, 장학팀장의 심의를 거쳐 대상자를 선정한다.

(2) **장학금 지급 시기와 조건**

① 대학생은 3월과 9월에 1학기와 2학기로 나누어 지급한다.

② 중·고등학생은 매분기 3, 6, 9, 12월에 장학금을 지급한다.

③ 장학금 수혜기간은 1년을 원칙으로 하며 특별한 경우에는 담임목사, 사역국 담당 교역자, 사역국장, 장학팀장이 합의하여 예외로 할 수 있다.

④ 장학금 지급은 현금으로 한다.

⑤ 장학금은 무상지급을 원칙으로 한다.

(3) **장학금 재정 확보**

① 매년 11월중 장학 예산을 세운다.

② 밀알 헌금 중 작정한 장학 헌금과 부족분을 교회 예산에 반영한다.

③ 재정을 결산하여 제직회에 보고한다.

[부록] 선교규정

제1장 선교위원회 조직

제1조 선교위원회 구성

① 선교위원회는 위원장, 총무단, 각 부 및 상임위원회로 구성된다.

② 총무단은 총무, 부총무, 회계, 서기, 간사로 구성된다.

③ 각 부는 부장, 간사, 선교위원으로 구성된다.

④ 상임위원회는 위원장, 총무단, 각 부의 부장 및 간사로 구성된다.

제2조 위원장

① 위원장은 선교위원회를 대표하며 선교위원회의 모든 업무를 총괄 지도 감독한다.

② 위원장은 당회의 의결로 당회장이 임명한다.

③ 위원장의 임기는 2년으로 하며 연임할 수 있다.

제3조 총무

① 총무는 위원장을 보좌하여 각 부별 사역을 조정하고 선교위원회의 업무를 총괄 수행한다.

② 총무는 당회의 의결로 당회장이 임명한다.

③ 총무의 임기는 2년으로 하며 연임할 수 있다.

제4조 회계

① 회계는 선교위원회 수입을 계수관리하고 위원장의 결재를 얻어 예산을 지출한다.

② 회계는 2명 이상을 두며 선교위원 중에서 위원장이 임명한다.

③ 회계의 임기는 2년으로 하며 연임할 수 있다.

④ 회계는 매월 첫째 주 상임위원회에 전달의 회계상황을 보고하여 승인을 얻어야 한다.

제5조 서기

① 서기는 선교위원회 상임위원회 및 월례회의 내용을 기록하고 선교위원회 사역에 관한 문서를 취합, 관리한다.

② 서기는 선교위원 중에서 위원장이 임명한다.

③ 서기의 임기는 2년으로 하며 연임할 수 있다.

제6조 부장

① 소속 부의 사역을 기획, 총괄한다.

② 부장은 당회의 의결로 당회장이 임명한다.

③ 부장의 임기는 2년으로 하며 연임할 수 있다.

④ 부장은 해당 부서의 사역계획 및 진행상황을 상임위원회에 보고한다.

제7조 간사

① 총무단 간사는 총무의 지시에 따라 선교위원회 업무를 수행하고, 각 부 간사는 소속 부장을 보좌하여 맡겨진 사역을 수행한다.

② 간사는 총무단 간사의 경우에는 총무의, 각 부 간사의 경우 소속부장의

제청으로 위원장이 임명한다.

③ 간사의 임기는 2년으로 하며 연임할 수 있다.

④ 총무단 간사 및 각 부 간사는 2인 이상 둘 수 있으며, 총무 및 부장은 필요에 따라 소속 간사의 사역을 보조하는 협력간사를 둘 수 있다.

제8조 선교위원

① 선교위원은 교회 내 각 기관을 선교에 동원하고 소속 부서별 사역에 동역한다.

② 선교위원은 위원장이 임명하며 임기는 2년으로 하고 연임할 수 있다.

③ 선교위원은 신림교회 선교학교 또는 이에 준하는 선교단체훈련을 이수하여야 한다.

④ 선교위원은 매월 월례회에 참석하여야 한다.

제9조 상임위원회

① 상임위원회는 매주 1회 열리는 것을 원칙으로 하며, 선교위원회 각 사역에 관하여 심의, 의결한다.

② 상임위원회는 재적구성원 과반수 찬성으로 의결한다.

제10조 월례회

월례회는 위원장, 총무단, 각 부장 및 간사, 선교위원으로 구성되며 본교회 선교사역의 원만한 수행을 위하여 기도하고 동역한다.

제11조 총무단, 각 부의 설치 및 해산

① 선교위원회 산하에 선교동원부, 해외 선교부를 두며, 선교위원회 사역을 총괄 집행하기 위하여 총무단을 둔다.

② 부의 설치 및 해산은 상임위원회의 의결을 거쳐 당회의 승인을 받는다.

제12조 총무단

① 총무단은 선교위원회 사역을 총괄 집행하고, 선교행정 관련 사역을 기획, 집행한다.

② 총무단의 구체적인 사역으로 대표적인 것은 다음과 같다.

i. 교회 내 각 기관간의 협력

ii. 선교사후원 및 관리

iii. 선교위원회 사무실운영

iv. 선교축제 기획, 준비, 실행

제13조 선교동원부

① 선교동원부는 본 교회 성도들을 선교에 동원하고, 세계 선교전략을 개발하며 선교일반 사역을 기획, 집행한다.

② 선교동원부는 세계 선교전략의 구체적인 수행과 관련하여 각 지역별 내지 종족별 팀을 설치할 수 있다.

③ 선교동원부의 구체적인 사역으로 대표적인 것은 다음과 같다.

i. 선교학교 기획, 준비, 실행

ii. 열방을 향한 중보기도모임 기획, 준비, 실행

iii. 베트남을 제외한 각 지역별 단기선교여행의 기획, 훈련, 파송, 운영 및 보고

제14조 해외 선교부

① 해외부는 해외선교전략을 개발하고 해외선교 관련 사역을 기획, 집행한다.

② 해외부의 구체적인 사역으로 대표적인 것은 다음과 같다.

i. 해외정탐의 기획, 훈련, 파송, 실행 및 보고

ii. 해외선교사 중보기도회의 준비, 실행

제2장 선교사의 구분, 허입, 파송

제15조 선교사의 구분 및 허입기준

① 본 교회 선교사는 훈련선교사, 파송선교사, 협력선교사, 단기선교사로 구분한다.

② 훈련선교사는 장차 본교회의 파송선교사로 헌신하고 본 교회 파송선교사로 허입되기 전 훈련과정 중에 있는 자로서 아래 사항을 충족시키는 자로 한다.

i. 본 교회 등록교인으로서 출석 2년 이상 된 자

ii. 본교회의 일대일 지도자 과정을 이수하고 1명 이상 제자양육한 자

iii. 본교회의 선교위원회 위원 또는 간사로서 1년 이상 사역한 자

iv. 공인된 선교단체에 훈련선교사로 허입이 예정된 자 훈련선교사의 훈련 과정은 특별한 사정이 없는 한 3년을 초과할 수 없다.

③ 파송선교사는 훈련선교사와 협력선교사중 아래 사항을 충족시키는 자로 한다.

i. 본 교회 훈련선교사의 경우는 모든 훈련과정을 마치고 공인된 선교단 체에 허입된 자로 한다. 다만 교회 정책에 따라 본 교회 선교위원회가 공인된 선교단체의 역할을 대신할 수 있다.

ii. 협력선교사의 경우는 본교회의 협력선교사 허입 후 2년 이상 경과된 자 로서 본 교회의 필요에 따라 파송선교사로 허입할 수 있다.

④ 협력선교사는 타 교회에서 파송되었거나 공인된 선교단체에 허입된 자로 서 선교활동을 수행하고 있는 자로 한다.

⑤ 단기선교사는 본 교회에 등록 1년 이상 된 교인으로 본교회의 선교목표를 이해하고 2년 이하의 기간 동안 해외에 거처를 두고 해외선교활동을 수행 할 자로서 아래 사항을 충족시키는 자로 한다.

i. 본 교회 선교학교 또는 공인된 선교훈련기관의 훈련을 이수한 자

ii. 본 교회 일대일 제자양육과정을 이수한 자

제16조 선교사 허입절차

① 허입을 원하는 선교사는 소정의 서류를 갖추어 선교위원회 상임위원회에 제출한다.

② 훈련 선교사 및 파송선교사는 선교사허입심사위원회의 심사와 의결을 거 쳐 당회의 인준으로 허입된다.

③ 협력선교사는 상임위원회의 심사와 의결을 거쳐 당회의 인준으로 허입된다.

④ 단기선교사는 상임위원회의 심사와 의결로 허입된다.

제17조 선교사허입심사위원회의 구성

① 선교사허입심사위원회는 담임목사, 선교위원장 외 3인으로 선교위원장이

구성한다.

② 선교사 허입여부는 선교사의 신앙생활, 영적 지도력, 제자훈련, 타 문화권 선교훈련, 건강, 가정생활, 재정관리의 엄정성, 학력, 지식, 사역 전문성, 소속교회 및 소속선교단체의 전문성, 조직성 등을 종합적으로 검토한다.

제18조 선교사허입 필요서류

① 훈련선교사는 다음의 서류 및 기타 선교위원회가 요청하는 서류를 구비하여 허입을 신청한다.

ⅰ. 본 교회 소정의 허입신청서(추천인 인적사항기록)

ⅱ. 이력서(사진포함)

ⅲ. 신앙 간증문

ⅳ. 파송예정 선교단체의 가 허입증명서

ⅴ. 훈련계획서

ⅵ. 주민등록등본

ⅶ. 호적등본 및 가족사진

ⅷ. 최종학력증명서

ⅸ. 건강진단서(가족 전체)

ⅹ. 가족동의서

② 파송선교사는 다음의 서류 및 기타 선교위원회가 요청하는 서류를 구비하여 허입을 신청한다.

ⅰ. 본 교회 소정의 허입신청서(추천인 인적사항기록)

ⅱ. 이력서(사진포함)

ⅲ. 신앙 간증문

ⅳ. 선교훈련기관 훈련수료증 사본

ⅴ. 파송선교기관 추천서

ⅵ. 사역계획서

ⅶ. 주민등록등본

ⅷ. 호적등본 및 가족사진

ix. 최종학력증명서

x. 건강진단서(가족 전체)

xi. 가족동의서

③ 협력선교사는 다음의 서류 및 기타 선교위원회가 요청하는 서류를 구비하여 허입을 신청한다.

　i. 본 교회 소정의 허입신청서(추천인 인적사항기록)

　ii. 이력서

　iii. 신앙 간증문

　iv. 파송교회의 추천서 또는 파송선교기관 추천서

　v. 사역계획서

④ 단기선교사는 다음의 서류 및 기타 선교위원회가 요청하는 서류를 구비하여 허입을 신청한다.

　i. 본 교회 소정의 허입신청서(추천인 인적사항기록)

　ii. 이력서

　iii. 신앙 간증문

　iv. 선교훈련증명서

　v. 사역계획서

　vi. 주민등록등본

　vii. 건강진단서(6월 이상의 경우)

　viii 본 교회 소정의 서약서

제19조 선교사파송

① 파송선교사로 허입된 선교사는 본교회의 파송예배를 통하여 파송된다.

② 훈련선교사 또는 단기선교사로 허입된 선교사는 본교회의 예배시간에 파송식을 거쳐 파송된다.

제3장 선교사 관리

제20조 선교사관리

훈련선교사 및 파송선교사의 훈련 및 사역, 재정, 자녀교육, 기타 관리는 소속 선교단체에 위임하되 본 교회 우선선교대상지역의 선교사로서 소속 선교단체가 없는 경우에는 본 교회 선교위원회가 직접 관리할 수 있다.

제21조 훈련선교사의 의무

① 훈련선교사는 월 1회 이상 기도편지를 선교위원회에 제출하여야 한다.

② 훈련선교사가 일시 귀국하고자 할 경우에는 사전에 선교위원회에 통보하여야 한다.

제22조 파송선교사의 의무

① 파송선교사는 월1회 이상 기도편지를 선교위원회에 제출하여야 한다.

② 파송선교사는 교회가 선교사의 사역을 잘 이해하고 기도하며 효과적으로 지원할 수 있도록 원칙적으로 매년 1월말까지 연간보고서를 선교위원회에 제출하여야 한다. 연간보고서는 전기사역평가, 당기사역계획 등을 그 내용으로 한다.

③ 파송선교사가 추가 예산이 소요되는 사역을 하고자 할 경우 사역계획서를 작성하여 선교위원회에 제출하여야 한다.

④ 파송선교사가 일시 귀국하고자 할 경우에는 사전에 선교위원회에 통보하여야 한다.

제23조 협력선교사의 의무

① 협력선교사는 분기당 1회 이상 기도편지를 선교위원회에 제출하여야 한다.

② 협력선교사는 교회가 선교사의 사역을 잘 이해하고 기도하며 효과적으로 지원할 수 있도록 원칙적으로 매년 1월말까지 연간보고서를 선교위원회에 제출하여야 한다. 연간보고서는 전기사역평가, 당기사역계획 등을 그 내용으로 한다.

제24조 단기선교사의 의무

① 단기선교사는 월 1회 이상 기도편지를 선교위원회에 제출하여야 한다.

② 단기선교사가 일시 귀국하고자 할 경우에는 사전에 선교위원회에 통보하여야 한다.

제25조 선교사의 사임

교사가 개인적인 사유로 사임을 요청할 경우 상임위원회의 의결을 거쳐 당회의 인준으로 이를 수락한다.

제26조 선교사에 대한 지원중단 및 제명

① 선교사가 선교사의 해당 의무조항을 이행하지 아니하는 경우, 또는 본래의 선교목적에서 이탈하였거나 선교사로서의 품위를 현저히 손상시켰다고 인정되는 경우에는 상임위원회의 의결을 거쳐 선교비 지원을 중단할 수 있다.

② 위 조치에도 불구하고 지원중단사유가 지속될 경우 상임위원회 의결과 당회의 인준을 거쳐 해당 선교사를 제명할 수 있다.

제27조 선교비의 지원

① 선교비의 지원은 선교비 산정기준에 의하며 선교비 산정기준은 상임위원회의에서 의결한다.

② 선교사가 추가예산이 소요되는 사역을 하고자 할 경우 이에 소요되는 비용은 개별적 모금으로 충당하는 것을 원칙으로 한다.

③ 본 교회 우선선교대상지역에 관련된 프로젝트의 경우 선교위원회 편성된 관련 예산으로 지원할 수 있다.

제4장 회계와 결산

제28조 특별회계

선교위원회의 재정은 교회의 본 회계와는 별도로 관리하는 특별회계로 관리한다.

제29조 예산

선교위원회의 예산에 관하여는 상임위원회에서 심의, 의결한다.

제30조 수입

선교위원회의 수입은 선교헌금, 선교행사를 통한 수입 및 본 회계로부터 지원

되는 재정 등으로 한다.

제31조 지출

선교위원회의 지출은 예산에 따라 지출하는 것을 원칙으로 하고 예산초과 지출과 예산외 지출에 대하여는 상임위원회에서 심의, 의결한다.

제32조 회계보고 및 감사

선교위원회는 재직회와 공동의회에 해당기간의 회계를 보고하며 감사기관의 감사를 받는다.

제5장 규정개정

제33조 선교규정의 개정

본 규정의 개정은 상임위원회의 의결을 거쳐 당회의 승인을 받는다.

❖ 가 치

지역사회에 65세 이상 되신 할머니, 할아버지들의 정신적, 육체적인 삶을 직접 만져 드리고, 부모님처럼 섬기는 사랑의 실천을 우선으로 한다. 즉, '예수는 사랑이다!' 라고 지역사회 소외층들이 스스로 느낄 수 있도록 헌신한다.

❖ 사 명

시대적으로 노령화가 증가하는 추세에 살고 있는 현실을 교회가 긍정적으로 받아 들여, 가난과 질병, 고독함 등을 이겨 내실 수 있도록 직접적인 봉사를 통해서 교회와 예수님을 알 수 있도록 보여준다.

❖ 비 전

본 사역이 확대되어지고 조직의 활성화로 인해서 교회의 부흥과 함께 지역사회를 위한 노인복지, 주거환경문제, 교인과의 자매결연 등을 통해 쓸쓸하게 여생을 마칠 수밖에 없는 삶에 기쁨과 소망을 부여한다.

❖ 사역지침

1. 읍사무소나 와부지역의 반장, 교우들의 추천을 통해서 선정한다.
   (1) 65세 이상, 홀로 사시거나 장애나 병환 중에 계신 분
   (2) 자녀를 두지 않고 소득이 없으신 분
   (3) 정부의 생계비 지원을 받으나 생활비(월세, 식비)등 지출이 많아서 도움을 필요로 하는 가정
2. 독거노인의 주거지역을 기준으로 3~5명씩 각 조를 편성한다.
   (1) 현재 4개조로 편성해서 돌봐 드리고 있음

3. 사역팀 조직편성

(1) **사역팀 구성**

① 김치1명, 밑반찬 1명, 차량봉사 1명, 조장1명, 기타 보조

② 현재 4개조로 편성, 20명의 팀원으로 구성됨

(2) **활동** : 각 조별로 월 2회 방문을 한다.

(둘째 주, 넷째 주 또는 첫째 주, 셋째 주 등 요일은 각 조별 자유롭게 결정해서 활동함) 반찬은 담당팀원의 가정에서 직접 만들어서 반찬통에 넣어 정성스럽게 방문배달을 한다. 배달시 청소 및 문안등 대화의 시간을 갖는다.

(3) 차량봉사와 조장은 수시로 독거노인 가정을 돌아보고 어려운 문제나 필요한 부분 등을 채워 드린다(예: 월문리 콘테이너 안에 거주하시는 할아버지 경우 TV를 시청하실 수 있도록 구입해서 설치해 드렸음).

(4) **지출 및 회계**

① 지 출

① 전체적인 지출 부분은 교회의 재정부에서 지원 받는다.

② 독거노인 1명 당 월 3만원으로 한다. 월 2회 방문하기 때문에 1회 방문 시 5,000원선에서 밑반찬과 김치를 준비한다.

③ 명절이나 어버이날에는 쓸쓸함을 덜어 드리고자 특별히 음식과 선물에 정성을 기울인다. 단, 긴급하게 지출을 요하는 부분에는 사용할 수 있다. 교회와 팀장의 결재 하에 따른다.

④ 각 조별 사용되어지는 반찬비용과 고춧가루, 젓갈류, 마늘 등 전반적인 재료비는 영수증을 첨부해서 회계에게 제출한다.

② 회 계

(가) 사역팀 안에 회계를 둔다. 회계를 담당하는 팀원은 교회재정에서 입금되어진 사역비를 은행통장계좌를 개설해서 입출금관리를 한다.

(나) 각 조별 지출청구를 할 경우, 영수증을 잘 검토하여 지출을 하되 팀원의 통장에 직접 송금 처리하는 방법을 우선으로 한다.

(다) 회계는 독거노인 1인당 사용되어지는 예산 부분을 잘 체크하여 1년 동안의 입출금 등을 관리한다. 각 조별 너무 차이가 나는 지출 등을 조절해주며, 팀원이 금전적 불편함을 느끼지 않도록 신속하게 영수증처리를 한다.

(라) 회계는 팀장에게 수시로 월별 지출현황을 보고하고 잔액여부를 알린다. 입출금 관리결과 잔액이 남을 경우 교회의 도움을 받지 않고 팀 안에서 문제점들을 해결하도록 한다.

(예 : 월세가 많이 밀렸거나, 병원비 등을 예산액보다 더 지원해 드릴 수 있다

(5) 정기모임

① 각 조별로 월 2회, 반찬재료 준비와 만들기 등을 각 가정에서 만나 활동을 한다.

② 전체 팀원 모임은 짝수 달 둘째 주 화요일 12시로 정한다. 식사할 수 있는 장소를 선정해서 점심을 같이 한다.

(식사비 전액은 교회안의 교우의 후원을 받고 있음)

(6) 기타사항

팀장은 읍사무소와 교회안의 교우들을 통해서 독거노인추천을 받은 즉시 가정방문을 한다. 사역팀의 도움을 받을 가정인지를 파악하여 해당조장에게 알려서 독거노인 가정을 연결시켜 준다. 각 조를 편성하는 것과 독거노인과의 연결은 지역과 위치 등을 고려해서 사역하는데 도움이 되도록 협력한다. (예 도로사정이 좋지 않은 지역은 남성팀원이 있는 조와 연결시킨다. 각 조별로 연결된 독거노인 가정을 수시로 전화안부 및 찾아뵙고 대화와 청소 등 집안정리를 해 드린다.

❖ 가 치

1. 우리는 하나님을 사랑하고 이웃을 내 몸 같이 사랑하라는 말씀에 순종하는 것을 가치 있게 여긴다.(마 22:37-39)
2. 우리는 우리의 재물을 가지고 궁핍한 자들을 돕는 것을 가치 있게 여긴다. (요일 3:7)
3. 불신자를 전도하여 예수님을 만나게 하는 일을 가치 있게 여긴다.

❖ 사 명

소년소녀 가장과 저 소득 불우이웃을 방문해 사랑으로 섬기며 예수님을 전하여 주님 안에 소망이 있음을 발견케 하여, 하나님의 나라가 확장되게 하는 것이다.

❖ 사역지침

1. 사역대상

   남양주 관내의 소년소녀 가장과 저소득 불우이웃을 대상으로 한다.

2. 선정방법

   동사무소 복지사와 지역주민의 추천으로 목사님, 사역국 전도사님, 국장의 결재 하에 선정하고 가정을 소개 받으면 팀장과 총무가 동행한다.
   후원이 결정되면 적당한 조에 편성해 돌보게 한다.

❖ 추천 시 결재 양식

```
이  름 :        나이 :        성별 :

주  소 :

가정형편 :
```

동부광성교회 소년소녀 가장 사역팀

목사님	국장	팀장

3. 방문방법

　(1) 첫 방문 시 5,000원 선에서 과일을 준비한다.

　(2) 3인 1조가 되어 매달 2회 방문한다.(1,3주)

4. 방문 시 사역방법

　(1) 잠시 둘러 앉아 침묵하며 가정의 평안을 빈다.

　(2) 청소 등 간단한 일거리를 돕고 복음을 전하여 소망을 가지도록 격려한다.

　(3) 생활보조비를 전달한다.

　(4) 조장이 축복기도로 마무리 하고 다음 약속을 정한다.

　　(소요시간 30~1시간 정도)

5. 지원 원칙

　(1) 생활보조비는 가정 형편에 따라 5~10만원까지 차등 지원한다.

　(2) 추석, 설, 성탄절에는 팀원들끼리 돈을 모아 명절에 맞는 선물을 준비해서 전달한다.

　(3) 불신자에게 지속적으로 복음을 전하며 교회의 특별한 행사에 초청한다.

　(4) 방학에는 교회 교육 프로그램으로 이끈다.

　(5) 작아진 옷을 수거해 깨끗이 손질하여 가정에 맞게 분리 후 전달한다.

　　(언제든지 의류지원 받고 있음)

(6) 방학에는 가정으로 초대해 함께 식사하며 친밀한 관계를 유지한다.
   (여름, 겨울 방학)

(7) 은사 발견을 통해 자원한 사람을 조에 편성해 알맞은 가정과 연결해 지
   속적으로 후원가정을 늘려간다.

6. 음식사역 방법

(1) 중국음식점 중국성에서 한 가정 에게 한 달에 2번 자장면을 배달해 준다.

(2) 팀 1조에서 한 가정에 밑반찬을 준비한다.

7. 정기모임

(1) 매월 마지막 주 수요일 오전 10시 교회

(2) 모임목적

   ① 팀원 간 친교를 다지고 격려한다.

   ② 조별 사역보고를 한다.

   ③ 후원가정을 위해 중보 기도를 한다.

❖ 가 치

1. 행 1:8 "오직 성령이 너희에게 임하시면 너희가 권능을 받고 예루살렘과 온 유대와 사마리아와 땅 끝까지 이르러 내 증인이 되리라 하시니라"
2. 하나님을 알지 못하는 지역사회의 불신영혼들을 긍휼히 여기시고, 구원하시길 원하시는 하나님의 사랑과 지상명령을 실천하는 것에 가치를 둔다.
3. 불신영혼들을 세상의 가치관에서, 하늘나라의 가치관으로 변화시키는 것에 가치를 둔다.

❖ 사 명

1. 덕소지역의 영혼구원에 사명을 느낀다.
2. 덕소지역의 불신영혼들에게 복음을 전하며, 더 나아가 하나님의 나라가 세워지는 것에 사명을 갖는다.

❖ 전 략

1. 은사배치를 통하여 전도에 은사가 있는 성도들을 전도대에 참여시킨다.
2. 매주 목요일에 모여서 전도한다.
3. 불신 영혼들을 품고 그들의 영혼구원을 위해 기도한다.
4. 전도대원의 영성회복과 향상을 위해 기도원에서 기도모임을 갖는다.
5. 전도 세미나(연중1~2회)를 통해 교육과 훈련을 받아 전도 전략을 세우고 열의를 다진다.
6. 연중 1회(가을) 새 생명 축제를 열어 기도하며 뿌린 씨앗을 추수한다.
7. 전도방법은 고구마 전도, 전도지 배포, 일대일 전도, 관계전도 등을 한다.
8. 전도운동을 통하여 교회의 영적부흥을 일으킨다.
9. 사랑방 섬김이와 다섬이들이 사랑방 성도들을 교육, 훈련시킴으로 관계전도

를 정착화 한다. 각 사랑방에는 아직 교회에 등록하지 않은 태신자들이 함께 사랑방 모임에 참여 할 수 있는 분위기를 만들어 나간다.

10. 교회행사(교회창립주일, 부활절, 성탄절, 추수감사절, 기타)를 전도의 기회로 만들어 나간다.

❖ 사역지침

1. 전도기획지침

새 생명축제, 목요전도, 문서전도, 관계전도 등 본 교회에서 하고 있는 전도사역에 관한 사항들을 기획 관리하고, 필요한 제반사항들을 적극적으로 지원한다.

2. 목요전도 지침

(1) **모임** : 매주 목요일 오전 10시 본당에서 모인다.

(2) **준비** : • 찬양을 한다.

　　　　　• 전도사님께서 10분정도 말씀을 전하신다.

　　　　　• 그날의 전도를 위해 기도한다.

(3) **전도방법** : 가가호호 방문(고구마전도), 전도지 꽂기, 노방전도, 익은 고구마 집중전도 등을 결정한다.

(4) **전도대상지역 결정** : 아파트, 주택, 상가, 노방 등을 결정한다.

(5) **조 결성과 전도 지역 배정** : 2인 1조로 결성하여 전도할 지역을 배정한다.

(6) **전도물 준비** : 주보, 전도지, 책자, 전도용품(반짇고리, 거울, 린스, 주방용수건 등)을 챙긴다.

(7) 구호를 외친다. ("나가면 있고 안 나가면 없다." "노는 입에 찔러나 보자" 등)

(8) **이동** : 10시30분에 교회차량을 이용하여 이동한다.

(9) 12시 30분까지 전도를 하고 약속장소에서 모여 교회에 돌아와 보고회를 한다.

(10) **보고회** : 각 조별로 전도보고서를 작성해서 그날 만난 영혼들에 대한

정보와 은혜 받은 점 느낀 점, 각오 등을 조장이 보고한 후 모임을
마친다.

(11) **전도기록** : 서기는 보고서를 종합하여 익은 고구마의 인적사항, 연락
처 등을 전도노트에 기록하고 팀장에게 전한다.

(12) **익은 고구마 관리** : 팀장은 익은 고구마들을 거주 지역별로 나뉘어서
그곳에 있는 사랑방과 연결하여 지속적으로 섬기게 한다.

(13) 목요전도대는 연중 3번(1월, 6월, 10월)기도원에 가서 영혼구원과 전도
대원들의 영성회복을 위해 기도하는 시간을 갖는다.

(14) 년 1회 실시하는 새 생명축제 기간 동안 때 목요전도대원들은 그동안
접촉해온 익은 고구마 들을 찾아다니며 집중적으로 전도한다.

(15) **교회행사 시 전도방법** : 품고 기도한 영혼들을 각종 교회행사시 초청
하여 전도의 기회로 삼는다. (교회창립주일, 부활절, 성탄절, 추수감사
절 모닥불축제등 기타 교회 행사시 선물을 마련하고 당일 프로그램에
초청한다.)

3. 문서전도 지침

(1) 전도지, 주보, 책자, 전도용품(반짇고리, 거울, 린스, 주방용수건 등...)

(2) 매년 새로운 전도지나 전도물을 기획, 제작하며, 전도단에게 제공하고
수시로 검토하여 누구든지 전도하고 싶은 열망을 갖은 성도들에게 지원
한다.

(3) 전도신문을 제작하여 지역사회에 교회를 알리며, 복음을 전하는 기회로
삼는다.

(4) **테이프 제작** : 목사님의 설교테이프를 제작하여 전도에 사용한다.

문화교실팀

❖ 가 치

1. 하나님께서 우리에게 주신 다양한 은사를 사용하는 것을 가치 있게 여긴다.
2. 교회 안에서, 주신 능력을 발견하고 더욱 계발하여 예수 그리스도가 주인이 되는 기독교 문화를 만들어 나가는 것에 가치를 둔다.

❖ 사 명

1. 개인의 문화적 가치와 책임을 인식하고, 능력과 적성에 맞는 활동을 발전시켜 나간다.
2. 예수 그리스도의 몸 된 교회의 지체로서 문화예술 영역에서 서로 섬기며 더욱 세워 나간다.
3. 교우들의 외국어 실력 향상과 선교비전을 이루는데 도움을 준다.
4. 문화교실을 통해서 지역사회 주민들을 교회와 연결시키는 역할을 한다.

❖ 사역지침

1. 사역대상과 기간
   (1) **사역대상** : 지역 사회 주민과 교우
   (2) **사역기간** : 매년 1월~12월까지 1년 단위로 한다.
   (3) **강사**
       ① 지원자 중에서 선발하여 문화교실팀장, 선교사역국장, 교육위원회, 선교사역국 담당교역자, 담임목사님과 협의하여 결정한다.
       ② 강사는 무료봉사를 원칙으로 한다.
2. 홍 보
   (1) **시기** : 개강한달 전에 한다.
   (2) **방법** : 주보, 교회게시판, 홈페이지, 아파트 게시판, 현수막, 지역신문

등을 통해 홍보한다.

3. 수강생 관리

출결 상황을 기록하며, 2회 연속 지각한 사람에게 연락하여 계속 수강여부를 확인한다.

4. 수강생의 의무

(1) 수업에 필요한 모든 비용은 수강생이 부담한다.

(2) 결석 시 사전에 강사 또는 총무에게 연락한다.

(3) 수업에 필요한 모든 준비물을 챙긴다.

5. 외부기관과 연계하여 확대한다.

6. 새로운 반이 증설 될 때 관계자가 협의하여 결정한다.

(1) **영어. 일어반**

① 주 1회, 2시간 수업한다.

② 정기 모임 10분전에 수업이 원활히 진행되도록 책상 배치 등 모든 준비를 마친다.

③ 기도로 하나님의 도우심을 구한 후, 수업을 시작한다.

④ 수업을 마친 후 다음 모임에 지장이 없도록 교실을 정리한다.

(2) **미술반**

①, ④는 영어. 일어반과 동일

⑤ 작품 전시를 통해 즐거움을 나누고, 교우와 불신자들의 참여를 유도한다.

⑥ 필요한 경우, 야외 스케치도 한다.

(3) **도서관리**

① 도서구입

(가) 교우들의 다양한 관심분야를 반영하여 분기별로 도서를 구입한다.

(나) 교우들이 도서구입 신청서를 작성하여 제출하면 담당자가 검토 후 구입, 비치한다.

② 분류 및 관리

    (가) 도서 분류 기준을 정하고 장서의 확대에 따라 그 기준을 수정, 보완한다.

    (나) 장서 상태를 수시로 점검하며, 훼손된 도서는 최대한 복원시킨다.

    (다) 대출, 반납자의 이름, 전화번호, 주소를 기록하고 반납이 지연될 경우 연락한다.

    (라) 대출자가 도서를 분실한 경우, 동일한 도서로 배상한다.

(4) **대 출**

    ① 기간 : 대출일로 일주일간

    ② 범위 : 한사람. 1회에 2권까지 대출.

    ③ 주일조언 10:30~11시 주일저녁예배, 수요예배 후

(5) **홍 보**

    ① 신규 구입도서는 교회 게시판에 2주일간 게시하여 알린다.

    ② 교회 학교 어린이의 경우, 연 2회 다독 상을 시상한다.

    (상품은 도서상품권으로 한다.)

❖ 가 치

1. 교회 안에서 성도들의 교제를 돕는 것에 가치를 둔다.

2. 교회를 지역 사회에 알리고 전도의 도구로 활용케 하는 것에 가치를 둔다.

❖ 사 명

1. 교회의 각종 훈련, 소식, 성도들의 동정들을 빠뜨리지 않고 전한다.

2. 좋은 소식을 발굴하여 전도의 도구로 활용케 한다.

❖ 전 략

1. 원고수합을 위하여 상시 원고함을 만든다.

2. 교회의 각 조직에 도우미를 정해서 좋은 소식을 빠뜨리지 않도록 한다.

3. 책이 성도들에게 잘 전달되도록 발간 주일에는 책 홍보 도우미를 둔다.

4. 지역사회에 하나님 나라 가치 확산의 도구로써 지역 소식에 관심을 둔다.

❖ 사역지침서

1. 기 획

   (1) 편집인들은 교회 전체의 소식을 숙지했다가 발간 4주 전에 모임을 갖는다. (교회 소식은 각 달의 행사 계획표와 주보 등을 참조한다.)

   (2) 이 모임에는 팀장, 총무, 담당 교역자가 참석한다.

   (3) 모임에서 각자의 희망 기사를 브리핑한 뒤 교회의 비전에 맞고 교회 행사, 절기에 맞는 기사 내용을 기획한다.

2. 원고 청탁

   (1) **권두언** : 담임 (손훈)목사님

   (2) **초대석** : 그 달의 특집 기사나 교회 절기에 맞는 주제를 외부 선교사님

이나 목사님께 청탁한다.

(3) **선교편지** : 각 해외에서 보낸 편지 중에서 긴급을 요하는 기도제목이 있거나 함께 동역해야 하는 편지를 선별하여 싣는다.

(4) **성경공부** : 주제를 정해서 필자를 정하며 청탁한다.

(5) **영화성도** : 성경공부, 훈련 후 간증문, 지역사회 섬긴 후 기사, 새 가족 공부, 구역 소개하기 등의 기사 방향에 따라 아동부 부터 소망회 이르기까지 영화성도 모든 분께 청탁한다.

(6) **사진** : 멀티팀과 협조하여 기록 된(디지탈 카메라, 혹은 일반 카메라 교회 행사를 화보 페이지 및 간증문 사이사이에 넣는다(화보는 대체로 2페이지이나 교회학교, 선교원에 수련회가 있거나 크리스마스, 송구영신 예배 등이 있는 달은 그 이상일 수 있다.)

3. 원고수합

발간 2주 전까지 직접 쓴 것, e-mail, 디스켓 등으로 수합한다.

4. 원고편집

(1) 수합 된 원고를 발간 2주 전까지 누리콤에 문서편집, 디자인을 의뢰한다.

(2) 발간 10일 전까지 1차 교정을 마친다. (교정은 오자, 띄어쓰기에 중점을 둔다. 다만 전체적 문맥상 어색한 부분이나 틀린 표현에 대하여 필자의 의도가 변하지 않는 범위 내에서 약간의 수정을 할 수 있다.)

(3) 발간 7일 전까지 2차 교정을 마친다.

(4) 발간 5일 전까지 3차 교정, 사진 편집 등 모든 준비 과정을 마친다.

5. 인쇄, 제본

누리콤에 의뢰한다.

6. 발 간

1, 3, 5 ,7 ,9, 11 격월로 발간하며 그 달의 첫째 주일 발간을 원칙으로 한다.

7. 배 포

홍보 도우미가 주일 1, 2, 3부 예배 후에 성도들에게 최소 1부 혹은 필요한 부수를 나눠드린다.

8. 발 송

(1) 발송 담당자가 책 발간 7일 이내에 한다.

(2) 그 범위는 - 해외로 이사 가신 영화 성도 약 20 가정.

① 담임 목사님이 정하신 교계 목사님

② 해외 선교사님으로 한다.

어린이 선교원팀

❖ 가 치

1. 우리는 선교원을 통하여 이웃을 섬기는데 가치를 둔다.
2. 우리는 선교원을 통해서 부모님을 주님께로 인도하는데 가치를 둔다.
3. 우리는 선교원을 통해서 이 지역에 하나님 나라를 확장시키려는데 가치를 둔다.

❖ 사 명

1. 하나님 나라의 가치로 예수님을 닮아가는 전 인격적인 어린이로 성장하도록 교육한다.
2. 하나님 말씀 교육을 통한 하나님의 군사로 자라게 한다.
3. 지역 사회의 필요를 따라 섬긴다.

❖ 비 전

1. 하나님을 믿는 어린이(영적생활)
2. 성경적인 가치관을 배우며 믿음, 소망, 사랑으로 나보다 남을 낮게 여기는 어린이로 자라도록 돕는다. (매일 예배를 통한 신앙교육)
3. 창의적인 어린이(지적 생활)
4. 기초 언어 능력 및 수리, 탐구 능력을 기르며 이해하도록 돕는다.
5. 예절바른 어린이(사회적 생활)
6. 공동생활에 필요한 예절과 질서를 배우며 자기 조절 능력을 기르고 책임감 있는 태도를 갖게 한다.
7. 건강한 어린이(육체적 생활)
8. 건강과 안전에 대한 바른 습관과 기본적인 감각 운동 기능을 기르고 신체의 조화로운 발달을 이룬다.

❖ **사역지침**

1. 하루일과 및 활동내용

   - 9:00~10:00 등원

   - 인사하기, 건강관찰, 개별활동, 휴식

   - 10:00~10:40 자유선택활동, 정리정돈

   - 영역별 학습놀이(언어, 과학, 작업, 수 놀이, 역할놀이, 책보기, 조작놀이, 적목놀이, 점토놀이)놀이하던 교구를 스스로 정리하기

   - 10:40~11:20 예배

   - 찬양과 기도, 성경이야기, 기본생활습관 지도, 화장실 다녀오기

   - 11:20~12:30 대그룹활동

   - 음율, 신체표현, 게임, 영어, 체육활동, 미술활동, CBS 동심원 프로그램

   - 12:30~13:30 식사 및 휴식

   - 식사예법 익히기, 편식을 없애고 균형 있는 영양섭취

   - 13:30~14:30 특기활동

   - 영어공부, 미술공부

   - 14:30~15:00 동화나누기, 귀가지도

   - 일과반성, 동화듣기, 차량 안전지도

2. 도우미

   (1) **교사 도우미**
   - 교육 보조 자료를 준비해준다.   - 교실 뒷정리 및 청소
   - 교육자료 오리기, 붙이기   - 오후 3시 이후가 좋다.

   (2) **차량운행 도우미**

   (3) **행사 도우미**
   - 부활절 행사   - 영화 선교원의 밤
   - 어린이 의상준비   - 장식 도우미

❖ **가 치**

  1. 직장영혼 구원에 가치를 둔다.

  2. 이 지역의 직장과 좋은 관계를 맺는 것에 가치를 둔다.

❖ **사 명**

  1. 직장인 예배를 통해 직장인들이 하나님을 예배하게 한다.

  2. 이 지역 직장을 제자 삼는다.

❖ **전 략**

  1. 영적인 필요와 육적인 필요를 채워준다.

  2. 매주 영적인 예배를 준비한다.

  3. 찬양, 말씀 선포 등으로 영적인 예배를 드리도록 돕는다.

  4. 점심식사를 제공한다.

  5. 주방봉사, 안내 등을 통해 육적인 필요를 채우도록 돕는다.

❖ **사역지침**

  1. 당일 이전 준비

    매주 식사 담당 선교회를 확인하고 필요를 점검한다.

  2. 예 배

    (1) 담당교역자와 협의 매주 설교자와 예배순서를 점검한다.

    (2) 주보제작은 행정간사의 도움을 받는다.

  3. 식 단

    (1) 식단표는 여선교회 주관으로 선정한다.

(2) 식사봉사 선교회는 식단표에 의해

(3) 재료구입 및 운반, 조리, 재정청구를 한다.

(4) 배식한다.

(5) 설거지를 한다.

4. 안 내

(1) 예배 30분전까지 주보가 인쇄되어 3층 로뎀 뒷자리에 놓여진다.

(2) 안내는 예배 30분전 도착하여 안내 표찰을 착용하고 기도한 후 정 위치에 위치 후 안내 및 주보를 나눠준다.

5. 청 소

(1) 안내 담당자는 예배장소(로뎀 쉼터)를 당일 1시간 전에 와서 청소 및 준비를 한다.

(2) 마이크, 예배글자를 붙인다.

(3) 테이블을 행주로 닦는다.

(4) 의자를 앞쪽으로 향하게 배치한다.

(5) 헌금 통을 뒤편 정수기 앞에 놓아둔다.

6. 차량운행

(1) 봉고차 운행은 _____시에 출발하여 ____, _____, _____를 경유하여 ____시까지 교회에 도착한다.

(2) 식사 후 12시 45분 봉고차 운행을 같은 방식으로 한 번 더 실시한다.

❖ **가 치** (Value)

1. 이웃과 지역사회
2. 균형적 사역 및 성장

❖ **사 명** (Mission)

1. 이웃과 지역사회의 필요를 채운다.
2. 하나님의 사랑을 실제로 드러냄으로써 지역사회를 제자화 한다.
3. 모든 성도를 참여시켜 온전한 성장을 이루도록 한다.

❖ **비 전** (Vision)

1. 이웃의 친구가 되는 교회, 이웃으로부터 칭찬받는 교회, 지역사회를 제자화
   하는 교회로의 강력한 도구가 된다.
2. 전성도의 3/4을 DNA 사역에 참여케 한다. (ONE MINISTRY & ONE DNA)

❖ **전 략** (Strategy)

1. 이웃과 지역사회의 필요를 이웃과 지역기관을 통해 항상 관찰하고, 규모가
   적당하고 복잡하지 않은 프로젝트를 추진한다.
2. 전체 과정을 전적으로 기도에 의존한다. (실행팀 금요기도, 각 팀별 자체 기도)
3. 가까이에 있는 내부 자원을 최대한 활용한다.
4. 다양한 홍보(메일, 영상물, 세미나, 직접 홍보)를 통해 성도에게 설명하고 자
   녀들과 함께 적극 참여시킨다.
5. 새 가족과 초신자의 훈련과정에는 항상 DNA를 소개하고 우선적으로 참여
   케 한다.
6. 프로젝트간 상호 협조 및 지원한다. (홍보, 초청, 재정 등)

❖ **사역지침**

1. DNA 훈련

(1) 현재 시범 전개 중인 겨자씨 프로젝트를 평가하여 사역화 여부를 결정한다.

- 사역화 가능한 프로젝트는 체계적으로 지속 전개하도록 하되 프로젝트별 리더와 멤버들을 확정한다.

  (리더와 멤버란 DNA 원리를 훈련받은 사람을 의미한다.

  ● 활동하지 않는 명목상의 기존 멤버는 제외시킨다.

  ● 다른 사역팀 활동과 중복되어 불가피하게 참여가 어려운 경우 멤버에서 제외시킨다.

  ● 조정된 기존 멤버를 대신하여 새로운 멤버를 세운다.

  ● 프로젝트 리더가 없는 곳은 새로이 리더를 세운다.

  ● 각 프로젝트 안에서 각 멤버의 역할을 정한다.

  ● 사역화 하기 미흡한 프로젝트는 방법을 보완하여 추진하거나 추진 자체를 보류한다.

  ＊ 성도들을 DNA에 참여시키기 위해서는 그들을 담을 온전한 그릇이 필요한데, 그것은 바로 사역 가능한 프로젝트와 헌신적 멤버들이다.

    이 두 축을 중심으로 밖으로는 DNA 활동을 전개하고, 안으로는 지체(멤버와 섬기미)간의 관계를 활성화 할 수 있다

(2) 사역화 가능한 프로젝트를 중심으로 활동 현황과 활동 매뉴얼을 성도들에게 홍보하여 참여를 독려한다.

- 예배시간에 영상물을 통한 소개(미디어팀 제작 지원), 게시물을 부착하여 홍보한다.

- 로뎀 쉼터 등에서 성도에게 홍보 전단을 나누어 주거나 직접 설명하여 권면한다.

- 각 프로젝트별 섬기미를 공모한다.

(3) DNA 활동 참여를 신청한 성도들을 대상으로 겨울(1월)과 여름(8월) 방학 기간에 DNA 원리에 대한 소정의 교육을 시킨다.

＊ 원리를 가슴에 담고 참여하는 것과 단순한 자원봉사 차원에서 참여하는 것은 전혀 다르다

(4) DNA 활동을 지원하고 조율하는 ‘DNA 실행팀’을 운영하고(‘03.12월) 매월 초에 각 프로젝트 리더들이 모여 활동 현황을 나누고, 추진 방향을 조율한다.

- 각 프로젝트별로 활동 실적과 계획을 나눈다.
- 지역사회와 새로 참여한 섬기미들의 반응을 나눈다.
- 프로젝트를 효율적으로 추진하기 위해 프로젝트 상호간 또는 교회 차원의 지원이 필요한 일이 있는지 나눈다(홍보, 초청, 재정 등).
- 두 달에 한번은 리더와 멤버, 섬기미들이 함께 모여 교제하고 소감을 나누고 개선 제안을 하는 자리를 마련한다. 필요 시 반기 또는 일 년에 한번 전성도를 대상으로 사례 발표회를 실시한다.

(5) DNA 실행팀장과 총무는 수시로 교회와 의견을 조율하며 교회 전체의 DNA 추진 방향을 지속적으로 연구한다.

- DNA 실행팀 멤버를 추가로 구성할 수 있다.
- 활동 중인 전체 프로젝트의 현황을 관리한다.
- 성도의 참여를 확대하는 방안을 모색한다.
- 신규 프로젝트를 발굴한다.
  구역 단위에서 새로이 추진하고자 하는 신규 프로젝트의 적정성을 협의한다.
- 문제 해결을 지원하고, 자원을 효율적으로 운영할 수 있는 방안을 도출한다.

2. 어린이 교통안전 지도

(1) **일시** : 개학 기간 중 매주 토 11:45 ~ 12:50
(2) **장소** : 서이초등학교 후문 및 신동아 APT 연결 횡단보도 두 곳
(3) **인원** : 5 ~ 6명 (리더 유혜숙 권사)

- 4명의 멤버는 고정적으로 참여하되 인당 월1회 휴식 가능

- 매주 자원하는 2~3명의 섬기미를 참여시키고 월 3회 이상 참여가능 시 멤버로 인정

(4) 진행 방법

- 11:45에 후문에 모여 기도, 복장 착용 및 장비 소지 후 지침 설명
  - 더운 계절에는 '천국문 드라마' 반팔 라운드와 SUN CAP 착용
  - 추운 계절에는 노란색 조끼 착용
  - 비, 눈 올 때는 우비 착용(우산은 시야 방해, 민첩한 행동 제한)
  - 흰장갑, 호루라기, 교통안전 깃발 준비
  - 깃발/우비/SUN CAP은 교회 보관, 옷/장갑/호루라기는 집 보관
- 후문에는 3명, 횡단보도에는 2~3명 배치
  - 처음 참여하는 섬기미는 후문에 배치
  - 모든 위치에서 감당할 수 있도록 후문과 횡단보도에 순환 배치
  - 후문의 경우 학교 내 어린이들이 잘 보이는 위치에 정렬하고, 통제 자(호루라기 / 수신호)는 가급적 남성이 담당
- 어느 경우이든 웃는 모습과 아름다운 말씨로 협조 유도
  - 어린이를 기다리는 학부모나 인솔하는 선생님에게 인사
  - 어린이에게 반말을 하거나 어린이 이외 사람에게 큰 소리 지양
  - 시정만 요구하지 말고 빨리 시정될 수 있도록 지원 (학교 안으로 차량 진입 금지, 후문 도로변 잠시 주차 등)
  - 어린이는 산만해서 교통지도 신호(호루라기 / 깃발)에 집중하지 않으 므로 말로써 유도 병행
  - 어린이들을 보고 웃어주고 가볍고 짧은 대화로 친근감 표현
  - 휴대폰 빌려 주기 (부모가 늦게 데리러 와서 기다리는 아이 등)
- 후문에 선 2명은 건너편에 선 통제자의 지시에 따라 안전 깃발을 움 직이고, 횡단보도 지도원은 교통 신호등에 따름
  - 호루라기 짧게 한 번은 정지, 길게 두 번은 건넘
  - 좁은 도로 폭을 고려하여 가급적 차량이 정체되지 않도록 차량을

신속히 보내되, 차량 스스로에게 소통을 맡겨서 차량 지도가 아니라 어린이 교통지도란 점을 명심.

(5) **후속 조치** : 월2회 교통지도 종료 후 식사 교제 및 주별 활동 평가
- 섬기미 소감 경청, 격려 및 지속적 참여 권면
- 개선 방향 협의, 특이 사항 공유
- 방학 중 활동 방안 협의
  - 멤버 및 섬기미 초청 설명회 (DNA 취지 재인식, 합심 기도 등)
  - 기존 他 DNA 프로젝트에 참여 및 지원
  - 신규 DNA 프로젝트 발굴 (맞벌이 가정 어린이 돌보기 등)
- 활동 상황에 대한 홍보방법 협의(메일, 영상물, 세미나, 사진 전시, 직접 홍보 등)
- 교회 초등생 가정의 부모 파악 및 참여 권면
- 어린이 교회행사 등과의 연계 활동 지원

(6) **기타** : 활동에 소요되는 예산은 자체 부담 (복장, 장비, 교제 등)

3. 지역 청소

(1) **일시** : 매주 목요일 11:00 ~ 12:00

(2) **장소** : 서이초등학교 후문 인접 도로 및 인도

(3) **인원** : 여성 5명 (리더 김경자 권사)

(4) **진행 방법**
- Leader는 연락 및 기도 주관, Helper는 청소 도구 준비 담당
- 구청 환경 미화원이 청소하는 화요일은 제외
- 빗자루로 차도와 인도를 쓸거나, 손으로 휴지를 주움
- 정기적 식사 교제 및 개별 기도

(5) **후속 조치**
- 참석이 어려운 멤버를 놓아드리고 마음을 모을 수 있는 분을 보충
  - 현재 멤버들이 참석하지 않아 2~3명으로 감당중
- 11시는 보행하는 사람이 많아 청소하기가 어렵고, 청소 시 발생하는

먼지로 인해 되레 불쾌감을 줄 수 있음

- 차량 통행이 많아 멤버들의 안전 위협 우려
- 멤버 보충 후 놀이터 등으로 청소지역 확대
- 작은 수고로 교회 분위기를 바꿀 수 있는 교회 내 환경미화도 병행
  - 화장실 청소 및 물품(휴지 / 수건 / 비누) 관리, 꾸미기(거울 / 작은 액자 / 화분)
  - 눈살 찌푸리는 곳 청소 / 정리 (디모데 선교회와 연계)

4. 주부 강좌

(1) **일시** : 한 달 또는 두 달에 한 번, 10:30 ~ 12:30

(2) **장소** : 무지개 APT 7동 406호

(3) **인원** : 여성 6명 (리더 강영수 권사)

(4) **진행 방법**

- 가장 관심이 많은 자녀교육을 핵심 주제로 하되, 특별한 대안제시 보다는 만남을 통해 함께 의견을 나누고 관계를 세우는 데 역점
- 리더는 주제 선정 및 강사 섭외, 멤버는 초청장 제작 및 성도님들(선교회 등)에게 협조 요청
- 하나님의 인도하심을 구하며 모든 멤버가 주 3~4회 합심 기도
- 강의 후 간단한 차와 다과로 교제

(5) **후속 조치**

- 전화나 엽서를 통해 참석자 관리
- 강의 후 교제 여건이 미흡하여 깊은 개인적 만남의 관계로까지 진전하기가 어려움
  - 강의가 종료되는 12시30분은 1학년 어린이의 귀가시간
  - 참여한 많은 인원이 한꺼번에 교제하기가 어려움
  - 강의 주제에 따라 참여하는 사람도 달라지기 때문에 처음 만나는 이웃에게 관심을 나타내기가 부담됨

5. 노인정 섬김

　　(1) **신동아 노인정** : 리더 부재

　　(2) **서초동 노인정** : 활동 미 파악 (리더 이정환 전도사)

6. 지역기관 섬김

　　활동 상황 미흡 (경찰서, 소방서)

지역환경미화팀

❖ 사 명

1. 이웃의 공용 놀이터를 청소하여 주민들과 어린이들이 좋은 환경 속에서 사용할 수 있도록 도와준다.

2. 경로당의 노인들이 좋은 환경 속에서 지낼 수 있도록 청소와 필요를 채워주는 데 있다.

3. 교회 주변의 방역 활동을 통해서 이웃과 함께 더불어 사는 사회를 만드는데 앞장선다.

❖ 놀이터 사역지침

1. 준 비

(1) 팀장은 토요일 날 팀원들에게 전화하며 격려 및 참여를 약속한다.

(2) 청소도구(비닐봉지와 장갑, 집게)등을 점검한다(청소도구함 장소)

(3) 점심식사 후 팀원들이 1층 로비에 모여서 팀장이 기도하고 조별로 출발한다.(23명)

2. 실 행

(1) 놀이터는 명곡아파트 A, B 동사무소, 동사무소 앞, 교회 옆, 시장터 옆이다.

(2) 놀이터에 도착하면 하나님의 인도하심을 묵상 기도한다.

(3) 안전에 위험한 유리조각 등을 잘 수집하고, 일반 쓰레기도 회수한다.

(4) 주민들, 어린이들이 불쾌하지 않도록 천사 같은 미소와 밝은 표정으로 청소한다.

(5) 청소가 끝이 나면 쓰레기를 교회로 가져 온다.

3. 마무리

(1) 쓰레기는 재활용 분리한 후 지정 쓰레기 봉투에 정리하여 지정장소로

이동한다.

(2) 청소도구는, 청소도구함 보관 장소에 보관한다.

(3) 조원이 모두 돌아오면 팀장이 감사와 헌신을 다짐하는 기도와 주민들을 사랑할 수 있도록 기도한다.

(4) 주민들의 반응과 특이사항, 참여자 명단, 쓰레기양등을 사역일지에 기록한다.

4. 정기모임

(1) 매월 3주에 모여서 팀원 간 친교를 다지고 서로 격려한다.

(2) 조별 사역 보고와 평가를 하며 좋은 의견을 반영하여 사역의 활성화를 가한다.

❖ 경로당 사역 지침

1. 경로당 청소와 필요를 파악하여 도울 수 있는 것은 이웃 사랑 팀장과 협의 후 돕는다.

2. 노인들이 원하지 않으면 대안을 간구한다.

❖ 방역 사역 지침

1. 준 비

(1) 팀장은 토요일 날 팀원들에게 전화하여 격려 및 참여를 약속한다.

(2) 참고에 보관 중엔 방역기, 약품 등을 사전 점검한다.

(3) 약품이 부족하면 보충하고, 연료도 보충한다.

(4) 점심식사 후 팀원이 1층 로비에 모여서 팀장이 기도하고 출발한다.

2. 실 행

(1) 여름철(6-9월)에 교회주변(도계, 명서 일대)과 교회내부에 방역을 실시한다.

(2) 방역도 주1회 이상 실시하며, 장마철에는 중점 방역한다.

(3) 내부방역, 외부 방역의 약품과, 약품의 비율을 숙지 후 보충한다.

(4) 인체에 해로울 수 있으므로 작업자는 마스크를 하고 바람을 등진상태에

서 방역을 한다.

(5) 방역기 사용 순서를 준수하며 작동한다.

(6) 분무상태를 조절하여 방역을 실시한다.

(7) 방역 시 어린아이들의 안전에 신경을 쓰며 주민들이 불평해하지 않도록, 항상 미소와 봉사의 자세로 방역을 한다.

(8) 방역기 시동을 OFF 시에는 순서에 따라 분무조절밸브를 잠그고 완전분무한 후 시동을 OFF한다.

(9) 방역기 분무 출구에는 온도가 높아 화상의 위험이 있으므로 조심한다.

3. 마무리

(1) 방역기, 약품 등을 지하 창고에 보관하며, 특히 약품관리를 잘한다.

(2) 팀장이 감사와 헌신을 다짐하는 기도와 주민들을 사랑할 수 있도록 기도한다.

(3) 주민들의 반응과 특이사항, 참여자 명당, 방역 장소 등을 사역 일지에 기록한다.

4. 정기모임

매월 3주에 모여서 팀원 간 친교를 다지고 서로 격려한다.

❖ 기 타

1. 교회주변청소와 나뭇가지치기를 실시한다.

2. 팀원 전체 단합과 사역 개발을 위하여 월1회 친교 모임을 한다.

군선교 사역팀

❖ 가 치

1. 우리는 외부지역에서 군입대한 청년들에게 예수님의 사랑을 전하는 것을 가치 있게 여긴다.

2. 예수님을 영접한 외부지역 군인들을 전역 후 하나님의 일꾼으로 세워지는 것을 가치 있게 여긴다.

❖ 사 명

1. 결연 군인들에게 정성과 사랑을 전한다.

2. 결연 군인 신자들의 신앙 성장을 위해 항상 기도와 하나님 안에서 연구하며 양육의 기술을 개발한다.

3. 열매를 거두게 하시는 분도 하나님이심을 명심하며 계속적인 관심으로 실천한다.

4. 오직 참 하나님임을 알게 하는 곳으로 인도한다.

❖ 전 략

1. 신앙 관리를 위해 서신, 사랑의 마음을 담은 기호품으로 우송한다.

2. 신앙 성장을 위해 많은 관심을 준다.

3. 군인(청년)들을 위해 매일 중보 기도에 힘쓴다.

4. 휴가, 외박 시 교회로 초청하며 전역 시에도 마찬가지로 환영 예배로 맞는다.

5. 전역 후 청년부에 연계하여 지속적인 신앙생활을 할 수 있도록 돕는다.

❖ 비 전

1. 우리가 할 수 있는 부분을 젊은 영혼들을 위해 발로 뛸 수 있도록 노력한다.

2. 하나님이 어떤 분이신지 젊은 청년들에게 전하도록 한다.

3. 항상 사랑 표현으로 대하며 덕소 지역에 믿음의 청년들이 성장 할 수 있도록 돕는다.

❖ 사역지침

1. 회원 / 임무

   (1) 회 장

   ① 본 교회의 군 선교회 모든 회원을 관리 감독한다.

   ② 총무 및 회원과 함께 군인들을 위해 힘쓴다.

   ③ 많은 회원이 등록 할 수 있도록 인도한다.

   (2) 총 무

   ① 총 관리를 해서 회장에게 보고한다.

   ② 회장과 함께 의견을 많이 내어 보고서를 쓴다.(회원 포함)

   ③ 교육, 정보 및 제반사항을 회장에게 보고한다.

   (3) 회 원

   ① 젊은이들에게 더 많은 관심을 갖는다.

   ② 결연 군인 신자들의 관리를 회장과 총무와 함께 모여서 의논한다.

   ③ 군인(청년)들을 타 교회가 아닌 본교회로 인도한다.

2. 모 임

   (1) 장소 : 교회

   (2) 시간 : 2시간정도

   (3) 횟수 : 매달 둘째, 넷째 화요일

   (4) 진행순서, 방법

   ① 기도

   ② 활동 보고서

   ③ 교육일정, 새로운 정보 교환

   ④ 추후 활동

   ⑤ 기도

3. 관리 활동

   (1) 서신 / 엽서

   ① 방문 : 상반기 : 2회   하반기 : 2회 방문

② 편지 / 엽서 : 매달 1회로 결정

③ 선물(성경책, **tape**, 도서) 외 : 생일, 계급: 도서, tape. 등록 : 성경책

④ 주보(본 교회) : 엽서에 같이 보낸다.

(2) **환 영**

① 본 교회의 등록 후 목사님께 기도 요청

② 선물 전달 후 군 선교 회원과 다과 모임

(3) **초 청**

① 휴가 및 외박 때에 초청 : 본 교회 예배 참석할 수 있도록 초청

② 전역 후에 초청 : 본 교회에 등록 할 수 있도록 인도

③ 등록 후에 초청 : 청년부에서 하나님 일을 할 수 있도록 연결

(4) **연 결**

① 전역 두 달 전부터 청년부 주보를 보낸다.

② 등록 후에 청년부 예배에 참석하도록 인도한다.

③ 청년부에 회원 관리 및 모든 개인 정보를 넘긴다.

④ 청년부에 연결 후 두 달간 예배 출석 여부를 체크한다.

(5) **행 정**

① 컴퓨터(홈페이지)

(가) 모든 처리(서류 및 외)를 올린다.

(나) 군선교회에 자주 들어가 본다,

(다) 홈페이지에 있는 덕소 지역 군인들을 관리 한다.

② 전화 : 상담내용을 기록한다.

③ 서류

(가) 공문서, 접수, 발송 모든 관리

(나) 청년들에게 발송한 (서신)기록

(다) 청년들 관리대장

(라) 전화 상담내용 기록

유치장 선교팀

❖ 가 치

1. "너희는 가서 모든 족속으로 제자를 삼아 아버지와 아들과 성령의 이름으로 세례를 주고 내가 너희에게 분부한 모든 것을 가르쳐 지키게 하(4)"
2. "갇힌 자를 찾아보라"고 하신 주님의 말씀을 따른다.

❖ 사 명

1. 어두운 범죄자의 심령에 주님의 생명의 빛이 비추게 한다.
2. 말씀과 기도와 찬양으로 그리스도의 참 사랑과 성령의 감동을 체험케 한다.
3. 말씀 안에서 새로운 삶을 찾게하여 하나님의 뜻을 알아 순종케 한다.
4. 그리스도의 주 되심을 선포케 하는 제자를 삼아 사회를 정화하며 하나님 나라 확장에 힘쓴다.

❖ 전 략

1. 각 경찰서 전도팀 간에 유대를 통해 조직적이고 효과적인 전도에 힘쓴다.
2. 성령의 도우심을 위하여 지속적으로 기도하고 방법을 개선한다.
3. 교도소와 구치소로 이감 후에도 지속적인 복음 전파를 위해 교도소와 구치소 전도의 비전을 구체화한다.
4. 결신자들의 가족들을 돌아보아 그들로 그리스도의 사랑과 복음을 전하여 하나님의 백성이 되게 한다.

❖ 지 침

1. 회원확보
   (1) 유치장선교의 성경적 의미를 깨우쳐 동참케 한다.
   (2) 참여자의 은혜받은 경험을 간증하여 동참케 한다.

(3) 각 전도회 등에서 유치장선교 동참을 독려한다.

(4) 교회지도자로 훈련받는 과정임을 이해시켜 동참케 한다.

2. 선교재정확보

(1) 일정한 액수의 교회재정 지원을 예산에 반영토록 한다.

(2) 유치장 전도인 및 후원인의 찬조를 받는다.

(3) 매월 및 부정기 후원금 찬조 방안을 마련하여 실시한다.

3. 유치인 및 경찰 위문품 마련

(1) 매주 토요일 각 경찰서별로 유치인수를 알아보고, 유치인수에 ·10개정도를 더하여 주문하여 주일 유치장 예배에 차질이 없도록 한다.

(2) 수고하시는 경찰관들에게는 매주 빵을 비롯하여, 설날과 추석에 별도의 선물을 준비한다.

4. 구치소 및 교도소와의 연계 사역

(1) 구치소나 교도소 선교회와 연계하여, 유치장에서의 결신이 지속되도록 한다.

(2) 유치장에서 결신하였던 명단을 구치소 선교회로 전달하여, 신앙지도를 하도록 한다.

(3) 구치소나 교도소 수감자들과도 직접 방문 및 편지선교로 하나님의 사랑과 구원의 소망을 잃지 않도록 격려하고 도운다.

(4) 구치소 및 교도소 지원팀을 별도로 정하여 연계선교에 힘쓴다.

5. 선교회원의 성령 무장방안

(1) 특수한 유치장선교에 신앙으로 무장하기 위해 서로 협력하고 항상 기도한다.

(2) 가급적 출발전 기도회에 참석하여 기도로 무장하고 출발토록 한다.

(3) 유치장에 가는 동안도 잡담을 삼가고 오늘 만날 유치인들을 위해 기도한다. (혹, 잡담속에 그날의 예배가 은혜롭지 못하게 될 수 있다.

(4) 예배를 마치고 돌아오면서, 예배에서의 개선 및 실수했던 부분을 나누더라도 사랑으로 하도록 한다. 잘잘못을 따지지 않고 기도한다.

6. 유치장 사회 순서(각 경찰서별로 상황에 맞게 고칠 수 있다)

성공적인 예배를 위해, 사회, 기도, 말씀 순서자를 미리 정하여 기도하고 준비토록 한다.

(1) 찬송

(2) 기원기도

(다) 신앙고백(사도신경)

(4) 찬송

(5) 대표기도

(6) 찬송 또는 특송

(7) 말씀 및 간증

(8) 찬송

(9) 결신 인도 및 기도

(10) 주기도문(폐회기도)

(11) 간식설명

7. 유치장 사회 시나리오 : 사회 초보자는 절도있는 예배를 위해 사회 시나리오를 만들어 훈련하는 것이 좋다.

(1) 먼저 찬송으로 예배를 시작하겠습니다. 찬송가(　)장 (　　　)입니다.

(2) 오늘의 예배가 신령과 진정으로 이루어질 수 있도록 하나님께 기원하는 시간입니다. 모두 고개 숙여 기원하도록 합시다(기원문)

(3) 하나님을 믿는 자들의 신앙고백시간입니다. 내용은 여러분의 찬송가 맨 앞장 속페이지에 "사도신경"이라 되어 있습니다. 저희들과 함께 크게 따라 합시다. "전능하사 천지를 만드신 하나님 아버지를 내가 믿사오며..." (간혹, 신앙적 이유로 방해하는 경우도 있으니, 좋은 말로 타일러야 함. 사회자는 큰 목소리로 틀리지 않게 리드한다. (사도신경)

(4) 다음에는 우리를 사랑하시며 위로하시는 하나님을 찬양하는 순서입니다. 찬송가(　　　)장 (　　) 입니다.

(5) (　　) 집사님의 기도인도가 있겠습니다.

(6) 오늘 예배를 위하여 (   )집사님의 특송이 있겠습니다(회중찬송으로 대체해도 무방).

(7) 다음에는 (   ) 집사님으로부터 함께 나누는 하나님의 말씀 증언(간증)이 있겠습니다.

(8) 다시 찬송하며 하나님의 사랑을 나눕시다. 찬송가(   )장 (   )입니다.

(9) 천국 선물을 받는 시간입니다(결신의 시간).

(10) 모두 눈을 감아주시면 고맙겠습니다. 찬송과 (집사님)이 전하는 말씀을 듣고, 나도 하나님의 영생의 선물을 받고 싶다고 생각하는 분들은 손을 들어 주십시오 네, 감사합니다. 여러분을 위해 많은 성도들이 기도할 것입니다. (각 경찰서별로 상황에 맞게 적용한다. 메모지에 이름과 생년월일 등을 적게 한다든지 한다. 생년월일 또는 나이를 직접 물어 적으면서 손잡고 기도해 주는 것도 좋다.

– 결신을 위한 기도 시간 –찬송가 등을 미리 걷지 않도록 한다.–

오늘 (   ), (   ). (   ) 등 여러분들이 하나님을 믿고, 저희와 함께 믿음의 형제가 되었습니다. 이 분들은 저희와 함께 무릎을 꿇고 기도하도록 합시다. 자, 여기 계신 모든 분들이 함께 무릎을 꿇고 기도합시다. 앞에 부분은 크게 함께 따라 합시다. (같이 간 성도들이 크게 따라 한다. 가급적 모든 사람이 함께 무릎을 꿇도록 권한다. 방법은 무릎을 꿇거나, 일어서게 하거나 상황에 맞게 한다. (결신 기도문)

(11) 주님이 우리들에게 가르쳐 주신 주기도문으로 오늘의 예배를 마치겠습니다. 주기도문은 아까 했던 사도신경과 같이 여러분의 찬송가 맨 앞장 속 페이지에 있습니다. "하늘에 계신 ...."(주기도문)

(12) (간식제공설명)

감사합니다. 이것으로 오늘의 예배를 마치겠습니다. 그리고 저희들이 이곳에 올 때, 여러분에게 간식으로 빵을 조금 준비해 왔습니다. 간식으로 드시면 고맙겠습니다. 감사합니다. 건강하십시오

8. 유치장 전도를 성공시키기 위한 전도대원 주의사항

(1) 유치장에 가는 동안은 잡담을 삼가하고 찬송과 기도로 준비한다. 혹, 잡담 속에 그날의 예배가 은혜롭지 못하게 되는 원인을 제공할 수 있다.

(2) 유치인들에게는 하나님의 사랑을 전하는 자세가 제일 중요하다. 유치인들이 마음 문을 여는 계기는 말씀뿐만 아니라, 찬송이나 방문한 전도자들의 진실어린 자세 하나하나에서도 그럴 수 있다는 점을 명심해야 한다.

(3) 복장을 단정히 하고, 예배 시 왔다 갔다 한다든지, 예배의 시선이나 분위기를 흐트러지지 않게 한다.

(4) 유치인들은 교도소로 가기 직전 사람들로써 재판을 받을 준비와, 그곳에 들어 온 것에 대해 원망하거나 가족들을 걱정하고 있다는 점을 이해하고, 그들을 위로하는 측면에서 예배에 임해야 한다.

(5) 유치인들을 위해 (손을 잡고) 함께 기도하는 시간을 많이 가질수록 좋다.

(6) 세상적으로도 유치인들은 억울하게 들어왔을 수 있기에, 이들을 죄인으로 여기는 언사는 삼간다. 죄에 대해 언급을 할 시는 반드시 성경적 죄에 대해 분명히 밝힌다. 혀를 차는 등의 안타까운 심정의 행위를 자제한다.

(7) 타종교와의 비교는 자제한다. (유치인들에게는 신앙의 자유가 법적으로 보장되어 있기에, 종교의 자유를 내세워 화를 내며 예배를 방해할 수도 있다.

(8) 유치인들이 방해하더라도, 혼내거나 큰소리치지 않고 경찰의 도움을 받는다.

(9) 유치인들에게 들어 온 연고나, 들어 온 것에 대한 훈계를 삼간다(특히, 청소년들에게. 미성년 자신이나 주위 유치인에게 좋은 인상이 될 수 없다.

(10) 말씀 전할 시 "유치인", "수감인", "죄수" 등 현장에서 사용하는 용어를 가급적 피하고, '이것보세요', '주목해주세요', '아시겠어요' 등과 훈계조의 말투도 삼간다.

(11) 유치장에서 할 수 없는 인사인 "반갑습니다"고 인사했을 경우, 그렇게

인사할 수 있는 이유를 복음의 차원에서 설명해 준다(동료가 인사했을 경우도)

(12) 결신과정에서 볼펜은 유치인들에게 건네지 않고 직접 받아 적으며, 가급적 전화번호나 주소까지를 포함하여 기도와 가족 전도에 활용한다(유치장안에서의 볼펜 사용은 불허되어 있고, 사고 시 유치장 전도도 어려울 수 있다는 사실을 명심한다..

(13) 외부 연락 부탁은 원칙적으로 불허되어 있으니, 부탁받은 경우 큰 소리로 떠들지 않는다.

9. 초보자를 위한 기도문 샘플 및 참고사항

(1) **기원기도문 샘플** : 대표기도가 있기에 가급적 짧게 한다.

은혜와 심판의 하나님 아버지! 오늘 이곳에서 하나님께 예배할 수 있게 하여 주시니 감사합니다. 모든 영광, 홀로 받아 주시옵소서.

하나님 아버지, 이곳의 형제·자매들은 세상적으로 잠간 실수를 하였거나, 억울하게 여기에 와 있습니다. 그러나 모두가 하나님의 자녀인 줄로 믿사오니, 믿음 안에서 한 형제가 되게 하여 주시옵소서. 영생의 선물이 바로 전달되게 하여 주시옵소서.

지금의 고난이 하나님께서 더 큰 축복을 내리기 위해 마련한 시간인 줄 믿사오니, 오늘이야말로 가장 의미있는 시간되게 하여 주시옵소서.

형제자매님들의 가족들에게도 하나님의 사랑이 임하여 주시옵소서.

예배의 시종을 성령께서 주관하여 주시옵기를 간절히 바라옵고, 이 모든 말씀, 우리 주 예수님의 이름으로 기원합니다. 아멘.

(2) **대표기도문 참고사항**

가급적 유치인들이 하나님께 하는 기도방식으로 하고, 전도자들이 유치인에 나아가면서 하는 기도용어는 자제하는 것이 좋다. (예: "이들의 마음이 변화되게 하소서" 등)

포함될 수 있는 기도문: 이곳에 계신 형제자매가 우리와 같은 믿음의 형제가 될 수 있게 하소서. 오늘이야말로 가장 의미있는 날이 되게하소서.

유치인 가족을 위해, 경찰관을 위해, 말씀과 간증을 전하는 분을 위해

(3) **결신기도문 샘플**

"주예수님, 나는 주님을 믿고 싶습니다. 십자가에서 죽으심으로 내 죄값을 담당하시니 감사합니다. 지금 나는 내 마음의 문을 열고 예수님을 나의 구주, 나의 하나님으로 영접합니다. 나의 죄를 용서하시고 영생을 주심을 감사합니다. 나를 다스려 주시고, 나를 주님이 원하는 사람으로 만들어 주옵소서. 예수님의 이름으로 기도합니다."(이상 함께 간 성도들이 크게 따라한다)

사랑과 소망의 하나님 아버지, 감사합니다.

오늘도 여러 형제·자매들이 아버지를 아버지로 고백하고, 믿음의 형제가 되었습니다. 기뻐하여 주시옵소서. 이들에게 하나님의 한량없는 축복을 내려 주시옵소서. 형제들의 모든 일정을 하나님께서 주관하여 주시옵기를 간절히 바라옵고, 이 모든 말씀, 우리 주 예수님의 이름으로 기도합니다. 아멘.

농어촌선교팀

❖ 가 치

오직 성령이 너희에게 임하시면 너희가 권능을 받고 예루살렘과 온 유대와 사마리아와 땅 끝까지 이르러 내 증인이 되리라 (행1:8)

❖ 사 명

1. 농어촌 교회를 방문하여 기도하며 성장하도록 돕는다.
2. 농어촌 교회의 선교비를 적기에 보내도록 한다.

❖ 전 략

1. 농어촌 교회 성장연구회를 주관한다.
2. 농어촌 교회를 3년내에 자립하는 교회로 육성시킨다.(회원교회)
3. 2개월 만에 하루씩(홀수 달 둘째 주일 후 월요일)농어촌 교회성장 연구회 세미나를 개최하고, 농어촌 전문가(목회자)를 강사로 하여 모인다.
4. 회원을 규정에 따라 선별하여 3년 간 정회원으로 받아들인다.
5. 회원 목회자에게 년 수 회 도서를 제공한다.
6. 농어촌 선교를 위하여 무공해 식품등 생필품 판매를 한다.
7. 회원 교회와 농산물 직거래를 한다.
8. 의료선교위원회와 공동으로 농어촌 지역의 의료혜택을 베풂으로서 농어촌 성장을 도운다.
9. 농어촌 교회와 농어촌 진흥책을 위하여 연구하며 협력한다.
10. 무공해 식품을 권장하고 농어촌 살리기 운동을 한다.
11. 우리 농산물 먹기 운동을 한다.

❖ 지 침

1. 농어촌 성장 연구회

    (1) 격월마다(홀수달 둘째 주일 후 월요일)협력관계에 있는 교역자를 위한 세미나를 가진다.

    (2) 강사는 전국의 농어촌 교회를 크게 부흥시키거나, 농촌센타의 사역을 감당하는 교회의 사역자, 기타영성이 강한자.

    (3) **강의 내용**

    농어촌교회 부흥비결, 농어촌 목회철학, 능력 있는 목회자, 유기농법, 생명농법(정농법), 신용협동조합 직거래, 농어촌 특용작물, 농촌생산성 작목, 농가부채갚기, 농어촌교회의 미래상.

    (4) **가입자격**

    ① 미자립교회로 3년내에 자립교회로의 의지가 있는 교회

    ② 3년 내에 교회 이동하지 않는 자

    ③ 세례교인의 2/3 십일조 서약서

    ④ 2개월마다의 세미나에 곡 참석할 수 있는 거리의 거주자

    ⑤ 교파는 가리지 않고 전도사는 당회장의 추천서를 받은 자

    ⑥ 신청이 오면

    　　(가) 일차로 농어촌 담당교역자의 답사

    　　(나) 답사보고 결정여부

    　　(다) 서류보냄

    　　(라) 서류 응답 있으면, 정회원으로 결정한다.

    ⑦ 모일 때마다 각 교회 기도 제목을 제출토록 하여 상호기도 운동을 전개한다.

2. 농어촌 선교를 위한 직판장

    (1) 농어촌 교회와 그 교역자 그리고 농어촌 교회 개척을 위한 목적으로 한다.

    (2) 무공해 식품, 생필품, 음식 등을 만들어 교인들에게 싼값으로 제공한다.

    (3) 이익금으로 농어촌성장연구회 때 중식과 간식을 제공하며, 도서제공, 강

사 교통비를 담당하고 농어촌 교회를 개척한다.

(4) 농산물 직거래

시골 농산물의 가격이 폭락되거나, 교회가 집중사역으로 농산물을 생산
했거나, 그 지역의 특산물인 경우, 본 직판장이 주도하여 소비자와 직거
래를 한다.

3. 협력교회와 결연

본 교회와 협력관계에 있는 농어촌 교회와는 각 기관이 해당 교회를 1년에
1회 이상 방문하고, 위로·자립하는 교회로의 육성을 위하여 기도한다.

4. 농어촌 교회(지역)진료

(1) 한 달에 2번씩(주일 오후) 협력관계에 있는 교회와 기타 농어촌 교회를
방문하여 의료 진료를 실시한다.

(2) 의료선교위원회 주관과 전도위원회 협력과 공동으로 농어촌 교회 부흥
과 질병퇴치에 전력을 다한다.

5. 도서보급

각 교회학교를 위시해서 적당한 시점에 농어촌 교회 및 교역자들에게 도서
를 지급한다.

2140. 전도폭발팀

❖ 가 치

1. 예수 그리스도의 복음을 담대히 전파하도록 평신도들을 훈련시키고 무장하는 일에 가치를 둔다.
2. 한 영혼이 천하보다 귀하다.
3. 오직 성령이 너희에게 임하시면 너희가 권능을 받고 예루살렘과 온 유대와 사마리아와 땅끝까지 이르러 내 증인이 되리(4)(행 1: 8)
4. 복음은 교회의 머리되신 주님의 처음 명령이자 마지막 명령이다.
5. 나를 따라 오너라 내가 너희로 사람을 낚는 어부가 되게 하리(4)(막 1: 17)

❖ 사 명

1. 전도폭발 훈련자들로 하여금 평신도들이 구원의 확신을 갖도록 돕는다.
2. 주님의 지상명령을 수행하기 위해 친교와 전도훈련을 통하여 평신도들을 전도자로 훈련시킨다.
3. 부산 지역의 개척교회 성도들을 섬기고 복음을 무장시켜 지교회가 부흥 성장 하도록 한다.

❖ 전 략

1. 년 2회(봄가을) 훈련생을 모집하여 전도폭발교육을 경험케 한다.
2. 주변 이웃교회에 훈련자를 파견하고 전도폭발교육을 훈련시킨다.
3. 년 1회 전도폭발의 사역자와 지교회 교역자들에게 전도폭발을 홍보하며 전도폭발사역을 경험케 한다.

❖ 전폭 지도자 임상 훈련

1. 목 적

(1) 친교와 전도 제자 훈련 및 건강한 성장을 위하여 교회 지도자들을 훈련 시켜서 그들이 다시 평신도들을 무장시키도록 한다.

(2) 교회 지도자들이 보다 효과적으로 교회를 섬기고 전도의 일에 더욱 열심을 내도록 무장 시킴으로써 교회의 기존 사역들의 질을 높이고 강화 시킨다.

2. 훈련형

평신도들이 교회에서 실제 13주간에 걸쳐 진행하는 훈련의 아래의 다양한 과정과 내용을 6일의 단 기간 내에 수료하게 한다.

(1) 암송

(2) 시범

(3) 역할의 연습

(4) 책임지도

(5) 현장 실습

3. 자 격

(1) 지역교회 담임 목사님

(2) 담임 목사님이 훈련받은 교회의 부목사님 또는 전도 폭발 13주를 수료한 평신도

4. 팀별 운영 및 활동

(1) **행정팀**

① 본 전도폭발 본부와 연락하며 지원한 훈련생(평균 50명~60명)에게 약 1개월 전에 암기 개요를 보낸다.

② 지원한 훈련생과 훈련자와 봉사자로 구성된 팀을 조직한다.

③ 전화 또는 기타의 방법으로 기도 제목을 파악한 후 모든 전도 폭발 임상 봉사팀이 함께 기도하게 하고 이를 확인한다.

④ 훈련 시작 1주일 전에 지원한 지도자 훈련생들에게 안부 전화를 하

여 아래의 상황을 재확인하고 전달한다.

(가) 암기 개요 암기 상태

(나) 기도 제목 변경 및 추가 여부

(다) 차편 안내

(라) 임상훈련에 필요한 아래의 자료를 준비한다.

(2) 훈련자팀

① 훈련자팀장은 지원한 훈련생 보다 30% 정도 많이 선발한다.

② 훈련자의 소질과 환경을 점검한다.

③ 임상훈련을 위해 매주 모여 함께 기도한다.

④ 임상훈련 시범조들이 시범 나가는 시간마다 10분 전에 함께 기도해 준다.

(3) 등록안내팀

① 훈련생들이 불편하지 않도록 훈련생의 등록 및 안내를 전담한다.

② 안내팀의 기본적인 복장과 자세는 아래의 기준에 따른다.

(가) 밝은 미소

(나) 정장

(다) 자신감

(라) 처음과 끝이 다르지 않는 친절과 겸손 인내심

(4) 식당팀

① 임상 기간 중 훈련생들의 식사를 담당한다.

② 훈련생들의 육신의 건강을 위해 식당과 식탁을 아름답게 장식하고 음식을 정성껏 준비한다.

(5) 간식팀

임상 기간 동안 강의 후 식사 후 다과와 음료를 정성스럽고 아름답게 준비한다.

(6) 숙소팀

배정된 숙소에 훈련생들의 짐을 옮겨 놓고 편안한 안식과 수면을 취할 수 있도록 숙소를 깨끗하게 정리 정돈하고 간단한 다과와 음료도 준비한다.

(7) **화장실팀**

① 화장실을 항상 청결하고 깨끗하게 유지시킨다.

② 매 강의 후 마다 화장실을 점검하며 휴지통을 비운다.

③ 세면대 위에 아래의 물품을 비치하고 부족 시 보충한다.

　(가) 비누

　(나) 빗

　(다) 수건

　(라) 로션

　(마) 가그린

(8) **장식팀**

훈련의 효과를 높이고 교회의 이미지를 높이기 위해 강의실, 식당, 복도, 화장실 등을 장식한다.

(9) **차량팀**

① 현장 실습 시 훈련자와 훈련생이 복음 제시할 장소까지 이동 할 수 있도록 인원에 맞는 차량과 운전자를 미리 섭외 준비한다.

② 훈련생과 시범자를 현장으로 이동 시킨다.

(10) **강사간식팀**

훈련에 오시는 강사님이 강의를 준비하고 기도 및 휴식을 위한 장소를 마련하고 다과와 음료를 준비, 제공한다.

(11) **강의실팀**

① 훈련기간 중 강의실에서 행해지는 모든 강의와 교육 등에 필요한 자료를 준비한다.

② 강의에 적합한 좌석을 배치한다.

③ 강의 시간 마다 강의실에서 대기하여 강의에 필요한 모든 사항을 챙기고 도와준다.

❖ 교 사

1. 자 격

   전도폭발 수료 후 국제 전도폭발 임상훈련을 수료한자

2. 사 역

   전도 폭발 13주 교육기간 동안 강사를 도운다.

   모든 교육 준비와 훈련자들과 함께 기도와 찬양인도를 한다.

❖ 훈련자

1. 자 격

   전도폭발 1단계를 수료하고 준 훈련자를 거쳐 전도 폭발 원문의 복음을 담대히 전할 수 있는 자

2. 사 역

   (1) 전도폭발 교육 시 각자 맡은 훈련생들을 위해 기도하고 과제를 점검한다.

   (2) 현장실습 시 전도폭발 전문대로 복음을 제시하여 훈련생들에게 용기와 도전을 준다.

3. 찬 양

   (1) 찬양 리더자는 기도로 찬양곡을 미리 선정한다.

   (2) 찬양 리더자는 미리 "기쁨으로 찬양집"을 미리 준비하여 훈련생 책상 위에 준비해 둔다.

   (3) 교육 전에 찬양으로 훈련생들의 마음을 열기 위해 약 10분간 찬양을 인도한다.

4. 차 량

   (1) 단정하고 예절 바르며 해당 차량에 맞는 운전면허 소지로 운전자를 준비한다.

   (2) 현장실습 전에 실습 장소를 미리 알고 준비한다.

   (3) 차량 운행 일지를 작성한다.

5. 현장 실습 자료 담당

(1) 훈련자나 교사 중에서 2명을 임명한다.

(2) 현장실습 전 각자의 봉투에 아래의 자료를 충분히 준비한다.

① 함께 성장해요

② 요한복음

③ 공개 보고서

④ 질문지 등

(3) 현장실습을 다녀 온 후 각자의 봉투에서 모자라는 것 채워 놓고 제자리
에 비치해 둔다.

의료선교팀

❖ 사 명

1. 의술을 통하여 복음을 전한다.
2. 하나님 사랑을 실천한다.
3. 이웃을 섬긴다.

❖ 비 전

1. 지역 선교뿐만 아니라 세계 선교의 비전을 갖는다.
2. 주일학교학생과 일반 성도들과 함께 팀을 이루어 봉사와 사랑을 실천할 수 있는 기회를 제공한다.
3. 선교지와 연계하여 의술을 제공하므로 선교를 돕는다.

❖ 사역지침

1. 의료인팀 구성

   (1) 의사, 치과의사, 간호사 등을 포함한 의료인
   (2) 약사
   (3) 기타 여러 가지 일을 도울 자원봉사자(환자 도우미, 애기 돌봐주는 자, 장비 운송 등등)
   (4) 미용 봉사자
   (5) 전도인

2. "의료팀의 날"

   (1) 1년에 1회 "의료팀의 날"을 정하여 갖는다.
   (2) 내용은 예배, 선교지 보고, 간증, 사역 소개 등을 통하여 선교 사명을 고취시키며 친교를 다진다.
   (3) 의료선교 사역 참여를 위한 자원봉사자와 후원자를 모집한다. (참조, 의

료선교 사역지원서)

3. 사역지

   (1) 교회와 가까운 지역 사회의 고아원, 경로당, 양로원 등을 선택하여 1회 /
   월 이상 무료 진료를 시행한다.

   (2) 영세한 미자립 교회, 또는 수해나 재난 등으로 어려운 마을을 선정하여
   지역 교회와 연계하여 주민들에게 무료 진료를 시행한다.

   (3) 외국인 근로자가 근무하는 기업이나 업체, 교회를 선정하여 1회/월 이상
   무료 진료를 시행한다.

   (4) 추 후 의료인의 수가 증가될 경우 팀을 나누어 각 특성 과별로 사역지
   를 다양화 한다.

   (5) 사역지에 따라 독거노인 사역팀, 소년소녀 가장 사역팀, 호스피스 사역
   팀과 연계하여 사역한다.

4. 헌 혈

   부활절날 전교인 헌혈을 주선한다.

5. 교회 행사시 의료지원

   전교인 한마음 체육대회 등과 같은 행사시 의료를 지원한다.

❖ 의료 선교 사역 지원서 ❖

성 명		구 역		E-Mail	
전화번호	(집)		(직장)	(핸드폰)	
다음 사항에 대해서 지원합니다. (해당 사항을 체크해 주십시오.)					
☐ 의사 (전문과목 :) ☐ 간호사 ☐ 약사 ☐ 전도인 ☐ 일반 봉사 ☐ 후원 (약품 및 의료 장비)					
참여형태	☐ 1년만 참여하겠습니다. ☐ 지속적으로 참여하겠습니다.				

2160. 호스피스팀

❖ **사 명**

죽음에 임박한 말기 환우들을 섬기며 그들의 삶의 질을 높이고 병으로 고통 받는 환우와 그들 가족들을 돌보아 예수님을 영접하게 하고 환우들이 천국에 대한 소망함을 갖고 하나님 안에서 아름다운 죽음을 준비하도록 돕는 사역이다.

❖ **사역지침**

1. 사역의 목표

   말기 환우 임종환우 그리고 그 가족들에게 섬김과 돌봄을 통한 복음의 전파 환우들이 천국에 대한 소망함을 갖고 남은 생을 가능한 한 편안하게 충만한 삶을 살도록 하여 아름다운 죽음을 준비하도록 도와줌 호스피스교육을 통한 전문 사역자 양성

2. 프로그램 / 컨텐츠

   (1) **병원 사역** : 병원 요청에 의한 터미널(임종에 임박한 환자) 암환자 밑 극빈 환자를 심방하고 돌보는 사역

   (2) **홈케어 사역** : 암환우 및 가족 요청에 의한 가정 심방 및 교역자와의 협력심방 등의 사역

3. 교 육

   봉사자로서 전문가로서 16주간 매주 3시간씩 10-16주간 총 60시간을 교육실시(교회와 상의)

   (1) **위탁교육** : 호스피스 사역을 하는 곳에 가서 교육을 받음

   (2) **자체교육** : 호스피스 사역자를 초빙해서 교육을 실시함

4. 호스피스 세미나

   (1) **일정** : 월 1회

   (2) **대상** : 호스피스 교육 수료자

(3) **내용** : 호스피스 심화교육 (교육 수료 후 실제 병상에서 구체적으로 섬기고 돌보는 방법 등)

❖ 가 치

1. 우리는 책읽기를 통하여 이웃을 섬기고 그들에게 복음을 전하는 것을 가치 있게 여긴다.
2. 우리는 책읽기를 통하여 하나님의 뜻을 더 깊이 깨닫고 성숙하게 되는 것을 가치 있게 여긴다.

❖ 사 명

1. 우리의 사명은 독서사역을 통하여 이웃에게 하나님의 사랑을 전하는 것이다.
2. 우리의 사명은 독서를 통하여 삶의 균형을 잃은 자들과 마음에 상처입은 자들의 회복을 돕는 것이다.
3. 우리의 사명은 독서 사역을 통하여 지역 문화발전과 건전한 독서 문화 운동에 이바지 하는 것이다.
4. 우리의 사명은 독서사역을 통하여 다음 세대를 준비하는 것이다.

❖ 전 략

1. 독서학교를 운영한다.
2. 독서대학을 운영하여 독서지도교사를 양성한다.
3. 비전스쿨을 운영한다.
4. 독서 소그룹 활동
5. 독서지도를 위한 부모교육을 실시한다.
6. 어린이 도서관을 통한 다양한 독서운동 전개
7. 지역 주민을 위한 다양한 문화 활동

❖ 독서학교 사역지침

1. 시기 : 독서학교는 학기 중에 운영한다. 봄학기 3월~6월, 가을학기 9월 ~ 12월

2. 기간 : 15주 내지 16주간을 한 학기로 한다.

3. 책 선정 : 책은 가능하면 교사들이 함께 선정한다.

4. 책 구입 : 다양한 구입 경로가 있으므로 적절한 경로를 선택한다.

5. 모집 : 유치부부터 초등6학년까지 학년별로 모둠을 구성하되 교사의 수를 고려하여 모집한다.

6. 교사모집 : 독서능력개발과 독서지도교사 과정을 수료한 사람, 이에 준하는 독서지도 교육을 받은 자를 독서 학교교사로 모집한다.

7. 모임 진행요령

   (1) 각 모둠을 시작할 때 우선 마음을 여는 활동을 갖는 것이 좋다.

   (2) 주중에 책을 읽도록 독려하고 점검한다.

   (3) 마음을 여는 활동을 한 후에 읽은 책에 대해서 질문을 한다.
   느낀 점에 대해서, 책의 주인공에 대해서, 내용에 대해서, 등등

   (4) 교사가 말을 많이 하기보다 어린이들이 자기 생각을 많이 이야기 하도록 유도한다.

   (5) 어린이들이 자기 생각을 표현하도록 하기위해서는 교사가 다양한 준비가 필요하다.

   (6) 독서학교 진행 중에 학부모들을 초청하여 특강을 가진다.

   (7) 학기를 마무리 할 때는 소감을 발표하고 수료증을 수여한다.

8. 독서학교의 연장으로 독서캠프를 운영한다.

   (1) **시기** : 독서캠프는 겨울 방학과 여름 방학을 이용하여 개최한다.

   (2) **기간** : 형편에 따라 다르지만 일반적으로 2박3일을 기본으로 한다.

   (3) **인원** : 준비된 교사의 숫자에 따라 모둠을 구성하되 한 모둠당 5~7명을 기준으로 한다.

   (4) **책선정** : 책은 어린이의 독서수준에 맞는 것으로 하되 적절한 주제를 선정하여 주제에 맞는 것으로 한다.

(5) **모집** : 최소한 2개월 전부터 광고하고 교사를 확보해서 미리 준비한다.

(6) **준비과정** : 교사들이 먼저 책을 읽고 분석한다. 준비된 프로그램에 따라 필요한 준비를 해 나간다. 필요한 물품이나 준비물을 사전에 꼼꼼히 챙겨서 준비한다.

(7) **등록비** : 등록비는 적정한 수준으로 정한다.

(8) **모둠편성** : 연령을 고려하되 독서수준을 고려하여 편성한다.

(9) **교사모임** : 독서캠프를 위한 교사를 모집하고 참여하는 교사들이 함께 모여서 준비하는 시간을 가진다. 적어도 4회 이상 모임을 갖는 것이 좋다.

❖ 독서대학 사역지침

1. 독서지도에 관심이 있는 사람들을 모집하여 독서지도를 위한 교육을 실시한다.

2. 홍보 : 1개월 전에 내용을 알리고 모집 광고를 한다. 홈페이지, 주보광고 등

3. 커리큘럼 : 샘터 문화원과 협조하여 독서지도교사 과정 커리큘럼을 구성한다.

4. 과제물 : 과제물은 독서감상문, 글분석, 요약, 발제 등을 실시한다.

5. 학습내용 : 영상학습, 강의학습, 발제학습 등을 실시한다.

6. 시간 : 매주 3시간 저녁반: 오후7시~10시, 오후반: 오후2시~5시

7. 장소 : 2층 예배실, 혹은 새가족실 등 적절한 장소에서 실시한다.

8. 도우미 : 도우미를 둔다.

(1) **준비물** : 화이트보드, 보드마카, 강사음료수, 음향설비, 영상설비, 간식, 과제 점검표, 도서 주문표, 모둠편성표, 등록비 점검표, 주소록, 신청서, 등록비 영수증. 등

(2) 도우미는 과정 참여자들에게 미리 연락해서 빠지지 않도록 점검한다.

(3) 도우미는 강사와 수시로 연락을 취하여 변동사항이 있을 때는 즉시 알린다.

❖ 비전스쿨 사역지침

1. 목적 - 비전스쿨은 청소년들에게 꿈과 비전을 심어주고 삶의 목표를 확립하

는 것을 목적으로 한다.

2. 시간 - 비전스쿨은 학기중 또는 방학을 이용하여 적절한 시간에 운영한다.

3. 운영 방법

   (1) **부모교육** : 운영 기간 중 1회 이상 부모를 위한 세미나

   (2) **일관된 '학습' 프로그램** : 비전스쿨이 열리는 동안 모든 생활이 '학습' (배우는 자가 주체임을 강조)

   (3) **강의학습** : 주제와 관련된 강의 30~40분

   (4) **요약학습**(마인드 맵)

   (5) **토론학습**

   (6) **독서학습**(읽기, 쓰기, 말하기, 듣기, 글분석, 독후활동)

   (7) **발표학습**(질문 / 감상문 / 역할극)

   (8) **영상학습** : 주제와 관련된 단편 명화

   (9) **창의학습** : 과학 / 미술 활동을 통한 창의력 키우기

   (10) **공동체학습 및 극기학습** : 일정한 시설을 이용해 공동체를 경험하고, 또한 고난 극복 훈련

   (11) **체험학습** : 자연 및 박물관 등

   (12) **정리학습** : 하루 일과를 마무리

   (13) 명사 초빙을 통한 특강15주 내지 16주간을 한 학기로 한다.

4. 책 선정 : 책은 가능하면 교사들이 함께 선정한다.

5. 책 구입 : 다양한 구입 경로가 있으므로 적절한 경로를 선택한다.

6. 모집 : 중 고등학생을 학년별로 모둠을 구성하되 교사의 수를 고려하여 모집한다.

7. 교사 또는 스탭 모집 : 독서능력개발과 독서지도교사 과정을 수료한 사람, 이에 준하는 독서지도 교육을 받은 자를 비전스쿨 교사나 스탭으로 모집한다.

❖ **독서 소그룹 모임 사역지침**

   1. 목적 : 독서 소그룹은 책읽기를 통한 교제의 활성화와 이웃전도를 위한 접촉

점개발, 상호간의 정서함양 및 정신적 성숙을 도모하는 것을 목적으로 한다.

2. 책 선정 : 구성원의 상황에 맞는 도서를 선정한다.

3. 책 구입 : 적절한 경로를 선택한다.

4. 모임 구성 : 6~7명을 기본으로 한 모둠을 구성하되 가능하면 비신자들을 포함시킨다.

5. 모임회수 : 책 분량에 따라 모임 횟수를 정한다.

6. 구성원 모집 : 공식적인 광고를 통하거나 기존 모둠원의 소개를 통하여 적절하게 모집한다.

7. 모임 진행요령 : 마음 문을 열수 있도록 간단한 활동을 가지는 것이 좋다.
   · 책 내용에 대하여 적절한 질문을 한다.
   · 책 내용과 관련하여 자신의 생각과 삶을 나눈다.

8. 모임 리더 : 모임의 리더는 독서능력개발과 독서지도 교사과정을 이수한 자로 하는 것이 좋다.

3000.

양육그룹 사역가이드

❖ 가 치

1. 우리는 아이들이 예수님을 나의 주님으로 고백하게 하는 것을 가치 있게 여긴다.
2. 우리는 아이들이 전인적인 그리스도인으로 성장하는 것을 가치 있게 여긴다.
3. 우리는 하나님의 말씀을 다음 세대로 전하는 것을 가치 있게 여긴다.
4. 우리는 모든 성도들이 그리스도의 제자로 성장하고 행동하는 것을 가치 있게 여긴다.

❖ 사 명

1. 예수님이 구주되심을 고백하게 한다.
2. 예수 그리스도 안에서 예배와 셀을 통해 전인적으로 자라게 한다.
3. 전도는 예수님의 명령이므로 그리스찬의 사명이고 의무임을 확신한다.

❖ 비 전

1. 감격있는 예배를 드리도록 한다.
2. 건강한 셀을 경험하게 한다.

❖ 전 략

1. 축제가 있는 예배를 드리기 위해 파워예배를 드린다.
2. 예배의 집중을 위해 환경을 만들어 나간다.
3. 예배와 셀을 중심으로 통독과 묵상을 생활화 한다.
4. 예수님 안에 있는 셀을 통하여 리더양성과 공동체, 전도, 봉사, 교제를 체험

하도록 한다.

5. 새벽, 셀별 중보기도를 모든 모임의 중심으로 삼는다.

6. 상호책임과 심방으로 서로를 세워가도록 한다.

7. 신앙의 문제와 신상문제를 상담할 상담실을 운영한다.

❖ 가 치

1. 유아 · 유치부 아이들을 천하보다 귀한 가치로 여긴다.

2. 유아 · 유치부 아이들이 하나님과의 관계를 세우게 한다.

3. 유아 · 유치부 아이들이 다른 영혼을 전도할 수 있도록 돕는데 가치를 둔다.

❖ 사 명

1. 유아 · 유치부 아이들이 예수님을 구주로 영접하게 한다.

2. 예수님을 닮아 주님의 기쁨, 세상의 소망, 열방의 기쁨이 되게 한다.

3. 유아 · 유치부 아이들이 다른 친구와 부모님을 인도하는 제자가 되게 한다.

❖ 비 전

1. 예수 그리스도의 사랑을 경험하는 교사와 어린이 공동체

2. 말씀이 중심이 된 분반 공부하는 공동체

3. 찬양과 기쁨의 예배 공동체

4. 서로 돕는 상호책임이 있는 사랑의 공동체

❖ 전 략

1. 기쁨과 은혜가 있는 축제 예배를 드리기 위해 찬양과 율동, 말씀에 힘쓴다.

2. 예배의 집중을 위해 환경을 만들어 나간다.

3. 예배와 반을 중심으로 통독과 묵상을 생활화 한다.

4. 예수님 안에 있는 반을 공동체, 전도, 봉사, 교제를 체험하게 한다.

5. 상호책임과 심방(직접, 전화, 멜 등)으로 서로를 세워가도록 한다.

❖ 사역지침

1. 교사회의(매주)

   (1) 교사회의는 매주 9시40분에 3층 유치부 예배실에서 모인다.

   (2) 그 날의 공과, 예배 위원, 활동, 간식, 축하자를 점검한다.

   (3) 함께 합심 기도한다.

2. 예배전의 자세

   (1) 교사모임에 늦지 않게 참석한다.

   (2) 자기가 맡은 사역은 차질 없이 수행한다.

   (3) 예배에 집중하며, 예배시간에 이동하거나 다른 행동을 하지 않는다.

   (4) 아이들이 들어 올 때 따뜻하게 맞이해 준다.

   (5) 담당 교사들은 경건생활을 철저히 한다.

   (6) 교사들은 예배 프로그램에 적극적 참여를 한다.

   (7) 예배 담당자들은 철저히 준비하여 실수함이 없도록 한다.

3. 예배준비

   (1) **마이크의 준비**

   - 음향이 예배진행을 위해 매우 중요하다.

   - 담당선생님은 일찍 와서 차질 없도록 setting한다.

   (2) **찬양담당**

   - 교사회의 전에 와서 기도로 준비한다.

   - 당일 예배 주제와 맞는 찬양을 준비하고 뜨겁게 인도한다.

   - 율동 / 찬양을 습득하고 보급한다.

   (3) **찬양 궤도담당**

   - 담당 선생님을 정하고 담당선생님은 찬양 시작 전에 궤도를 갖다 놓고, 찬양할 때 넘겨주며, 끝나면 3층 로뎀에 다시 갖다 놓는다.

   - 어린이들이 활동적인 예배를 드릴 수 있게, 앞뒤공간을 충분히 확보한다.

   - 예배의 분위기에 따라 조명을 조절한다.

4. 새 신자 및 등반 축하

(1) 새 신자 소개하기

- 매주 전도한 어린이와 함께 앞으로 초청한다.

- 전도한 아이나 선생님, 또는 부모님이 소개한다.

(2) 새 신자 축하하기

- 축복 송을 불러준다. 그리고 선물을 준비해 준다.

(3) 새 신자에 대한 신상 파악하여 제출하기

- 담임선생님은 새 신자에 대해 신상기록표를 작성하고 서기부에 제출한다.

- 제출한 신상기록표는 전도사님과 담임선생님이 관리한다.

5. 예배 후 정돈

(1) 매주 예배 후 의자를 원래의 위치로 정돈한다.

(2) 매주 예배 후 바닥 등의 쓰레기, 먼지를 제거한다.

(3) 불량한 사항이나 불편한 사항은 담당교역자에게 건의한다.

6. 예배 후의 자세

(1) 예배 후에 아이들을 안아주고 격려하며 보낸다.

(2) 출석부를 확인하고 결석 아이들을 체크, 보고한다.

(3) 그 날 예배와 일정에 대한 반성과 기도회를 한다.

(4) 예배 때 사용된 모든 비품은 정 위치에 잘 정돈한다.

(5) 다음 주 행사 내용에 필요한 것과 도움을 요청한다.

7. 공과 준비

공과공부는 전체 예배 후 10:45~11:10에 갖는다.

- 공과공부를 통하여 어린이들의 어려움을 듣고, 기도하며, 서로 나눈다.

- 필요한 경우 교사회의 시간에 서로 상의한다.

8. 성경 읽기

(1) 매주 일정한 성경읽기 범위를 주어진다.

(2) 주중에 교사들이 점검해 주고, 잘 이해할 수 있도록 도와준다.

(3) 분기별로 성경퀴즈의 범위가 된다.

9. 행사를 위한 자세

(1) 모든 행사는 담당자가 철저히 준비한다.

(2) 모든 행사 때 함께 협력하고 열심히 참여한다.

(3) 행사 담당이 맡겨질 때 적극적으로 참여한다.

(4) 행사에 필요한 모든 도구들과 준비물들은 한 주전에 미리 체크, 준비하도록 한다.

(5) 행사를 홍보해야 할 필요성이 있을 때는 교회 측에 한 달 전에 미리 알린다.

(6) 모든 행사에 아이들이 골고루 참여할 수 있도록 기회를 제공한다.

(7) 행사에 필요한 재정 청구는 2주전에 준비하도록 한다.

(8) 행사 후 모든 기자재들과 재정은 잘 정리하고 환원시킨다.

(9) 행사 담당자는 행사 후 철저한 평가와 보고서를 정리한다.

10. 잃은 영혼 찾기

(1) **부모 전도**

아이들이 믿지 않는 부모를 전도할 수 있도록 동기 부여하고 부모님과 함께 드리는 예배를 계획한다.

(2) **개인전도**

- 매주 공과공부 후 친구의 이름을 부르며 기도하고 마친다.

- 그들을 초청할 수 있는 이벤트를 계획한다.

(3) **심 방**

- 2주 이상 (아무런 이유 없이) 결석한 어린이들에게 개인적인 심방이나 전화심방, 또는 편지를 한다.

- 어린이들의 어려움을 교사회의에서 같이 나누고 기도한다.

(4) **장기 결석자의 조기 발견 및 관리**

- 3개월 이상 장기 결석자는 어린이 출석부 밑단에 "우리 친구" 란을 만든다.

- "우리 친구"란은 수시로 전도사님과 교사회의에 통보한다.

- 유아 · 유치부가 전체적으로 "우리 친구"를 관리하고, 공동으로 잃은 양 찾기 노력을 한다.

11. 달란트잔치

   (1) 달란트 잔치의 목적은 모든 어린이들로 하여금 그리스도인으로서의 건 전한 삶과 (잃은 영혼을 찾기 위한) 동기를 유발하는 데 있다. 특정인을 추켜세우거나 상업적으로 흐르는 것을 경계한다.

   (2) 달란트 잔치는 년 중 준비를 하며, 잔치는 년 2회(6월말 / 11월말) 한다. 달란트 홍보는 매월 주기적으로 한다.

   (3) 달란트의 기준은 교사회의를 통해 정한다.

   (4) 달란트 잔치를 위한 선물/행사는 별도로 교사회의에서 정한다. 준비한 물품은 선택하도록 하며, 준비한 식품은 각 반별로 모여서 먹도록 한다. 이 과정에서 양보하는 자세를 배우도록 한다.

12. 생일 축하

   (1) 생일 축하는 월 단위로 한다. (생일인자 소개, 생일축하노래, 생일선물 등)

   (2) 교사회의 시간에 생일인자를 파악하며, 담당선생님은 생일인자에게 축하 카드를 예배 시간에 준다.

   (3) 생일 선물은 총무선생님이 준비하고, 증정은 교역자가 한다.

   (4) 필요하다면, 기념촬영을 할 수도 있다.

13. 삶을 나누기

   (1) 반별 요리 대회

   (2) 어린이 날 행사

14. 선교 헌금

   매월 셋째 주에 선교헌금을 드린다.

15. 교사수련회

   (1) 교사수련회는 년 1회 갖는다.

      - 유아 유치부 년 간 활동 / 비전의 공유, 교사로서의 준비

      - 지난 행사 / 사역에 대한 평가 및 새로운 발전방향의 나눔

- 교사 사이의 교제 / 격려

- 교사 교육 (교회차원 / 유아유치부 자체적으로)

(2) 교사수련회의 시간 / 장소는 교사회의에서 정한다.

16. 성경학교

(1) 성경학교는 여름에 년 1회 실시한다.

(2) 예배, 말씀 , 찬양, 기도 중심으로 주로 실내에서 실시한다.

17. 성경 복습게임

(1) 분기별 1회, 당 분기에 배운 말씀으로 퀴즈대회를 연다.

(2) 성경 퀴즈 방식은 교사회의에서 정한다.

18. 절기 예배

(1) 부활절 예배

(2) 추수감사절 예배

(3) 성탄절 축하 예배

(4) 송구영신 예배

19. 기 타

(1) **교사 연락망의 확인** : 주소, 전화번호, 이메일

(2) **어린이 신상기록부 정리** : 인적사항 및 사진

(3) **출석부 정리**

❖ 가 치

1. 어린이들의 삶의 목적은 하나님 나라이다. 왜냐하면 우리는 하나님 나라를 위해 부름을 받았기 때문이다.(하나님의 나라)
2. 어린이들의 삶의 변화를 일으키는 것은 성령의 역사하심 가운데 하나님의 성품을 닮은 사람들과의 교제(관계)를 통하여 이루어진다. 그 관계의 기초는 하나님과의 관계이다. 그리고 가족, 친구, 이웃과의 사랑의 관계이다. (관계)
3. 하나님께서 가장 관심을 가지시는 것은 영혼이다. 우리는 잃어버린 영혼을 불쌍히 여기시는 주님의 마음을 갖는 것부터 시작한다.(영혼)

❖ 사 명

1. 어린이들이 하나님을 나의 구주(My Lord), 나의 구세주(My Savior)로 믿고 말씀대로 살도록 한다.
2. 말씀과 기도를 통하여 주님이 기뻐하시는 사람, 세상의 소망이 되는 사람, 열방의 빛이 되는 사람이 된다.
3. 어린이들이 그리스도인으로서의 확실한 비전(삶의 목적)을 가지고 그 목적에 맞추어 삶의 변화를 가져오게 한다.
4. 어린이들을 통하여 잃어버린 영혼(가족, 친구, 이웃)을 주님께 인도하는 제자가 된다.

❖ 비 전

* 비전 선언문

"말씀과 기도를 통하여 주님의 기뻐하시는 아동부, 세상의 소망이 되는 아동부, 열방의 빛이 되는 아동부가 되어 세상을 변화시키는 하나님의 강한 군대를 이루는 것이다."

❖ 전 략

1. 아동부는 하나님께서 모든 것을 이루신다는 것을 전적으로 신뢰한다. 우리는 이를 믿고 기도로 준비하며, 교사들은 어린이들에게 주님의 사랑을 충분히 전하도록 한다.

2. 아동부는 예배를 중요시 한다. 예배는
   (1) 모든 어린이들이 참여하게 하며, 즐겁고 활동적인 가운데 자연스럽게 하나님 앞으로 인도한다.
   (2) 아동부의 가치(Core Value)를 달성하기 위해 집중한다.
   (3) 아동부의 특성에 맞게 짧고, 집중력을 향상시키도록 자료를 준비하고 프로그램을 진행한다. 아동부의 예배는 특별한 형식에 구애받지 않는다.
   (4) 예배를 통하여 삶이 변화되도록 하고, 이를 서로 나누도록 하며, 또한 하나됨의 공동체를 체험하게 한다.

3. 아동부는 잃어버린 영혼들을 찾는 데 집중한다.
   (1) 지속적으로 전도에 대한 마음을 품게 하며, 어린이들이 관계를 통하여 전도하도록 지도하고 격려한다.
   (2) 또한, 교회로 찾아오는 연약한 영혼들에게 충분한 관심을 가져서 그들이 교회에 잘 정착하도록 한다.
   (3) 어린이들을 통하여, 그들의 부모, 친지, 이웃들이 주님의 사랑을 깨닫고 교회로 나오도록 한다. 이를 위해서 어린이들의 삶이 변화되도록 노력한다.
   (4) 아동부는 주님의 제자를 양성하는 데 집중한다.

4. 아동부는 (미래의) 지도자를 양성하는 데 관심을 기울인다.
   (1) (허락된) 어린이들을 제자화하도록 한다. 이를 위해, (소그룹을 형성하여) 어린이들에게 그리스도인의 삶을 체험하고 훈련받게 하며, 주님의 말씀으로 무장되도록 한다.
   (2) 제자화된 어린이를 통하여, (소그룹별로) 다른 어린이들을 양육할 수 있도록 노력한다.

5. 교사들은 어린이들의 장래에 대해 희망을 가지고 인내를 가지고 사랑을 전하는 데 노력한다.

6. 어린이들이 교회 안에서 뿐만 아니라, 집에서, 또는 학교에서도 그리스도인의 삶을 살 수 도록 지도한다.

7. 어린이들이 평소에도 하나님의 말씀을 읽도록 하며, 기도훈련을 통하여 하나님을 체험 / 의지하는 훈련을 하도록 한다.

❖ 전략을 성취하기 위한 프로그램

1. 주간 활동
   (1) 주일 예배 및 공과준비
   (2) 새소식반 모임(소그룹별로 집으로 초청하기)(모임 및 초청)
   (3) QT 나눔방
   (4) 주중에 반별로 성경공부의 활성화
   (5) 생일 축하 (월별)
   (6) 기도노트의 작성 (직접 또는 간접 간증)
   (7) 간증을 통하여 체험하는 삶의 나누기
   (8) 짝 기도를 통한 지체 사랑하기
   (9) 교회에서 중보기도하기(주중활동)
   (10) (학교 내, 교회 내) 중보기도모임의 활동
   (11) 학년별 모임
   (12) 교사 기도모임(월별)

2. 분기별 활동
   (1) 잃은 영혼을 찾기 : VIP초청하기, 전도 왕
   (2) 장기 결석자 심방하기
   (3) 성경읽기와 성경퀴즈(골든 벨)
   (4) Outreach : (인근 초등학교) 교사 중심으로 전도
   (5) 어린이들과 삶을 나누기 : 반별 요리대회, Home retreat(돼지캠프)

3. 반기별 활동

   (1) 선교의 날 행사

   (2) 여름 캠프 : 활동 / 교제 중심으로

   (3) 겨울 캠프 : 말씀 / 찬양 중심으로

   (4) 야외 예배

   (5) 달란트 잔치

4. 연간 활동

   (1) 부활절 예배

   (2) 추수감사절 예배

   (3) 성탄절 축하 예배 및 호산나의 밤

   (4) 송구영신 예배 : 회개와 감사 및 신년 다짐

5. 새 신자를 위한 연중 계속 활동

   (1) 어린이 영접인도 및 환영회 (구원의 확신 점검)

   (2) 등반 축하

❖ **주간 활동**

1. 교사회의

   (1) 교사회의는 매주 9시30분에 모인다.

   (2) 10시까지는 아동부 어린이들을 위한 기도 / 전화를 한다.

   - 담당선생님은 어린아이들의 문제점을 나눈다.

   - 해당 어린이에 대해 합심 기도를 한다.

   - 교사 상호간의 기도제목을 나누고, 같이 기도한다.

   (3) 예배 준비

   - 10시부터 10시30분까지 이번 주 / 다음 주 예배준비를 한다.

   - 그 날 말씀을 읽는다.

   - 예배순서와 준비물들을 확인한다.

   - 다음 주 예배순서 담당자를 결정한다.

- 예배를 위한 준비 기도를 한다.

2. 예배전의 자세

(1) 교사모임에 늦지 않게 참석한다.

(2) 예배 10분 전에는 꼭 예배실에 입실하는 것으로 한다.

(3) 예배에 집중하며, 예배시간에 이동하거나 다른 행동을 하지 않는다.

(4) 아이들이 들어 올 때 따뜻하게 맞이해 준다.

(5) 담당 교사들은 경건생활을 철저히 한다.

(6) 교사들은 예배 프로그램에 적극적 참여를 한다.

(7) 예배 담당자들은 철저히 준비하여 실수함이 없도록 한다.

3. 예배준비

(1) 예배도구의 setting - 축하선물(게임, 활동, 새 신자, 등록)

(2) 게임, 활동을 위한 소도구의 준비

(3) 게임, 활동을 위한 선물 준비

(4) (예배 집중을 위한) 풍선 준비

4. 프리젠테이션 / 노트북의 준비

(1) 예배순서와 영상예배를 위한 자료를 준비(최소한 1일전에 준비를 완료, 예배순서 - 전도사님, 찬양 - 찬양담당 선생님)

(2) 영상을 위한 밝기, 소리의 크기를 미리 확인

(3) **마이크의 준비** : 음향이 예배진행을 위해 매우 중요함.

    - 무선 헤드 마이크(1), 유선마이크(2)

    - 음량과 음색을 확인

(4) **디지털카메라를 위한 준비**

    - 다음 주 영상 예배를 위한 촬영 (주의 환기용 포함)

    - 등반한 어린이의 사진

    - 예배에 대한 기록

(5) **찬양팀**

    - 당일 예배 주제와 맞는 찬양을 준비한다. 찬양은 원칙적으로 한 주전

에 하는 것으로 한다.

- 프로젝션 자료로 통보 (전도사님과 사전에 상의)

- 율동 / 찬양을 습득하고 보급한다.

- 어린이 찬양 팀을 모집하고 훈련한다.

- 찬양팀의 복장은 한 주전에 알림으로 가급적 통일하도록 한다.

(6) 광고팀

- 어린이들의 관심을 유발하도록 광고를 준비(캐릭터, 음향, 영상)

- 어린이들에게 제대로 전달되었는지 확인

(7) 어린이들이 활동적인 예배를 드릴 수 있게, 앞뒤공간을 충분히 확보한다.

(8) 예배의 분위기에 따라 조명을 조절한다.

(9) 에어컨이나 보일러는 예배 전부터 시작하지만, 기도, 말씀 선포시간에는 가동을 중단한다.

(10) 예배가 시작이 되면, 뒷문을 통해 출입하게 한다.

5. 새 신자 및 등반 축하

(1) 새 신자 소개하기

- 전도한 어린이와 함께 앞으로 초청한다.

- 전도한 어린이가 학년과 이름을 소개한다.

(2) 새 신자 축하하기

- 축복 송을 불러준다.

- 전도한 친구와 새 신자에 대해 준비한 선물을 준다.

(3) 새 신자에 대한 신상파악 하여 제출하기

- 담임선생님은 새 신자에 대해 신상기록표를 작성하고 제출한다. 제출한 신상기록표는 (등반 시 까지) 전도사님과 담임선생님이 관리한다.

- 새 신자가 등반할 때까지 지속적으로 기도하며, 진행사항을 교사회의에 보고한다.

(4) 등반자를 축하한다.

- 등반 시에는 담임선생님, 전도한 학생과 같이 함께 나와서 등반을 축

하해 준다.

- 등반 시에 준비한 선물(성경책, 성경가방)을 준다.

- 등반 시에 (디지털카메라 사진을 찍어서 신상기록표에 첨부한다.

- 등반 시에 모두 축하를 해 준다. (폭죽 등)

- 등반 후에는 신상기록표를 정식으로 철한다.

- 등반 시에는 담임선생님은 구원의 확신을 점검해 준다.

6. 예배 후 정돈

(1) 매주 예배 후 의자를 원래의 위치로 정돈한다.

(2) 매주 예배 후 바닥 등의 쓰레기, 먼지를 제거한다.

(3) 월 단위로 바닥의 물걸레 청소를 하며, 바닥의 얼룩을 제거한다.

(4) 불량한 사항이나 불편한 사항은 담당교역자에게 건의한다.

7. 예배후의 자세

(1) 예배 후에 아이들을 안아주고 격려하며 보낸다.

(2) 출석부를 확인하고 결석 아이들을 체크, 보고한다.

(3) 예배실 정리를 같이 하고 다음 주일에 대한 준비를 한다.

(4) 그날 예배와 일정에 대한 반성과 기도회를 한다.

(5) 예배 때 사용된 모든 비품은 정 위치에 잘 정돈한다.

(6) 다음 주 행사 내용에 필요한 것과 도움을 요청한다.

8. 공과 준비

(1) 공과공부는 주중에 하는 것을 원칙으로 한다. 이는 평소의 삶에 주님의
말씀이 서 있도록 함에 있다. (홈페이지, Internet Cafe, 만남, 전화 등)

(2) 공과공부를 통하여 어린이들의 어려움을 듣고, 기도하며, 서로 나눈다.
필요한 경우 교사회의 시간에 서로 상의한다.

9. 성경 읽기

(1) 매주 일정한 성경읽기 범위를 주어진다.

(2) 주중에 교사들이 점검해 주고, 잘 이해할 수 있도록 도와준다.

(3) 분기별로 성경퀴즈의 범위가 된다.

10. QT 나눔방

   (1) 고학년반과 저학년 반으로 분리한다.

   (2) 저학년은 성경읽기를 위주로 진행하며, 고학년은 QT를 통하여 삶의 나눔을 한다.

   (3) 매주 수요일 아침에 모이는 것으로 한다.

11. 학교 전도반

   (1) 매주 토요일 12시에 학교 정문으로 모인다(함께 기도)

   (2) 기도 후 아이들과 개별적인 복음 제시 및 심방을 한다.

   (3) 전도 후 결신한 아이들의 명단을 잘 정리하고

12. 새 소식반(Good News Club)

   (1) 자원하는 학년 반 2반이 중심으로 Cell로 세워진다.

   (2) 구체적인 지침(프로그램)은 교회에서 준비한다.

   (3) 개인 가정에서 축제예배와 삶의 교제를 가진다.

   (4) 가정예배를 통하여 전도할 수 있는 분위기를 조정한다.

   (5) 교회에 잘 나오지 못하는 어린 영혼을 초청한다.

13. 어린이 디모데반

   (1) 준비된 어린이들이 리더로 세워질 수 있도록 집중적으로 관리한다.

   (2) 2학년 이상으로 (우선적으로) 전도사님이 선택한다.

      - 부모의 동의를 받는 것으로 한다.

      - 약 10명으로 구성한다.

   (3) 경건훈련, 전도훈련을 집중적으로 하며, 전도사님과 교사들의 집중 관리를 받도록 한다.

      - 주일에는 구성원 전체훈련을 받는다.

      - 기본적으로 QT반 모임을 가진다.

      - 주중에 전도사님께서 삶을 나누는 교제를 갖는다.

   (4) 해외 / 교회 밖의 Retreat 훈련을 가진다. (교회의 동의를 거친다.)

❖ 절기 활동

1. 행사를 위한 자세

   (1) 모든 행사는 담당자가 철저히 준비한다.

   (2) 모든 행사 때 함께 협력하고 열심히 참여한다.

   (3) 행사 담당이 맡겨질 때 적극적으로 참여한다.

   (4) 행사에 필요한 모든 도구들과 준비물 들은 한 주전에 미리 체크, 준비하도록 한다.

   (5) 행사를 홍보해야 할 필요성이 있을 때는 교회 측에 한 달 전에 미리 알린다.

   (6) 모든 행사에 아이들이 골고루 참여할 수 있도록 기회를 제공한다.

   (7) 행사에 필요한 재정 청구는 2주 전에 준비하도록 한다.

   (8) 행사 후 모든 기자재들과 재정은 잘 정리하고 환원시킨다.

   (9) 행사 담당자는 행사 후 철저한 평가와 보고서를 정리한다.

   (10) 모든 설교와 사진은 행사 후 잘 보관 관리한다.

2. 잃은 영혼 찾기

   (1) 정기전도

   (2) 학기 초, 여름성경학교 또는 특별행사를 앞두고 학교 정문 앞에서 교사 중심으로 실시한다.

   (3) 모든 교문 앞에서 선물이나 전도지를 사용하여 전도한다.

   (4) **개인전도**

   - 수시로 **VIP card**를 작성하게 한다.

   - 나의 **VIP**에 대해 매주 기도한다. 선생님들을 계속적으로 **VIP**에 대해 관심을 표명한다.

   - 관계를 통해 전도하도록 유도한다.

   (5) **심 방**

   - 2주 이상 (아무런 이유 없이) 결석한 어린이들에게 개인적인 심방을 한다. (전화, 이메일, 편지, 방문)

- 어린이들의 어려움을 교사회의에서 같이 나누고 기도한다.

(6) 장기 결석자의 조기 발견 및 관리

- 3개월 이상 장기 결석자는 어린이 출석부 밑단에 "우리 친구"란을 만든다.
- "우리 친구"란은 수시로 전도사님과 교사회의에 통보한다. 아동부 전체적으로 "우리 친구"를 관리하고, 공동으로 잃은 양 찾기 노력을 한다.
- 일 년 동안 출석부에서 삭제는 하지 않는다.

3. 달란트잔치

(1) 달란트 잔치의 목적은 모든 어린이들로 하여금 그리스도인으로서의 건전한 삶과 (잃은 영혼을 찾기 위한) 동기를 유발하는 데 있다. 특정인을 추켜세우거나 상업적으로 흐르는 것을 경계한다.

(2) 달란트 잔치는 년 중 준비를 하며, 잔치는 년 2회(6월초 / 12월초) 한다. 달란트 홍보는 매월 주기적으로 한다.

(3) 달란트의 기준은 다음의 것으로 한다. 달란트는 이월 / 기부하여 사용할 수 있으나, 거래해서는 안 된다. 월중에 달란트의 현황을 반별로 어린이에게 통보할 수 있다.

- 전도 : 5점
- 전도한 친구의 등반와 등반한 학생 : 10점
- 출석, 헌금 : 3점
- 주님의 사랑 실천하기(간증) : 5점
- 최고 어린이 상 - 3점 / 최고의 반 - (출석한 학생) 2점
- 기타 교사회의에서 정한 기준
- 신입생을 위한 달란트 배려

(4) 달란트 잔치를 위한 선물/행사는 별도로 교사회의에서 정한다.

(5) 준비한 물품은 선택하도록 하며, 준비한 식품은 각 반별로 모여서 먹도록 한다.
이 과정에서 양보하는 자세를 배우도록 한다.

4. 생일 축하

   (1) 생일 축하는 월단위로 한다. (생일인자 소개, 생일축하노래, 생일 케익의 나눔)

   (2) 교사회의 시간에 생일인자를 파악하며, 담당선생님은 생일인자에게 축하 카드를 보낸다.

   (3) 생일인자 케익 준비는 총무선생님이 준비하며, 선물은 아동부에서 준비한다.

   (4) 필요하다면, 기념촬영을 할 수도 있다.

5. 삶을 나누기

   (1) 반별 요리 대회

   (2) Home Retreat (돼지 캠프)

6. 선교의 날

   선교축제(년 2회) - 선교지의 문화 익히기. (예 음식, 복장)

7. 선교사님의 편지 읽기

   선교사님의 사역을 소개하기 (스리랑카 도육환 선교사)

8. 교사수련회

   (1) 교사수련회는 년 2~3회 한다.

      - 아동부 년 간 활동 / 비전의 공유, 교사로서의 준비

      - 지난 행사 / 사역에 대한 평가 및 새로운 발전방향의 나눔

      - 교사 사이에서의 교제 / 격려

      - 교사 교육 (교회차원 / 아동부 자체적으로) 외부강사 세미나, 담당 교역자 (대화기법, 상담기법, 교육자료의 준비, 기타 특정 주제별 교육)

   (2) 교사수련회의 시간 / 장소는 교사회의에서 정한다.

9. 아동부 수련회

   (1) 수련회는 년 2회 실시한다.

   (2) 겨울수련회

      - 성경읽기와 간단한 야외활동을 위주로 한다.

- 장소는 교회 안에서 한다.

(3) 여름수련회

- 야외활동을 위주로 공동체훈련을 한다.

- 장소는 교회 밖에서 한다.

10. 성경 읽기와 성경 퀴즈 대회(골든 벨)

(1) 교사와 어린이들이 함께 성경을 읽는다.(매월 일정한 구간을 설정)

(2) 성경 암송 대회(분기별로 골든 벨 퀴즈)

(3) 성경 퀴즈 방식은 교사회의에서 정한다.

11. 절기 예배

(1) 부활절 예배

(2) 추수감사절 예배

(3) 성탄절 축하 예배 및 호산나의 밤

(4) 송구영신 예배

12. 기 타

(1) 교사 연락망의 확인 - 주소, 전화번호, 이메일

(2) 어린이 신상기록부 정리 - 인적사항 및 사진

(3) 출석부의 정리

❖ 기 타

1. 프로그램에 의존하지 않는다.

2. 전체적인 참여가 (반드시) 필요하다. 특히, 예배 도입기에는 전체적으로 할 수 있는 게임 7~8가지를 발굴하여 모든 어린이들이 즐겁게 활동할 수 있게 한다.

3. 깜짝 맨은 어린이들의 집중도를 높이는 데 필요하다.

4. 삶이 변화되도록 노력한다. - 지난 말씀의 Review, 삶의 현장에서 체험한 이야기 (순종, 사랑의 실천) 등 - 대화식 설교의 도입, 적용 가능한 삶(사례)을 소개

5. 나눔의 훈련이 필요 - 마니또(천사 게임), 짝 기도

6. 공동체 훈련(하나 됨)이 필요 ? 공동체 구성원을 서로 아는 게임(예, 인터뷰), Dancing, 체육 등

7. 교사들 사이에 사랑의 교제 강화

8. 교사 그룹별 주임제의 도입 필요(?)? 어려운 점 나누기, 점검, 격려하기

청소년부팀

❖ 가 치

1. 청소년들의 전인적 구원과, 장래의 영화교회의 건강한 일꾼으로 양육되게 하는데 가치를 둔다.
2. 청소년들을 세상 악에 물들지 않은 구별된(거룩한) 그리스도인으로 양육하는데 가치를 둔다.

❖ 사 명

청소년으로 하여금 하나님을 경외하며 성경에 계시된 하나님의 말씀에 믿음으로 순종하며 예수 그리스도를 닮아가는 거룩한 성도의 삶을 살아가도록 양육한다.

  - 교사 : 그리스도 안에서 영적 아비 된 마음으로 삶의 모범이 되는 교사

❖ 비 전

1. 가정에서 부모에게 사랑받고
2. 학교에서 모범이 되며
3. 이웃에서 칭찬받는 청소년
4. 믿음의 성장
5. 예배 자세의 변화(참 예배자)
6. 거룩한 삶(구별된 행동)
7. 학업정진
8. 이웃, 봉사, 헌신

❖ 전 략

1. 주일예배 및 공과공부에 철저히 참석케 하며 출석률 향상시킴.(드라마)

2. 청소년부 학생회 및 임원회 활성화로 봉사, 헌신 및 조직관리 훈련시킴.

   (정기임원회 및 간담회)

3. 매일 QT의 생활화 훈련 및 전임교사와 주일 Sharing시간 활용

   (1) 교사와 학생간의 일대일 양육훈련 실시

   (2) 청소년부 새 생명 전도훈련

❖ 청소년부 사역지침

1. 청소년부 예배

   (1) **장소와 시간** : 5층 교육관

   - 시간 ; 주일 오전 (8:30 - 9:00 ; 교사 예배 준비기도회)

     9:00 - 9:20 ; 찬양

     9:20 - 9:25 ; 기도 및 성경봉독

     9:25 - 9:55 ; 말씀

     9:55 - 10:00 ; 헌금 및 기도

     10:00 - 10:10 ; 광고, 주기도문, 행사

     10:10 - 10:50 ; 공과공부

     10:50 - 11:20 ; 교사성경공부

     11:20 - 11:40 ; 교사회의

     11:40 - 11:50 ; 기도회

   (2) **예배준비**

   - 토요일 오후 6:00 - 8:00

     ● 싱어 팀 및 악기 팀 합동 찬양연습

     ● 예배실 세팅, 찬양연습 후 의자 정리정돈, 청소 및 악기세팅

     ● 주일 오전 8:30 - 8:40 (교사기도회 전)

     ● 예배실 정리정돈, 청소, 오디오 및 비디오와 악기의 on/off 점검

     ● 오전 8:40-9:00 : 예배를 위한 합심 기도회

     ● 오전 10:20 - 10:30

- 청소년 예배 후 오디오, 비디오, 악기의 on/off 점검 및 보관관리, 예
  배실 정리정돈, 청소 후 아동부 예배에 인계

(3) 필요한 사역자 수

- 청소년 예배 전임 전도사 ; 1명
  - 팀 장 ; 1명
  - 총 무 ; 1명
  - 교 사 ; 15명
  - 보조교사 ; 5명 (찬양, 반주, 영상, 음향, 조명, 문
    서, 행정, 기타)
  - 계 ; 23명

2. 교사기도회

(1) 예배준비기도회

- 주일오전 8:30 - 8:40 ; 예배실 청소, 정리정돈(담당 전도사 진행)
  - 8:40 - 9:00 ; 예배 합심 기도회

(2) 예배순서

- 기도
- 말 씀
- 학생을 위한 기도회
- 마무리 도

(3) 교사회의 및 기도회 : 주일 청소년 예배 및 공과공부 후(담당 전도사
진행)

10:50 - 11:20 ; 교사성경공부
- 다음 주 공과공부 내용

11:20 - 11:40 ; 교사회의

11:40 - 11:50 ; 기도회
- 학생을 위한 기도
- 행사를 위한 기도회

3. 찬양팀

(1) **밀알 찬양연습** : 토요일 오후 7:00 - 9:00 ; 교회5층 예배실

　- 지도 최성화 선생, 보조 이수연, 정한웅(지도교사 3명, 학생 10여명)

　- 싱어팀 및 악기팀 합동 찬양연습

　- 악기 세팅

　- 주일 오전 8:00 - 9:00

　　● 성가대 및 기악부 합동 찬양연습

　　● 악기 세팅

　　● 오디오, 비디오, 엠프, 전기 on/off점검

　- 사역내용

　　● 찬양의 보급과 찬양을 통한 하나님의 임재를 경험

　　● 찬양과 말씀을 통해서 은혜로운 예배가 되도록

　　● 싱어6, 드럼, 기타, 신디사이저, 키보드, 영상스크린으로 함께 예배드림

4. 예배진행

(1) **광고담당** : 학생회장(임원)

예배 끝난 후 광고시간에 학생회장은 주보의 광고 및 알림 사항을 학생들에게 정확히, 알기 쉽게 광고하도록 한다.

(2) **새 신자 광고** : 최성화 선생

　- 새로 나온 친구를 확인하여 인도자와 함께 일어나게 하고 학생들에게 학교, 학년, 성명 및 인도자를 정확히 소개하고 알리며 다함께 "축복송"으로 찬양 드린다.

　- 새 신자에게는 "머그컵"을 선물하며 장대익 선생이 준비한다.

　- 새 신자는 예배 끝난 후 인도자와 함께 반드시 전도사를 만나며, 4주간 새신자부 교사들을 통하여 양육을 받는다.

(3) **새 신자를 위한 멘트** : 오늘 새로 나온 친구가 있습니다. 인도자와 함께 자리에서 일어나 주세요. 어느 학교, 누굽니까? 몇 학년이죠? 집은 어디인가요? 대단히 반갑습니다. 박수로 환영합시다. 다같이 "축복송"을

부르겠습니다. 전도사님 기도하시겠습니다.

(4) **생일축하 행사** : 최성화 선생

매월 첫 주일에 그 달에 생일맞이한 학생을 축하한다.

(5) **생일축하멘트** : 이달에 생일맞이한 학생을 축하하는 시간을 갖겠습니다. 호명할 때 앞으로 나와 주세요.(학년, 성명으로 호명) 다같이 "생일 축하 송"을 부르겠습니다. 축하합니다(다 같이 박수) 팀장님이 기도해 주시겠습니다. 생일맞이한 학생에게 CD 또는 상품권을 선물하며 장대익 선생이 준비하고 팀장님이 일일이 나눠주며 축하악수를 교환한다.

5. 또 다른 예배

  (1) **연합예배**

  - 매분기별 1회씩 장년예배 2부 예배와 연합예배를 드린다.
  - 어버이주일, 추수감사주일과, 동계 수련회, 하계수련회 이후에 함께 예배드린다.
  - 함께 드리는 예배를 통해서 예배의 경건을 배우며 예배가운데에 하나님이 임재 하심을 경험하게 한다.

  (2) **야외예배**

  - 봄, 가을 년 2회 인근지역 야외에서 예배를 드림으로 하나님의 창조의 세계의 오묘함과 자연의 아름다움 및 섭리를 깨닫게 한다.
  - 창조주 하나님을 만나며 경험하게 한다.
  - 초록이 푸르른 자연의 아름다움 속에서 성도간의 교제를 통해 하나님의 사랑과 형제의식 및 코이노니아를 이루게 한다.

  (3) **선교사 초청예배**

  - 연2회 이상 선교사를 초청하여 예배드림
  - 주님의 지상 명령인 땅 끝 전도의 사명의식을 갖게 한다.
  - 기도와 헌금으로 "보내는 선교사"로서 땅 끝 전도에 동역케 한다.

  (4) **선교세미나**

  연 1회 이상(선교주일택일) 선교세미나를 개최해서 북방선교, 미전도 종족선교, 서남아, 아프리카 선교 등 오지 선교의 현황을 듣게 하여 세계를 품은 선교기도에 동참케 한다.

6. 특별활동

(1) **삼손팀(청소년부 학생) 활동**

- 매주 토요일 오후 3시-6시 인근학교 운동장에 모여 축구, 농구 등의 시합을 통하여 친교, 신체 단련 및 심신의 피로를 풀며
- 경기 후 다과회 및 식사를 통해서 형제의 사랑을 나눔
- 지도교사 1명, 학생 20여 명

(2) **교사 전도사역**

- 교사들이 매주 토요일 오후 1:00 - 3:00 사이에 인근 중·고등학교 운동장을 방문하여 청소년 학생들에게 전도지 배부 및 전도사역
- 새신자부 교사가 주도

(3) **청소년 특별 새벽기도회**

- 매년 3월(신학기 준비), 9월(하기방학으로 개학준비) 년 2회 각 일주일간 청소년 특별 새벽 기도회로 "성령 충만 과 지혜의 사람"을 구함
- 하나님의 지혜
- 믿음의 성장
- 예배의 자세(참예배자)
- 거룩한 삶 (구별된 행동)
- 학업에 열중
- 이웃봉사, 헌신

(4) **여름 수련회**

청소년 여름 수련회를 매년 7월말 삼회리 영화교회 자체 수련회, 또는 외부 의탁 연합수련회를 갖게 하며 조기 결정으로 예약, 프로그램 준비, 장소 및 회비의 결정 등 사전 준비를 철저히 하며 많은 학생들이 참여하도록 한다.

(5) 겨울 수련회

매년 1월초에 삼회리 영화교회 자체 수련회 또는 외부 의탁 연합수련회를 갖게 하며 사전준비를 철저히 하여 찬양과 경배로 영적 성장과 서로 하나 됨이 이루어지도록 한다.

(6) 총동원주일

- 매년 3월말과 9월말 주일을 총동원 주일로 정하고 교회 잘 나오지 않는 학생들, 잃은 양 찾기, 1인당 1인 이상 전도 동반하여 청소년부를 부흥 성장 발전시킴
- 하나님의 지상명령을 깨닫고 몸소 행하므로 실천하는 신앙인이 되게 하며 전도의 열매를 통해서 하나님의 은혜를 경험하게 함.
- 전도 상 시상, 새 신자 및 초신 자 양육으로 집중 관리토록 담당 전도사가 준비한다.

(7) 성경 암송대회

- 매년 6월말과 11월말 주일 연 2회 성경암송대회를 통해서 말씀의 능력을 깨닫게 하며 악한 영이 난무한 힘들고 어려운 시대에 말씀으로 전신갑주를 입혀주며 무기와 방패가 되게 함.
- 완전히 암송한 학생에게 특별상을 시상하여 도전의식을 갖게 함.

(8) 할렐루야의 밤 행사

- 연말 성탄절 전후에 청소년부 주체로 찬양 및 드라마 행사를 갖게 함.
- 행사에 부모, 가족, 친구들을 초청하여 주님의 오심과 부르심을 듣게 하여 구원의 역사가 일어나도록 인도하심을 받게 함.

(9) 긍휼 사역 체험

- 불우 이웃돕기, 소년소녀 가장 돕기, 무의탁노인 방문, 지체 부자유자 요양소 방문, 정신박약자 요양소 등을 매년 1회 이상 방문하여 현장 사역을 실천함으로써 세상을 향해 나아가는 참된 그리스도인으로 성장하도록 기대한다.
- 헌금 및 의류 등 특별 모금 운동으로 학생들이 참여하여 식사준비,

목욕시키기, 청소하기, 찬양 드리기 등을 현장 사역을 통해서 하나님의 은혜와 감사함을 새롭게 깨닫게 함.

(10) 성경통독시상

매주 공과 시간에 각반 교사를 통해 성경 읽기 표 점검 및 독려하며 연말 통독 시상

(11) 교사 오리엔테이션 및 교사 간담회

- 신년 1월초 각반 편성 및 교사 배정 후 오리엔테이션 및 년 중 교육 계획서 확정 및 친교간담회
- 담당 전도사, 팀장, 총무 사전 준비

(12) 교사 대학

- 교사 양성 및 기존 교사 재훈련을 위한 교사 대학 참여
- 1인 1과정 이상 교회학교 성경공부 수강

(13) 교사 및 학생 임원 정기 간담회

매 분기 초에 교사 및 학생 임원과 교회 성장과 발전을 위한 정기 간담회 모임

(14) 청소년 학생 임원회의

매월 초 학생 임원 회의를 통하여 청소년 교회 학교 발전 및 성장을 위한 계획을 토의하고 조직 관리 공동체 운영을 훈련 받게 함.

(15) 수험생을 위한 축복기도회

- 수능시험일 해당 월 1주일 전 새벽기도회시 수험생을 위한 중보기도회
- 수능시험 당일 수험생을 위한 연속기도회를 오전 9:00 - 오후 6:00 까지 4층 교회 본당에서 수험생 가족 및 중보 기도자 와 연속기도회를 하며 오후 5:00이후에는 자율적으로 참여한다.

① 심 방
- 교사, 학생 간 매주 개별전화와 심방으로 출석, 전도를 함
- 평소에 이메일과 인터넷을 총한 특별한 관심표명으로 더욱 친숙해 지도록 노력

- 년 1회 이상 가정 방문심방 또는 만남의 장소에서 일대일 심방으로 학업 및 건강, 가정환경을 점검하고 붕보기도 제목을 나눔
- 가능한 한 매주 개별 전화 시 핸드폰으로 하기보다는 집으로 전화하여 부모 또는 가족과 대화 기회를 갖고 신앙, 가정, 환경 등에 대한 중보기도 제목을 찾음

② 국내외 선교여행
- 년 1회 이상 해외선교지 방문하여 선교현황을 이해
- 또는 국내 선교사 순교지 방문 등으로 순교자의 정신 및 선교의식을 심어준다.

7. 교 육

(1) 새 신자 교육 ; 4명의 전담교사 배치
- 새 신자 교육과 전도 계획 수립 실행 등을 전담
  ; 4주간의 새 신자 교육 후 반 배치
- 1주차 : 교회에 관하여
- 2주차 : 예수그리스도와 구원, 영접
- 3주차 : 예배, 믿음생활(주일성수, 기도, 헌금 등)
- 4주차 : 기초교리, 교회비전, 사명

(2) 반별 성경공부 ; 매주 주일 10:10 ~ 10:50 각 반별로 성경공부
- 각 학년별 책임 선생님이 진행

(3) Q. T. 나눔 ; 희망자에 한해서 담당 교역자가 주 1회 정기적 모임(주일을 제외한 평일)
- 리더 훈련과 core member 육성의 일환으로 장기적인 vision을 가지고 실행
- 13~18 세대를 위한 청소년을 위한 매일성경 Q.T.집을 교제로 사용

(4) 리더자 훈련 ; 현재의 임원들과, 리더자원 개발을 목표로 훈련
- 3개월 과정 12주 프로그램으로 구성
- 1년 2회 상반기 하반기로 나누어서 교육

❖ **새순교회 양육체계도**

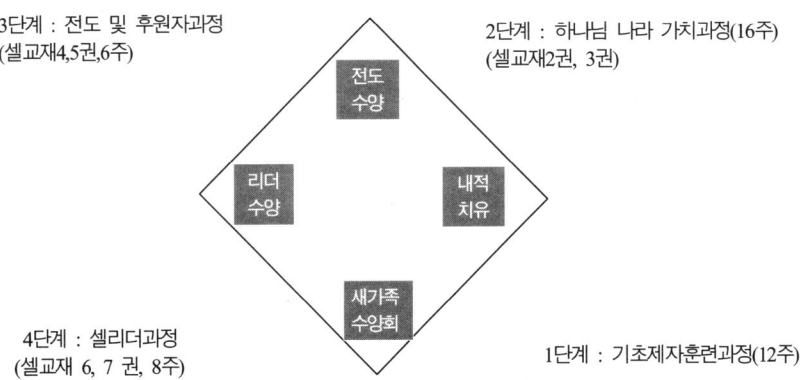

3단계 : 전도 및 후원자과정
(셀교재4,5권,6주)

2단계 : 하나님 나라 가치과정(16주)
(셀교재2권, 3권)

4단계 : 셀리더과정
(셀교재 6, 7 권, 8주)

1단계 : 기초제자훈련과정(12주)

1. 새생명반 (6주)(유일한 구원자 예수그리스도) - 초신자
1. 새가족반 (6주)(그리스도인의 확신과 은사배치) - 기존신자

❖ **새가족반**

새가족반은 새가족 팀에서 운영한다.

1. 새생명반(초신자반)

　　교재 : 유일한 구원자 예수 그리스도,

2. 새가족반(기존신자반)

　　교재 : 그리스도인의 확신.

❖ 1단계 : **기초제자훈련**(12주)

1. 목 적

    기초제자훈련반은 새가족반을 수료한 사람들이 그리스도인으로서 갖추어야
    할 기본적인 신앙의 토대를 마련하기 위한 것이다..

2. 기간, 장소

    기초제자훈련과정은 12주 동안 정해진 시간과 장소에서 실시한다.

3. 교재 : 일대일 제자양육과정(12주) - 두란노서원

    제1주   중심되신 그리스도

    제2주   큐티의 이론과 실제

    제3주   구원의 확신

    제4주   하나님의 성품

    제5주   하나님의 말씀

    제6주   기도

    제7주   교제

    제8주   전도

    제9주   성령충만한 삶

    제10주   시험을 이기는 생활

    제11주   순종하는 그리스도인의 삶

    제12주   사역

4. 도우미 지침

    (1) 기초제자훈련 과정 성경공부가 시작되기 10분전에는 모든 준비를 완료
        한다.

        좌석배치, 칠판준비, 다과준비,

    (2) 매주 참석할 대상자들에게 미리 전화해서 참석여부를 확인하고 불참 시
        에 필요한 조치를 취한다.

    (3) 하절기 동절기에 필요한 냉난방 장치를 가동하여 쾌적한 환경에서 공부
        를 할 수 있도록 한다.

❖ **2단계 : 하나님나라 가치과정** (셀교재 2권, 3권 16주)

1. 목 적

　　1단계 하나님 나라 가치과정은 기초제자훈련과정을 수료한 사람들이 하나님 나라의 가치에 따라 사는 법을 배우고 익히는데 목적이 있다.

2. 기간, 장소

　　하나님 나라 가치과정은 16주동안 정해진 시간에 정해진 장소에서 실시한다.

3. 교재 : 셀교재 2권, 3권 -NCD

　　(1) 2권의 내용

　　　　1주　새로운 삶의 시작환영

　　　　2주　하나님의 음성을 듣는 방법

　　　　3주　그리스도 안에서 자유를 누리기

　　　　4주　그리스도를 주님으로 따르기

　　　　5주　하나님의 말씀 안에서 성장하기

　　(2) 3권의 내용

　　　　1주　당신의 새 가족

　　　　2주　함께 여행해 봅시다.

　　　　3주　낡은 것들

　　　　4주　무엇이 새로운가?

　　　　5주　섬김의 준비

　　　　6주　하나님을 가까이 함

　　　　7주　견고한 진을 다루는 법

　　　　8주　태도를 다루는 법

　　　　9주　영적 전쟁 인간의 영혼을 위한 싸움

　　　　10주　씨름하기

　　　　11주　여행

4. 도우미 지침

　　(1) 하나님 나라 가치과정 성경공부가 시작되기 10분전에는 모든 준비를 완

료한다.

좌석배치, 칠판준비, 다과준비,

(2) 매주 참석할 대상자들에게 미리 전화해서 참석여부를 확인하고 불참 시에 필요한 조치를 취한다.

(3) 하절기 동절기에 필요한 냉난방 장치를 가동하여 쾌적한 환경에서 공부를 할수 있도록 한다.

❖ 3단계 : **전도 및 후원자 과정**(6주)

1. 목 적

3단계 전도 및 후원자 과정은 기초제자훈련과정을 수료한 사람으로 그리스도의 복음을 제시하여 전도하며 전도된 피후원자를 후원할 수 있도록 하는데 그 목적이 있다.

2. 훈련 기간 및 장소

전도 및 후원자 과정은 6주동안 정해진 시간과 장소에서 실시한다.

3. 교 재

전도가이드(셀교재4권), 후원자 가이드(셀교재,5권) - NCD

4. 전도 및 후원자 과정 도우미 지침

하나님 나라 가치과정 도우미 지침을 참고한다.

❖ 4단계 : **셀리더과정**(8주)

1. 목 적

전도 및 후원자 과정을 수료한 자로서 셀리더로서 갖추어야할 기본적인 내용을 배우는 것이다.

2. 기간 및 장소

셀리더 과정은 8주동안 정해진 시간과 장소에서 실시한다.

3. 교재 : 셀인턴 가이드(셀교재6권), 셀리더 가이드(셀교재7권)

제1주 셀교회란 무엇인가

제2주 셀의 내용

제3주 셀에서의 예배

제4주 서로 세워주기

제5주 셀그룹의 생존단계

제6주 셀 생활에서의 복음 전도

제7주 셀 안에서의 리더십

제8주 셀에서의 기도

4. 도우미 지침

하나님 나라 가치 과정 도우미 지침을 참고한다.

❖ **수양회** : 각 수양회는 별도로 준비하여 시행한다.

이상의 과정은 새순교회에 등록하는 모든 교인은 누구나 이수해야할 필수과정이다.

❖ **선택과정**

필수과정 이외에 더 훈련받기를 원하는 교인들을 위해서 다음과 같은 선택과정을 둘 수 있으며, 이외에도 필요한 과정을 개설하여 운영할 수 있다.

1. 하나님을 경험하는 삶

2. 예수님짜리

3. 성경일독학교

4. 큐티 훈련 학교

5. 프리셒트 성경연구반

6. 제자훈련 및 사역자훈련

7. 크로스웨이

8. 베델성서연구 - 성서편

❖ 사후관리

각 단계 및 수양회, 선택과정 사후관리를 위하여

1. 기간 및 장소, 강사 및 참여자 명단, 특이 사항, 수료자 명단, 수료 일시 등을 기록 관리한다.
2. 행정팀에 관련 자료를 이관하여 교적부에 관련내용을 추가한다.

❖ **가 치**

1. 우리는 하나님을 찬양하고 경배하는 일을 가치 있게 여긴다.

2. 우리는 서로를 축복하는 일을 가치 있게 여긴다.

3. 우리는 모든 신자가 함께 성장하는 것을 가치 있게 여긴다.

4. 우리는 모든 신자가 사역하는 것을 가치 있게 여긴다.

5. 우리는 번식하는 것을 가치 있게 여긴다.

❖ **사 명**

우리는 예수그리스도를 통해 하나님 아버지와의 올바른 관계를 맺어 자신의 정체성을 발견하게하고, 더욱 성숙된 신앙생활을 하게하며 더욱 나아가 이웃과 민족이 하나님의 나라의 통치를 받도록 변화의 도구가 되게 한다.

❖ **비 전**

우리는 이 땅에 가정의 정체성을 확립하고 아버지의 진정을 역할을 통해 건강한 가정의 회복을 기대한다.

❖ **전 략**

1. 년 1회 아버지학교 실시한다.

2. 본 교회와 이웃교회의 성도들을 이 교육에 참여케 한다.

❖ **아버지 학교 사역 지침**

목적 : "아버지가 살아야 가정이 산다"는 주제아래 이 땅의 아버지들이 그리스도 안에서 경건한 남성, 가정의 목자, 교회의 지도자로 사명을 잘 감당할수 있도록 격려하며 무너져 가는 이 시대의 가정을 회복시키고 교회와 사회를 건강

하게 하는 영적운동으로, 궁극적으로는 하나님의 나라를 확장해 나가는 것을 목적으로 한다.

❖ 아버지 학교의 전체 흐름

1. 아버지 학교의 핵심은 역동성이다.

   한사람의 역동 ⇒ 테이블 역동 ⇒ 전체의 역동 ⇒가정의 역동 ⇒ 교회의 역동 ⇒ 사회운동으로 확산

2. 한 사람의 역동을 끄집어내기 위하여

   - 성령께서 행하시도록 ⇒ 중보기도, 찬양
   - Staff으로서 사전에 철저하게 준비 ⇒ 전화케어, 영접, 테이블 나눔, 전체 나눔, 예식

3. 진행자 선정 및 준비과정

   - 진행자 선정 : 2개월 전 진행자 선정, 개설팀장 협의
   - 진행자 사전 준비

     진행자의 자세 : 본인의 영적상태 점검, 전적으로 성령을 의지, 겸손할 것.

     스텝 구성 : 찬양팀, 조장팀, 관리팀, 영상팀, 안내팀, 예식팀

     준비기도모임 : 시작 전 최소 4~5쥬(회) 기도한다.

     접수 및 조편성

     진행안 작성

     진행 콘티 작성

   - 진행자 진행 : 테이블 셋팅 및 준비기도

     찬양

     대표기도

     영상물 시청

     아버지 학교 배경설명

     진행자 인사말

     구호제창

조이름, 포스터, 조구호 발표

발표자 선정

전체발표

예식 전 멘트

예식 : 1주 - 애찬식, 2주 - 태우기, 3주 - 촛불예식

　　　　4주 - 성찬식, 5주 - 세족식

마무리

(1) **기혼의 남자 성도들에게 아버지의 영향력**

① 아버지의 남성

② 아버지의 사명

③ 아버지의 영성

④ 아버지와 가정의 커리큘럼을 통하여

⑤ 아버지로서의 사명과 책임이 무엇인지 알게 하고, 가정 천국을 이룰 수 있도록 도운다.

(2) **두란노 아버지 학교의 지원을 받는다.**

① 찬양과 경배팀의 지원을 받아 찬양

② 본 교회와 두란노 아버지학교를 수료한 자원 봉사자의 도움을 받는다.

③ 본 교회 권사회와 여전도회의 도움을 받는다.(식사문제)

❖ **기 타**

각 팀별 사역지침은 '아버지학교' 본부에서 발간하는 별도 책자로 된 사역지침서를 참조할 것

3060.　　　어머니학교팀

❖ 가 치

1. 성격적 여성상을 제시한다.
2. 이 땅의 어머니들이 그리스도 안에서 돕는 배필의 진정한 의미를 깨닫는다.
3. 자녀를 잘 양육한다.
4. 가정을 세운다.
5. 궁극적으로 열국의 어미로서 교회와 사회를 아름답게 세워나간다.

❖ 사 명

참된 자아상과 아내상과 어머니상을 배움과 섬김을 통해 깨닫는 수료자들이 삶을 재결단하고, 나아가서 가정과 교회의 변혁의 주체자로 당당히 서고, 이러한 삶의 변화를 다른 어머니들에게 전파하여 나아가는데 목적이 있다.

❖ 비 전

우리는 이 땅에 가정의 정체성을 확립하고 어머니의 진정을 역할을 통해 건강한 가정의 회복을 기대한다.

❖ 전 략

1. 년 1회 '어머니학교' 과정을 실시한다.
2. 본 교회와 이웃교회의 성도들을 본 교육에 참여케 한다.

❖ 어머니 학교 사역 지침

성경적 여성상을 제시하여 이당의 어머니들이 그리스도 안에서 돕는 배필의 진정한 의미를 깨닫고 자녀들을 잘 양육하여 가정을 세우며 궁극적으로 교회를 부흥시키며 사회를 변화시키는 역할을 감당하도록 격려한다.

❖ 사역내용

1. 사역팀 구성 : '사역기술서' 참조

2. 사역내용

   (1) 5주간 진행

   (2) 찬양, 조별나눔, 주제강의. 식사, 간증, 예식 등 매회 5시간 소요

3. 강의주제 : 1주차 : 성경적 여성상의 회복

   　　　　　 2주차 : 아내로서의 사명

   　　　　　 3주차 : 어머니의 영향력

   　　　　　 4주차 : 기도하는 어머니

   　　　　　 5주차 : 십자가와 사명

4. 사역의 진행절차

   (1) 일정이 정해지면 스탭과 지원자 모집을 공고해서 신청자 접수

   (2) 시작 3주전부터 스탭이 모여서 기도회로 준비 (총 기도회 8회)

   　- 기도회는 보통 3시간 이내 (어머니학교 지침서, 언어)

   　- 스탭은 어머니학교 수료자만 가능

   (3) 교육 시작 1주전에 조편성, 각조의 조장이 조원들에게 전화 심방

   (4) 사역 5주간 동안 스탭은 시작 1시간 전에 모여서 기도하고, 매주 일정에 맞춰 각 직임대로 준비하여 지원자들을 맞이하고, 최선을 다해 부드럽고 따뜻함으로 섬긴다.

   (5) 마지막 5주차에는 비신자, 믿은이 연약한 지체가 십자가의 의미를 깨달아 예수 그리스도를 영접할 수 있도록 돕는다.

5. 어머니학교 진행일정 및 준비사항 : 유첨

❖ 어머니 학교의 진행 일정 ❖

시 간	진 행 사 항	담 당	준 비 사 항
	1주차 진행안		
	첫 번째 만남. 성경적여성상의 회복		
9:00 ~9:30	테이블 셋팅과 준비사항 점검	스텝 모두	향기: 물병의 물(녹차 넣어서) 준비
9:30~9:50	기도모임 & 등록접수 및 안내	등록접수:2명 안내 : 편지팀	향기: 자기조 파일점검(이름표, 자존감테스트, 빨간하트) 과제물: 편지지, 봉투, 라이프스토리
9:50~10:20	찬양 대표기도	비파와 수금	OHP. 빈프로젝트 편지팀: 뒤에서 함께 찬양
10:20~10:30	환영인사 어머니학교 배경과 스텝 소개 축복송	진행자 스텝 모두	스텝소개시 자기 자리에 서 계세요. 햇살 가득한 이 아침에
10:30~12:00	주제강의(성경적 여성상의 회복)		편지팀: 강사물잔, 향가~ 멘트에따라 교재배부
12:00~12:30	조별 나눔과 발표	향기를 중심으로	내 성격중 마음에 안드는 것은?
12:30~1:10	저녁식사	편지	
1:10~1:30	찬양과 율동	비파와 수금	편지팀: 율동 도우미 율동: 주의 자비가 내려와
1:30~2:10	자존감 테스트		자존감 테스트 용지
2:10~2:40	나눔과 발표	향기, 진행자	1. 내아버지는 내 자존감에 어떤 영향을 끼쳤나? 2. 나는 어디에 소망을 두고 살고 있나?
2:40~2:50	간증(스텝)		
2:50~3:00	가시나무 연극(용서)	맡은이	마지막 발표후 조명꺼줌 앞켜고 가시나무 연주 후 연극 등장
3:00~3:25	태우기 예식	진행자	편지: 화로 집게 앞 가운데. 뒤 가운데. 향기:조용히 묵상때 하트지 배부.
3:25~3:30	광고, 숙제.환송	진행자.스텝 모두	조별사진 촬영
숙 제	1. 아버지께 편지쓰기 2. Life Story	1. 출석부, 조 회일에 제출 2. 편지쓰기 향기 발송 3. Life Story	
마무리	1. 테이블 정리 : 향기 2. 물품 정리 : 편지 3. 강의실 정리 : 스텝 모두		

2주차 진행안			
두 번째 만남 주 제 : 아내의 사명			
시 간	진 행 사 항	담 당	준 비 사 항
09:00-	테이블 셋팅과 준비사항 점검	스텝 모두	향기: 물병의 물(녹차 넣어서) 준비
09:00-09:30	기도모임 & 안내	안내 : 편지팀	향기: 자기조 파일점검 (출석부. 이름표, 남편에게 편지쓰기. 자녀가 사랑스런 20가지. 봉투)
09:50-10:10	찬양	비파와 수금	OHP.빈프로잭트 편지팀: 뒤에서 함께 찬양
10:10-10:20	대표기도 환영인사 축복의 말	진행자	주님 제가 어머니입니다.
10:20-10:30	영상		"아버지란 누구인가"
10:30-11:30	조별 나눔과 발표	향기 중심	과제 나눔(아버지께 편지쓰기 라이프 스토리)
11:30-1:00	주제강의	문경자	아내로서의 사명
1:00-1:40	점심식사		
1:40-2:00	찬양과 율동	비파와 수금	편지팀: 율동 도우미 2명 아름다운 마음들이 모여서
2:00-2:40	허그와 성격강의		편지팀: 허깅모델4명
2:40-3:10	나눔과 발표	향기 중심	"내가 가장 힘들어 하는 남편의 단점"
3:10-3:30	애찬식	진행자	편지팀: 조 나눔시 셋팅확인 양초.손전등준비
3:10-	광고, 숙제설명 환송	진행자 스텝 모두	
숙 제	1.남편에게편지쓰기 2.자녀가 사랑스러운이유20가지	1.아버지께 편지쓰기는 향기가 발송 라이프 스토리는 향기가 보관 지원자 화일에	
마무리	1. 테이블 정리 : 향기 2. 물품 정리 : 편지 3. 강의실 정리 : 스텝 모두		

3주차 진행안				
세 번째 만남 주 제 : 어머니의 영향력				
시 간	진 행 사 항	담 당	준 비 사 항	
09:00-09:20	테이블 셋팅과 준비사항 점검	스텝 모두	향기: 물병의 물(녹차 넣어서) 준비	
09:20-09:55	기도모임 & 안내	안내 : 편지팀	향기: 자기조 파일점검 (출석부.이름표,편지지.간증문 용지..)	
09:55-10:20	찬양	비파와 수금	OHP.빈프로잭트 편지팀: 뒤에서 함께 찬양	
10:20-10:30	대표기도 환영인사 축복의 말	진행자	오늘당신을 만난사람은 행복할거에요.	
10:30-10:40	영상		"달려라 장부장"	
10:40-11:10	조별 나눔과 발표	향기중심으로	남편에게 편지쓰지. 자녀, 남편이 사랑스런운 이유20가지	
11:10-12:40	주제강의		어머니의 영향력	
12:40-13:20	점심식사	편지	식사찬양.조별사진 촬영	
13:20-13:35	찬양과 율동	비파와 수금	편지팀: 율동 도우미 4명 너의 하나님 여호와가	
13:35-14:05	생일 및 결혼파티.	진행자	편지팀 : 케익. 화관준비.	
14:05-14:45	나눔과 발표 전체 발표	향기 중심 진행자	"내 어머니는 어떤 어머니이었으며 나는 어떤 어머니인가?"	
14:45-15:025	촛불예식.	진행자 어시스트	조별로 예식실로 이동 편지팀: 양초. 하트지 준비.	
15:25-	광고, 숙제설명 환송	진행자 스텝 모두		

숙 제	1.어머니께 편지쓰기
	2.자녀들이 듣기 싫은말.
	  듣고 싶은 말 5가지체크
		1.남편에게 편지쓰기는 향기가 발송
		2. 자녀, 남편이 사랑스러운이유. 향기가 보관 지원자
		  화 일에		

마무리	1. 테이블 정리 : 향기(테이블보는 향기 세탁) 2. 물품 정리 : 편지 3. 강의실 정리 : 스텝 모두			

4주차 진행안

네번째 만남 주 제 :기도하는 어머니.

시 간	진 행 사 항	담 당	준 비 사 항
09:00-09:20	테이블 셋팅과 준비사항 점검	스텝 모두	향기: 물병의 물(녹차 넣어서) 준비
09:20-09:55	기도모임 & 안내	안내:편지팀	향기: 자기조 파일점검 (출석부.이름표,설문지. 스텝 지원서 후원 약정서. 파일에 있는지 확인.
09:55-10:20	찬양	비파와 수금	OHP.빈프로잭트 편지팀: 뒤에서 함께 찬양
10:20-10:30	대표기도 환영인사 축복의 말	진행자	주님 제가 어머니입니다.
10:30-11:30	조별나눔과 발표	향기 중심	어머님께 편지쓰기. 남편과 자녀발 씻기기.
11:30-13:00	주제강의		주제: 기도하는 어머니
13:00-13:40	점심식(7)	편지팀	
13:40-14:00	찬양과 율동	비파와 수금	감사함으로..(율동찬양.)
14:00-14:20	사모님.임산부축복의시간		
14:20-14:50	조별나눔		나는 내 자녀를 위해 어떻게 기도했나
14:50-15:30	세수식과 중보기도		
15:30-	과제물	진행자	1.자녀의 발씻기기. 2.간증문써오기.

5주차 진행안			
다섯 번째 만남 : 십자가와 사명			
시 간	진 행 사 항	담 당	준 비 사 항
09:00~09:20	테이블 셋팅과 준비사항 점검	스텝 모두	향기: 물병의 물(녹차 넣어서) 준비
09:20~09:55	기도모임 & 안내	안내:편지팀	향기: 자기조 파일점검 (출석부.이름표,편지지.간증문 용지..)
09:55~10:10	찬양	비파와 수금	OHP.빈프로젝트 편지팀: 뒤에서 함께 찬양
10:1~10:20	대표기도 환영인사 축복의 말	진행자	오늘당신을 만난사람은 행복할거에요.
10:20~11:00	조별 나눔과 발표	향기중심으로	자녀의 발씻기기
11:00~12:30	주제강의 및 콜링		십자가와 사명
12:30~13:30	점심식사	편지	팀복갈아입기.설문지 작성
13:30~13:50	찬양과 율동	비파와 수금	사랑의 주님이
13:50~14:50	나눔과 발표 전체 발표		간증문
14:50~15:30	수료식과파송식		
15:30	광고, 환송	진행자 스텝 모두	스탭지원서. 후원약정서
마무리	1. 테이블 정리 : 향기 2. 물품 정리 : 편지 3. 강의실 정리 : 스텝 모두		

1. 향기팀장의 역할

   (1) 4~5개조의 향기 중 1명의 팀장을 세운다.

   (2) 각조의 향기가 일주일 안에 2번 지원자에게 통화하도록 격려한다.

2. 향기의 역할 : 전화 심방 시 확인내용

   (1) 환영 격려의 내용

   (2) 명단의 내용을 조심스럽게 확인

(3) 장소를 알고 있는지 확인 안내

(4) 전화심방이 2회이루어진후 문자심방을 한다.

3. 향기테이블에서의 역할

(1) 사랑의분위기 리드자의역할

(2) 지원자의 스스로의 모습으로 돌아가 돕는 역할

(3) 온화한 조정자의 역할

(4) 주제 발표 시 토의진행의 촉진자 역할

4. 비파와 수금 팀의 역할

비파와 수금 팀은 5주간의 기간 동안 예배 강의 성찬식 예찬식 등 모든 프로그램 시 필요에 따라 운영책임을 맡는다.

(1) **1주차의 흐름**

첫 시간을 기대하고 온 지원자들의 마음을 평안하게해주고 부드러운 분위기를 연출한다.

(2) **2주차의 흐름**

지원자들이 자기 성찰을 할 수 있고 내면의 아픔을 내어놓도록 고백적인 찬양을 많이 부른다.

(3) **3주차의 흐름**

그동안 여성으로서 아내로, 회복된 지원자들의 억눌린 마음을 찬양으로 마음껏 외치며 소리 높여 기쁨을 표현하도록 한다.

(4) **4주차의 5주차 흐름**

사랑의 고백과 헌신과 순종의 고백을 찬양으로 할 수 있도록 인도한다.

5. 편지팀장

프로그램의 과정과 흐름에 대해서 팀장만 알지 말고 몯든 팀원들이 알고 책임감을 갖고 섬길 수 있도록 프로그램의 정확한 시간표와 준비물을 알려준다.

6. 편지팀

편지 팀은 5주차가 진행되는 동안 필요한 인원을 적재적소에 배치하고 적시에 활용하기위해 관리함으로서 지원자 어머니와 진행팀 비파와 수금팀 향기팀을 도와서 각 프로그램이 순조롭게 진행되도록 한다.

▍편지 팀의 일정

   1. 기도 모임

   2. 준비 모임

   3. 점심 식사준비

   4. 환송 및 정리

성경일독학교팀

❖ 가 치

우리가 갖고 있는 기본사상이나 학교에서 배운 정보, 일반상식으로는 도저히 이해가 안되는 성경의 내용(창조, 선악과, 부활, 승천, 재림 등)이 스스로 이해되도록 돕고, 성경의 흐름과 구속사적 의미를 잘 이해하고, 하나님을 진정한 왕으로 인정하여 하나님의 백성으로 살게 한다.

❖ 사 명

우리는 종교 다원주의, 포스트 모더니즘 같이 잘못된 신관이 팽배한 이 시대에서 하나님만이 절대자라는 사실을 확신하고 세상 속에서 진정한 그리스도의 군사가 되어 이 땅에 하나님의 나라를 확장한다.

❖ 비 전

성경일독학교를 수료한 성도들이 건강한 그리스도인으로 성장하여 각자의 은사대로 하나님의 사역에 헌신하는 도구로 쓰임 받는데 있다.

❖ 전 략

1. 성경일독학교를 통해 복음을 이해하고 계속적인 양육의 프로그램에 참여케 한다.
2. 본 과정 수료자들은 성지순례를 행하도록 한다.

❖ 사역내용

1. 성경의 시대적 배경, 문화, 지리 등 배경지식을 배우고 한 주간 배부된 읽기표에 따라 성경 읽기

2. 각 조별로 조장을 세워 조별로 조원을 격려 운영 지도

3. 수강기간 및 내용 : 상반기(구약), 하반기(신약) 각 16주

4. 시간 : 오전반(10~13시), 오후반(19:30~22:30)

5. 상, 하반기 전체과정 수료자에 대한 성지순례 계획

❖ **강의진행 절차 및 준비사항** : 유첨

❖ **교육진행자 및 봉사자 조직 및 직무** : 사역기술서 참조

성경일독학교 진행절차 및 준비사항 (오전반)

· **일 시** :

· **장 소** : 제2교육관 유년부실

· **시 간** : 08:30 ~ 13:00

시 간	진행사항	담 당	준 비 사 항
8:30~9:30	찬양 연습	찬양팀	악보준비 (영상 담당자와 미리 상의), 마이크 점검
	테이블 세팅	행정팀의 스텝	강단 세팅, 화장지, 사탕바구니, 조팻말
	커피 테이블 세팅	홍보팀	커피, 녹차, 물보충
9:30~10:00	조장 기도모임	팀장	
	준비사항 점검	행정팀	출석부, 명찰, 강의안
10:00~10:20	찬양	찬양팀, 영상팀	영상담당은 찬양팀장의 싸인에 맞춘다
10:20~10:25	대표기도	조장	매주 조장이 순번을 정해서 멘트 없이 마지막 찬양후에
10:25~12:00	강의 I	최인숙 전도사	강의 계획안에 준하여~
12:00~12:15	간식	행정팀, 조장	김밥, 과일 or 떡 등 (준비된 간식 조장들이 나와서 가져감)
12:15~13:00	강의 II	최인숙 전도사	영상담당은 강의자의 강의에 맞추어 강의자의 싸인에 따라 영상준비
13:00~	광고, 숙제/환송	팀장	환송시 전스텝 나와서 환송
비 고	· 조장들 모여 기도회로 마무리 (간단히) · 오후반 위해 테이블 세팅 조정		

성경일독학교 진행절차 및 준비사항 (오후반)

· **일 시** :
· **장 소** : 제2교육관 유년부실
· **시 간** : 19:00 ~ 22:30

시 간	진 행사 항	담 당	준 비 사 항
19:00~19:30	테이블 세팅 커피 테이블 세팅	행정팀	오전반 테이블에서 미비된것 보충 (사탕, 화장지...)
	조장 기도모임	팀장	
	준비사항 점검	행정팀	강의안, 출석부, 명찰은 각 조장이 점검
	간식		학생 출석체크하며 입구에서 배부
19:30~19:50	찬양	찬양팀, 영상팀	영상담당은 찬양팀장의 싸인에 맞춘다.
	대표기도	조장	마지막 찬양 후 멘트없이
19:50~21:30	강의 I	최인숙 전도사	강의 계획안에 준하여~
21:30~21:45	휴식시간	행정팀	커피 테이블 점검
21:45~22:30	강의 II	최인숙 전도사	영상담당은 미리 준비 된 영상을 강의자의 강의에 맞춰 강의자의 싸인에 따라 영상준비
22:30~	광고, 숙제/환송	팀장	환송 시 전스텝 나와서 환송
비 고	· 조원 환송 후 테이블 원 위치로 배치 · 쓰레기 분리수거 후 배출 · 물품 5층으로 이동 · 조장 모여서 기도회로 마무리 (수고하셨습니다~^^)		

3080.　　　　　　　　왕의 잔치팀

❖ 가 치

1. 그리스도인들을 주 예수 그리스도와 보다 가까이, 보다 친밀하게 하고자 한다.

2. 그리스도인들의 생활환경 속에서 지도자적 자질과 사도적인 능력을 함양한다.

3. 하나님의 자녀인 그리스도인들이 왕의 자녀임을 이해하고, 이 땅에 섬기러 오신 주님을 이해하고 참된 그리스도의 제자가 되어 하나님의 나라를 실현한다.

❖ 사 명

1. 참가자들은 예수 그리스도의 은혜에 깊이 잠기고 나아가 제자로서의 삶과 순종의 결단을 할 수 있도록 한다.

2. 봉사자는 참가자가 보다 예수 그리스도를 깊이 만날 수 있도록 모든 사항들을 위해 기도하고 준비하는 봉사자의 프로그램으로 이루어진다.

3. 세상 속에서 예수 그리스도의 철저한 제자가 되어 섬김의 삶을 산다.

❖ 비 전

우리는 전 성도가 하나님의 자녀로서의 영혼구원의 열정을 품으신 주님의 심정을 헤아려 복음전도에 힘쓴다.

❖ 전 략

1. 왕의 잔치는 3일동안 [세상 → 회개 → 회복과 헌신 → 파송]의 주제 속에 진행된다.

2. 1년에 1~2차례 운영하여 각종 교회프로그램과 연계하여 그리스도의 사랑을 체험하고 또한 섬김의 삶을 살게 한다.

❖ **영적흐름** (T.D 정규코스 기준)

1. 준비의 날 : 내 가운데 있는 불신의 옷을 벗고, 세상과의 단절을 선포하며 나를 위해 치르신 그리스도의 희생을 침묵으로 묵상한다.

2. 첫째날 : 지금까지 삶 속에서 하나님과 나의 관계를 돌아보고, 지난 세월 나를 지배했던 모든 죄악을 십자가에 못박으며 깊은 회개의 밤을 보내게 된다.

3. 둘째날 : 모든 죄악에서의 해방과 풀림은 우리 몸과 영혼을 자유케 하고 앞으로의 삶을 주님께 드리는 현신의 축복 가운데로 나아가게 한다.

4. 셋째날 : 예수 그리스도의 복음을 땅 끝까지 전하는 그리스도의 사도로서 3박4일의 은혜를 품고 떠나왔던 세상으로 다시 보냄을 받는다.

❖ **월드비전교회의 '왕의잔치'의 특징 (정규 프로그램에서 약간 변형 및 축약)**

1. 날짜를 단축하여 2박3일로 단축해서 실시하기로 했으며, 그 이유는,

    (1) 원칙대로 3박4일로 실시할 경우 참가자와 봉사자 숫자가 너무 적음

    (2) 장식품, 선물, 진행자 등 사전 준비사항이 너무 방대하여 인원 / 시간 / 예산의 제약이 많음

    (3) 외부에서 초빙해야 하는 전문 진행요원들의 스케줄이 바빠서 우리가 진행하려는 날짜에 맞추기 어려운 현실임을 감안하여, 우리 교회 자체적인 프로그램과 우리 인원으로 진행하기 위함.

2. 진행 원칙

    (1) **인 원**

        ① 교육참가자 목표 인원 : 약40명,

        ② 봉사자 목표인원 : 약50명

    (2) **핵심 프로그램만 진행**

        기존의 강의(로요) 숫자 약 15개를 5개로 축소하며, 추상적이고 개념적인 강의내용보다는 우리 교회가 지향하는 "가정목회자, 사회선교사, 교회봉사자"에 맞도록 실질적인 강의내용으로 구성.

    (3) 각종 장식 / 선물을 최소화하고, 편지 / 가족상봉 등은 취소 → 봉사자 인원 및

예산 절감 효과

(4) 봉사인원 최소화 (기존행사 60여 명 → 45명 이내로)

　- 가이드, 중보기도팀 등 간접인원 생략

　- 식탁 / 의자 가벼운 것으로 교체

(5) 전체예산을 축소하여 교육참가비 최소화 및 교회 재정지원금 최소화

(6) 교육 분위기를 자유롭고 여유롭게 변경 (강의실 바깥 출입 허용 및 강의실 창문 개방)

(7) 휴대폰 허용하되 진동으로

(8) 축약된 프로그램으로 '왕의 잔치'를 진행할 경우, 외부의 T.D. 전문진행자를 초빙하기가 어려워지며, 우리 교회의 '왕의잔치'를 이수했다고 하더라도 다른 T.D. 코스에서는 '뻬스카도르'로 인정 받을 수 없으므로, 우리 교회에서 자체적으로 진행하는 독립적 양육 프로그램으로 인식해야 함.

❖ 사역의 진행절차

1. 일정이 정해지면 봉사자와 지원자 모집을 주보에 공고해서 신청자 접수

　- 봉사자는 '왕의잔치' 수료자만 가능

2. 시작 3개월전부터 주1회 봉사자가 모여서 기도회 겸 준비사항 점검 모임 개최

　- Song 팀 중 일부도 참석하여 '왕의잔치'에서 주로 부르는 찬양곡과 율동을 함께 연습

　- '왕의 잔치' 진행요령 및 봉사자 수칙 설명

　- 각 팀별 준비사항 점검 (주로 장식부/선물부/시설부/구매사항 등)

3. 중보기도회 진행

4. 행사 시작 1주전에 참가자 조편성, 각조의 조장이 조원들에게 전화 심방

5. 행사 당일 봉사자들은 오전에 미리 행사장으로 이동하여 각 부서별 사전 준비 및 점검

6. 참석자들이 행사장에 도착하면 반갑게 맞이하고, 정성껏 부드럽고 따뜻함으로 섬긴다.

7. 행사 기간 중에는 모든 프로그램에 맞춰서 신속하고도 철저히 사전 준비를 한다.

❖ 왕의잔치 봉사자의 기본자세

1. 봉사자 회비를 기쁜 마음으로 자진 납부한다.
2. 자기의 봉사부서를 확인하고 부서장에게 인사(신고)한다.
3. 간편한 복장을 갖추고 장식부에서 명찰을 제작하여 부착한다.
4. 모든 프로그램을 숙지하고 다음 프로그램에 대처한다.
5. 자기 부서의 구역에서 떨어져 있지 않도록 한다.
6. 충분한 수면을 취하도록 절제하며 최선을 다한다.
7. 자신의 일에 감사함으로 자부심을 가져야 한다. 그러나 내가 가장 힘든 일을 한다고 남에게 말하지 않는다.
8. 언어에 항상 유의하며 남에게 들은 이야기를 자기 선에서 차단하고 전달하지 않는다.
9. 가이드, 식사 후 기도회, 전체찬양 및 자원봉사자 회의에 꼭 참석한다.
10. 식사시간에 음성을 높이지 않도록 주의하며, 주방봉사자 외에는 배식구에 있지 않도록 한다.
11. 지속적으로 한 부서에서 3회를 봉사하도록 노력한다.
12. Full 봉사자와 Part 봉사자 간에 걸림이 되지 않도록 서로 유의한다.

❖ 캔디데이트(후보자, 참가자)에 대한 봉사자의 자세

1. 후보자는 나의 왕이다.
2. 이동 시 뛰지 말고 마주칠 때는 후보자가 지나갈 때까지 그 자리에 서 있는다.
3. 후보자에게 불필요한 말을 하지 않도록 한다.
4. 자신이 추천한 후보자나 안면이 있는 후보자와의 접촉을 의도적으로 피해야 한다.
5. 후보자들의 간식 / 휴식시간에는 로비를 지나치거나 로비에 있거나 함께 간

식을 먹지 않는다.

6. 후보자에게 자신이 하는 일을 노출시키지 않도록 주의한다.

7. 후보자에게 자기를 표현하려는 언행과 행동을 하지 않는다. (특히 전체찬양, 터치 중)

8. 자기와 관련된 후보자의 이름을 기억하고 기도하며 사랑의 편지 작성에 최선을 다한다.

9. 항상 웃음이 보이는 환한 그리고 기쁜 모습으로 후보자를 대한다.

10. 복장은 항상 단정히 (신발은 운동화 등 소리가 나지 않는 것으로) 하여 후보자와 자원봉사자가 표시가 안 날 정도로 해야 한다.

❖ 봉사자의 십계명 (모든 봉사자)

1. 항상 기도합니다.

2. 은혜로운 언어를 사용합니다. (서로 인격을 존중하며 예의범절을 벗어난 언어를 하지 맙시다.

3. 서로를 판단하지 않습니다. (다른 봉사자의 허물을 지적하여 판단하는 일은 삼갑시다.

4. 몸으로 성실하게 봉사합니다. (말로 일하지 말고 마음과 눈으로 신속한 행동으로 봉사하고 최선을 다합시다.

5. 서로 서로 사랑을 나타내기를 갈망합니다.

6. 순종합니다.

   진행자(렉터, 총무, 전령, 부서장)의 지시에 순종하고 행사진행에 대하여 잘, 잘못을 판단하지 맙시다.

7. 모든 프로그램에 적극적으로 참여합니다.

8. 소속된 부서의 일을 감당할 수 있는 능력을 키우고 긍지를 가집시다.

9. 항상 즐거운 마음과 부드러운 인상을 이웃에게 나타냅니다.

10. 교만함을 철저하게 버립니다.

❖ 진행자 수칙

(렉터, 진행국장 부진행자, 찬양부장, 주방장, 장식부장, 간식부장)

1. 프로그램을 철저히 이해한다.
2. 자신감을 갖는다.
3. 프로그램에 긍정적인 태도를 갖는다.
4. 모든 사람에게 소망을 준다.
5. 프로그램 설명 시 연관되는 프로그램을 먼저 설명하고 세부적인 것을 상세히 설명한다.
6. 말이 억양에 관심을 갖는다.
7. 나의 말이 사람을 실족시키지 않도록 유의한다.
8. 자기 노출을 하지 않는다.
9. 어떤 감정이나 효과를 직접적으로 강요하지 않는다.
10. 사회할 요점을 반드시 기록(메모)한다.
11. 모든 사람에게 따뜻한 분위글 유지하여야 한다.

❖ 부서장의 수칙

1. 자기 부서의 부원들의 인원과 명단을 확인하여 기억한다.
2. 모든 일의 시작할 때와 끝맺을 때 부원들과 기도한다.
3. 부원들에게 프로그램의 진행순서와 일정을 교육한다.
4. 해야 할 일들을 순서적으로 교육한다.
5. 부원들에게 본이 되는 행동과 말로서 본분을 다하며, 모든 부원들이 기쁨으로 봉사하도록 솔선수범한다.
6. 사랑으로 부원들을 존중하며 그리스도를 섬기듯 섬기며 화목하게 이끌고 나간다.
7. 하나님 앞에서 하는 일이므로 임의적으로 행하거나, 지시하거나, 행세하지 않도록 한다.
8. 일을 하다가 힘이 들더라도 하나님의 도구로 써 주심을 감사한다.
9. 다른 부서의 부원들에 대하여 관여하지 않도록 주의한다.

10. 다른 부서의 도움이 요구될 때 부서장들과 협조한다.

11. 부서장은 진행국에서 주관하는 행사 전 및 행사 중의 회의와 교육에 참석한다.

12. 부서장은 다음의 부서장을 선정하고 충분한 교육과 이해를 돕는다.

13. 부서장은 자기 부서의 봉사자를 확보하고 계속 기도하고 지속적으로 연락하여 유대관계를 유지한다.

14. 부서장은 사용해야 할 물품을 점검하고 재고정리를 한 뒤 물품대장에 기록 유지한다.

15. 부서장은 다음 기에 필요한 물품의 구입과 청구를 진행국에 요청하고 물품 구입을 돕는다.

   * 부서장은 왕의 잔치의 주인의식을 가지고 절약하고 헌신하며 왕의 잔치의 사명을 감당할 자임을 인식하고 다음의 진행자가 되기 위한 기초임을 알아야 한다.

❖ **부서별 임무 및 역할** (2박3일 행사 기준)

1. 설치부

   (1) **목적 및 역할**

   참가자의 마음을 열고 은혜 받기 위한 모든 프로그램의 준비사항을 미리 설치하여 프로그램 진행상 차질을 배제하고 보이지 않는 곳에서의 수고와 정성을 보여주어 빼스까도르의 삶을 암시해 준다.

   (2) **임 무**

   식당, 토요실(강의실), 로비, 회의실 등의 설치 및 장식을 담당한다.

   (3) **유의사항**

   ① 식당의 벽 부착 장치물은 장식부와 협의하여 부착하도록 한다.

   ②식당 천정의 무지개 장식은 사전 렉터나 보조렉터와 상의한다.

   ③ 식당 커텐은 열지 않으며, 식탁 및 의자를 억지로 밀지 말고 소리가 나지 않도록 주의한다.

   ④모든 봉사자(팀멤버)가 피곤하므로 서로 서로를 격려한다.

⑤ Chief는 전체 프로그램 진행사항을 점검하고 다음 장소의 준비를 위해 시설배치 인원을 사전에 계획하여 진행에 차질이 없도록 한다.

⑥ 인원이 추가로 필요시 총무에게 요청한다.

⑦ Chief는 어려운 여건임을 봉사자에게 인식시켜주고 마칠 때는 꼭 기도로 마무리 한다.

⑧ Part Time으로 온 봉사자와 마찰이 없도록 주의한다.

(4) 준비할 범위

① 예비일 및 첫째날

    (가) 환영현수막 부착

    (나) 안내판 설치(길목마다)

    (다) 로비에 간식대 및 등록대 설치

    (라) 로요룸, 탁자 및 의자 이동(등록인원 파악 후 의자 배치)

    (마) 오리엔테이션 실 준비(의자배치)

    (바) 예배실 탁자와 의자 이동

    (사) 식당 식탁 및 배식대 설치

② 둘째날

    (가) 세족식 의자 배치, 대야 및 물통준비, 수건 담을 비닐, 바닥 닦을 걸레 준비(대야 냄새나지 않도록 세척, 물은 기온에 맞게 냉온수 조절)

    (나) 예배실 나무십자가 준비 (못, 망치는 예배부에서 준비 - 수양관 협조)

    (다) 소각을 위한 준비

    (라) 아가페 식탁 배치 및 양초 준비

    (마) 매 식사 시 계획된 모양에 따라 식탁 배치

③ 셋째날

    (가) 수료식 의자 배치

    (나) 식당 식탁 배치

    (다) 설치물 철거 및 마무리 청소

(5) 설치부 준비물

① 무지개 테이프 (종이 또는 천 코팅제, 각 색깔별로 2롤)

② 색깔 압정 (긴 것)

③ 각종 테이프 (스카치 10개, 청테이프 10개), 스카치 테이프 절단통

④ 칼, 가위 각 2개

⑤ 고무풍선 (무지개 색깔 150개), 펌프, 묶을 실

⑥ 통나무 십자가 (죄기록 용지 못 박을 용도)

⑦ 아가페용 양초 (빨강초, 초받침, 성냥, 후라쉬, 성격책, 흰초 100개 정도)

⑧ De Colores 가사 큰 것 5장 (식당벽, 강의실벽, 1층입구 등등 곳곳에 부착

(6) 설치부 장식 구성

구분	식탁 모양	주제	식탁위 선물	색갈	장식물	비고
첫째날 저녁	W	환영	옷핀	빨강	Decolores 가사	
둘째날 아침	G	은혜	스티커	주황		
" 점심	닻	그리스도	닻고리	초록		
" 저녁	십자가	십자가	십자가목걸이	파랑	나무십자가, 축복송	No joke
" 아가페	하트	사랑	스티커	남색	아가페장식, 풍선	
셋째날 아침	원	하나됨		보라색		

2. 주방부

(1) 목적 및 역할

참가자에게 음식을 써브하여 식사시간에 그들의 불편을 덜어주고 필요하다고 생각될 때 그들의 마음을 미리 읽어 마치 종이 왕을 섬기는 것과 같이 종으로서의 본분을 다함은 물론 3일 동안 잊혀지지 않는 기억들이 이 곳에 있다는 것에 자부심을 가진다.

(2) **임무 및 유의사항**

① 용모를 단정히 한다.

② 총 식사인원을 확인하고 식사인원을 주방에 통보

③ 시설측 주방 책임자와 긴밀한 협조체제를 유지하고 식사메뉴르르 주방책임자와 상의하여 진행측 요구에 만족하도록 한다.

④ 배식인원을 형제와 자매간의 인우너을 적절히 안배하여 배치하고, 자매 팀멤버의 지원을 각 Chief과 협의하여 배식에 차질이 없도록 한다.

⑤ 후보자가 불편하지 않도록 신속하게 서브한다.

⑥ 너무 부산스럽게 움직여 후보자에게 불안감을 주지 않도록 한다.

⑦ 후보자가 식사할 동안 2-3명은 부족한 반찬을 서브하고 서브가 끝난 후 식사한다.

⑧ 식당 봉사자는 식사할 때는 주방복장을 벗고 식사한다.

⑨ 후보자가 식사를 마치고 모두 올라간 것을 확인한 후에 식탁 정리를 한다.

⑩ 식기 세척과 식탁 정리는 모두 협조하여 실시한다.

⑪ 주방부와 설치부는 한 식구로 일하도록 긴밀하게 협조한다.

⑫ 식당 직원과의 대화 창구는 Chief에게 일임한다.

⑬ 주방장은 메뉴 설명 시 사전 메모하여 간단명료하게 설명한다.

⑭ 식당 바닥은 항상 깨끗이 닦고, 실내에 냄새가 나지 않도록 환기시킨다.

⑮ 식사 한 시간 전부터 냉, 난방을 가동시킨다.

⑯ 식사는 즐겁고, 맛있게!!

(3) **주방부 준비물 (주부식 외)**

① 앞치마와 모자(각 15조)

② 성찬잔, 떡, 포도쥬스(성찬식 때 사용, 간식부와 협조)

③ 일회용 컵과 쟁반 100개 (아가페 시간에 사용, 간식부와 협조)

④ 식빵 및 포도쥬스 (아가페 시간에 사용, 간식부와 협조)

⑤ 생일 케익, 생일 축하모자 (케익은 간식부와, 모자는 장식부와 협조)

⑥ 배식대, 비닐보 2개

⑦ 축복송(큰 것 2매, 식탁용 60매, 장식부와 협조)

⑧ 티슈 및 이쑤시개

3. 장식부

(1) **목적 및 역할** : 아름다운 장식으로 후보자로 하여금 그들에게 팀멤버의 정성과 각가지 다른 형태의 색깔의 사랑을 발견하게 하며 그들의 마음을 열어놓을 수 있는 역할을 담당한다.

(2) **임무 및 유의사항**

① 모든 장식은 아름답게 하고 색깔은 산뜻하게 한다.

② 첫날 보다 점점 장식의 변화를 주고 아름다움을 준다.

③ 후보자가 보기에 과소비성이 되는 장식이 되지 않도록 주의한다.

④ 테이블 장식 설명시 자연스럽게 하며, 후보자의 마음을 가볍고 명랑하게 할 수 있도록 한다. 식탁 장식 설명은 2-3분으로 간결하게 한다.

⑤ 식탁에 놓을 매트, 냅킨, 선물은 미리 준비하여 두었다가 설치부작업이 끝나면 신속히 배치한다.

⑥ 식탁 장식은 균형있고 깨끗하게 놓도록 Chief가 매트와 냅킨, 수저의 놓는 방법을 제시한다.

⑦ 설치부와 주방부의 도움을 받아 모든 장식을 신속히 끝내도록 한다.

⑧ 너무 요란하지 않도록 주의하며 장식한다.

⑨ 실내 공간에 꽃꽂이 장식을 한다.

⑩ 로비의 간식대 꽃꽂이는 매일 모양을 변형시켜 나가도록 한다.

(3) **준비할 범위**

① 예비일 및 첫째 날

(가) 주제의 마크를 도안하여 운영위원회의 결정을 받는다.

(나) 명찰, 가방명찰, 숙소문명찰, 침실명찰 등 등록 시 필요한 명찰을 등록자의 명단에 의거 준비한다.

(다) 예비일 저녁의 장식을 하지 않는다.

(라) 테이블 네임 장식 작업 시 필요한 타부서의 지원을 요청한다.

(마) 첫째 날 저녁 식탁에 놓여질 장식물을 Concept에 맞게 알맞게 준비한다.

(바) 색깔의 매트, 냅킨을 하루 분량을 미리 주방부에 전달한다.

② 둘째 날

(가) 색깔은 화려해 지도록 하고 실내와 조화가 맞게 장식한다.

(나) 실내벽의 색깔을 고려하여 장식 색채가 어둡지 않도록 한다.

(다) 매 식사 테이블 배치의 컨셉에 맞게 장식한다.

(라) 저녁 식사 후 아가페 준비 (기둥 쪽에 꽃꽂이, 모든 장식을 마무리한다. 설치부와 협조)

③ 셋째 날

(가) 팔랑카를 분실한 후보자를 위해 준비한다.

(나) 졸업식 장식 및 화관 준비, 꽃다발 준비

(다) 마무리 청소

(4) 장식부 준비물

① 명찰표 (가슴부착, 가방부착, 침실문, 침대머리)

② 식탁 매트 (5가지 색깔 100개)

③ 데코레이션 글씨판 (식당벽 부착용)

④ 주제 심볼마크 (식당벽 부착용)

⑤ 냅킨

⑥ 각 식사시간 식탁 팔랑카

⑦ 나비장식

⑧ 사진 배경판

⑨ 각 색지 및 스티로폴, 판지

⑩ 필기류 (포스터칼라, 색연필, 파스텔, 물감, 크레파스, 칼라펜, 매직, 유성 펜 등)

⑪ 그 외 아트 재료

⑫ 수료증

4. 선물부 (팔랑카)

(1) 목적 및 역할

- 팔랑카를 통하여 후보자들에게 성도의 삶과 후보자를 향한 성도들의 관심을 표현하여 주고 정성을 다해 그들의 마음이 열리어 예수 그리스도를 받아들이고 은혜를 체험할 수 있도록 돕는다.

(2) 임무 및 유의사항

① 팀멤버 회의 시작과 더불어 모든 빼스까도르에게 서신 혹은 전화 연락하여 팔랑카를 요청한다.

② 팀멤버 1인에 후보자 5명씩 팔랑카 담당을 배정하여 수시고 카드를 접수한다.

③ 선물 팔랑카를 충분히 구입한다. (팀멤버, 로이스터 포함)

④ 다양하고 여러 종류의 카드도 여유 있게 구입한다.

⑤ 팔랑카 티어(강의시간에 앞에서 중보기도 하는 봉사자)를 세울 경우에는 미리 선정하고, 낭독시간과 카드내용, 선물품목을 작성한다.

⑥ 편지 및 선물 팔랑카, 카드 팔랑카에 협조한 빼스까도르에게 감사의 편지를 보낸다.

⑦ 팀멤버에게 지급되는 팔랑카는 2일째 저녁에 각 Chief을 통하여 전달하고, 티셔츠는 모양이 바뀌지 않을 때는 새로운 봉사자에게만 지급한다.

⑧ 팔랑카 티어가 설 경우 복장은 정장으로 하며, 캐쥬얼은 입어서는 안된다.

⑨ 무지개 목걸이를 선물로 줄 경우에는 모자라지 않도록 여유있게 준비한다.

(3) 준비할 범위

① 예비일 및 첫째날

(가) 숙소배정표에 의거 카드를 분류하여 각자에게 카드 숫자가 고르게 전달되도록 한다.

(나) 강의실(로요룸)에 전달될 팔랑카를 분류하고 시간별로 지급한다

(다) 팀멤버 회의시 각자에게 카드를 지급하여 2일째 참가자에게 전달되도록 부탁한다.

(라) 취침 전까지 각 방에 카드 팔랑카를 베게 앞에 정리하여 놓는다.

(마) 티셔츠를 각 방에 지급하고 팀멤버에게 지급될 티셔츠는 대상자를 확인하여 지급한다.

② 둘째 날

(가) 둘째 날 팔랑카 낭독이 5번 있으므로, 팔랑카 티어의 복장, 편지내용 및 선물을 확인한다.

(나) 세족실에 테이블을 정리하기 편리하게 팔랑카 Bag을 준비하고 안쪽으로 견출지를 붙인 다음 후보자의 이름을 써서 로요룸에 전달한다.

(다) 남은 팔랑카를 정리한다. (물건, 카드)

(라) 팔랑카를 보내준 빼스까도르의 명단을 작성해 둔다.

③ 셋째 날

(가) 팔랑카를 분실한 후보자를 위해 준비한다.

(나) 마무리 청소

(4) **선물부 준비물**

① 카드(크고 작은 것 다양하게)

② 포장지

③ 팔랑카 편지지

④ 팔랑카 Bag (후보자 용)

⑤ 견출지

⑥ 로이스카 선물

⑦ 티셔츠(후보자+봉사자)

⑧ 킴멤버 지급용 뺏지 (2박3일로 실시할 경우에는 빼스까도르 뺏지가 없음)

5. 강의실부(로요룸, 교육부)

(1) **목적 및 역할**

로요룸에서의 모든 후보자들에게 필요한 사항을 숙지하여 강의시 후보자들의 불편을 덜어주고 은혜 받도록 전력을 다한다.

(2) 임무 및 유의사항

① 항상 후보자와 얼굴을 대하므로 단정한 복잗으로 미소를 잃지 않고 모든 순서에 적극 참여하고 가능한 한 무리하지 않는 범위내의 모든 요구를 들어준다.

② 각 테이블에 필요시 도와준다.(포스터 그리기, 케이블 이름 결정시)

③ 휴식시간에 탁자의 노트와 팔랑카, 펜을 정리정돈한다.

④ 탁자 주위를 청결히 하고 의자를 똑바로 놓아준다.

⑤ 테이블 네임판과 크리넥스의 위치를 동일하게 한다.

⑥ 연필을 깎아 두었다가 필요시 교체하도록 한다.

⑦ 로이스타가 등장할 때 출입문 옆에 대기하고 있다가 문을 열어준다.

⑧ 로이스타가 등장한 후 로요룸을 출입하는 팀멤버가 없도록 통제한다.

⑨ 실내 환기에 신경을 쓴다.

⑩ 로요 담당자 책상 위에는 물건이 보이지 않도록 유의한다.

⑪ 로요 중 뒤편에서 이동하는 사람이 없도록 한다. (로이스타 시각방해 요인)

⑫ 팀멤버의 앉은 자세는 발을 포개지 않도록 조심시킨다.

⑬ 찬양 시 팀멤버가 좌우 옆으로 서도록 안내한다.

⑭ 사도식(필요시) 및 졸업식 때 영적지도자와 렉터가 행하는 십자가 및 꽃다발, 수료증 수여식 때 자매 3명이 보조한다.

⑮ 마음이 열리지 않은 후보자를 위하여 항상 마음속으로 기도하며, 진행자에게 통보한다.

(3) 준비할 범위

① 첫째 날

(가) 테이블에 후보자 개인명패, 노트, 연필, 크리넥스, 칼라펜 준비

(나) 테이블 밑의 포스터 통, 포스터 용지 준비

(다) 테이블 네임 발표 시 포스터를 칠판에 부착하고 발표가 끝나면 벽면에 옮겨 붙인다.

(라) 포스터를 그릴 때 렉터의 지시에 의거 각 테이블을 돌면서 필요한 도

움을 준다.

② 둘째 날 - 셋째 날

 (가) 로요 시작 전 테이블 정리정돈 상태를 최종 점검 확인한다.

 (나) 로요 후 휴식시간에 연필교체, 노트 및 팔랑카 위치를 정리한다.

 (다) 후보자가 다 참석했는지 확인하고 진행자에게 신호를 보낸다.

 (라) 선물 팔랑카가 테이블에 놓여질 시간에 선물부를 도와 각 테이블에 선무을 일률적으로 정돈한다.

 (마) 마지막 날에는 분주히 하지 말고 순서 있게 다른 부서와 협조체제를 이루어 진행한다.

(4) 장식부 준비물

① 굵은 초(빨강, 백색) 각 2개

② 초받침 및 성냥

③ 성경책 큰 것

④ 연필 150개, 연필깎이

⑤ 포스터용 칼라펜, 포스타 용지 (테이블 숫자+여벌)

⑥ 물통, 주전자, 종이컵

⑦ 칠판, 유성펜, 지우개

⑧ 쓰레기통, 티슈(테이블 숫자대로)

⑨ T.D. 깃발(필요시)

⑩ 벽걸이용 포스터 (첫째 날 : 사과, 둘째 날 : 예수님)

⑪ 벽걸이 십자가

⑫ 기타 문구류(후보자용 노트, 압핀, 청테이프, 스카치테이프 등)

6. 침실부

(1) 목적 및 역할

후보자에게 편안하고 아늑한 침실 분위기를 만들어 주며 불편함이 없는 2박3일이 되도록 노력하며 후보자가 마음의 문들 열고 변화되는 모습이 되도록 헌신한다.

(2) **임무 및 유의사항**

① 남녀 구별하여 숙소를 배정한다.

② 접수 담당자와 협조하여 누락되는 일이 없도록 신속히 파악하고 참석치 못한 사람과 중복되지 않게 한다.

③ 방안에 냄새가 없도록 깨끗하게 청소한다.

④ 이불과 베개 등이 깨끗한가 확인하고 침구를 정리한다.

⑤ 신발장과 옷장 안을 확인하고 옷걸이를 각 방마다 8개 정도 비치한다.

⑥ 화장실 내부를 깨끗이 청소하고 바닥에 물 막히는 곳이 없는지 확인한 뒤 시설책임자에게 통보한다.

⑦ 화장실과 방문열쇠가 없는 곳이 있으므로 문이 잠기지 않도록 한다.

⑧ 후보자의 개인 소지품을 잘 관리하여 마음에 언짢은 일이 없도록 한다.

⑨ 화장실에 치약, 칫솔, 수건, 면도기, 컵, 화장지를 비치한다.

⑩ 방마다 크리넥스 1통씩 비치한다.

⑪ 후보자가 왕래하는 시간에는 실내정리를 하지 않는다.

⑫ 후보자가 완전히 나간 후 침구와 방안을 깨끗이 정리한 후 하산한다.

(3) **준비할 범위**

① 첫째 날

(가) 남녀 3명 1개조로 하여 두명은 침구 및 베개 커버를, 한명은 숙소에 나갈 팔랑카를 담당자로 부터 인수하여 정리한다.

(나) 각종 명찰의 부착상태를 확인하고 냉난방의 작동 여부를 확인한 뒤 문은 잠그지 않고 닫아 두기만 한다

② 둘째 날

(가) 아침 기상 후 예배를 드린 후 강의(로요)시간에 방안을 정리 정돈한다.

(나) 둘째 날은 그룹기도가 2회 있으므로 숙소로 나가기 전 진행부나 총무로부터 그룹기도를 할 수 있도록 이불과 짐을 정리한 뒤 크리넥스를 방 가운데 놓는다.

(다) 그룹기도가 끝난 후 침실을 원위치로 배치한다.

③ 셋째날

(4) 침실부 준비물

① 타월

② 치약, 칫솔, 비누, 샴푸(1회용), 면도기(남성 후보자 숫자대로, 1회용)

③ 크리넥스 (방안용)

④ 화장지 (화장실용)

⑤ 화장실 물컵 (양치용)

⑥ 비짜루, 쓰레받기, 걸레

⑦ 청소용 솔, 수세미, 유한락스

⑧ 냄새 제거용 향수 스프레이

⑨ 응급처치용 의약품 약간 (소화제, 진통제, 1회용반창고, 감기약 등)

7. 예배부

(1) 목적 및 역할

첫시간에 드리는 예배로 하루하루 주님을 만나보는 시간마다 예배실의 중보기도로 후보자의 마음의 문이 열리고 변화된 모습을 볼 수 있는 사명감으로 헌신한다.

(2) 임무 및 유의사항

① 아침 첫 예배실의 분위기나 피부에 느끼는 실내공기에 산뜻함을 주도록 한다.

② 방석은 후보자의 숫자만큼만 준비하고 방석의 간격이나 종횡의 줄을 잘 맞춘다.

③ 방석에 머리털이나 먼지가 묻어 있지 않도록 유의한다.

④ 방석 3개마다 크리넥스 티슈 1개씩 놓는다.

⑤ 예배가 끝난 후에는 후보자를 위해 중보기도를 꼭 한다.

⑥ 다음 예배를 위하여 준비가 끝나면 환기를 꼭 시키고 기도를 잊어서는 안 된다.

⑦ 냉, 난방을 확인하고 겨울철에는 1시간 전부터 난방이 되도록 한다.

⑧ 후보자의 신발을 나갈 때 바로 신을 수 있도록 정리한다.

⑨ 후보자가 모두 예배실에 들어갈 때까지 경건하게 기도하면서 제자리를 지키고 모두 들어간 뒤 조용히 뒷자리에 앉는다.

⑩ 후보자가 자리에 앉도록 안내하며 말은 하지 않는다.

⑪ 실내가 밝지 않으므로 예배 중에는 문을 열어서는 안 된다.

⑫ 후보자가 모두 들어 왔을 때 진행 총무에게 신호를 보낸다.

(3) 준비할 범위

① 첫째 날

　(가) 침묵선언 시간에 예배실의 소음이 없도록 주의한다.

　(나) 팀멤버가 주위에 있지 않도록 주의시킨다.

　(다) 출입문에 소리가 나지 않도록 한다.

② 둘째 날

　(가) 예배실 사용이 4번 있다. (아침예배, 자신과 남을 위한 기도, 십자가 못박기, 성찬식)

　(나) 십자가 못박기 준비 (대형십자가, 망치 4개, 녹쓴못 200개, 흰장갑 4개)

　(다) 성찬식 때 설교대 좌우에 탁자를 1개씩 놓고 흰카바를 덮는다.

　(라) 포도주는 성찬잔에 후보자 수만큼 준비하여 덮어 놓는다.

　(마) 빵은 작게 썰어 놓는다.

③ 셋째 날

　(가) 예배실 사용이 1회 있다(아침예배)

　(나) 예배실의 모든 비품을 정리하여 박스에 넣는다.

　(다) 방석을 깨끗이 털어서 비닐봉지에 넣어둔다.

(5) 장식부 준비물

① 방석 100개

② 대형십자가 (못박기용)

③ 망치 4개, 녹쓴못 200개

④ 티슈 50개 (화장지 카바 포함)

⑤ 초(흰색, 빨강색), 성냥

⑥ 방석 청소용 청테이프 10개

⑦ 성찬기구(성찬컵, 보자기, 빵그릇)

⑧ 손전등

⑨ 흰장갑(성찬용, 십자가 못박기 용) 10개

8. 사진부

(1) **목적 및 역할**

2박3일(혹은 3박4일) 동안 후보자의 기억이 영원히 남아있을 순간을 제공하여 3rd(혹은 4th) Day의 삶을 지속시켜주는 나날이 되도록 한다.

(2) **임무 및 유의사항**

① 등록 시 모든 후보자의 개인사진을 찍는다.

② 팀멤버의 사진은 미리 찍어 놓는다.

③ 그룹기도 후 로비에서 각 테이블 별로 사진을 찍는다.

④ 로비 간식부 이외의 사진은 찍지 않는다.

⑤ 2일째 오후에 졸업사진을 찍는다.

⑥ 후보자의 개인 카메라도 사진을 찍지 않도록 한다.

⑦ 개인사진은 2일째날 강의실 혹은 로비 벽에 부착한다.

⑧ 그룹사진은 당일 인화하여 졸업식 때 후보자에게 수료증과 함께 준다. 만약 여의치 않을 경우에는 재회 모임 때 배부한다.

⑨ 졸업사진은 재회 모임 때 배부하며, 참석치 못한 후보자들에게는 우편 혹은 다른 방법으로 발송한다.

⑩ 개인용 사진 벽 부착용 패널은 당식부와 협조하여 아름답게 구성하고 마지막 날 떼어 가도록 명시한다.

⑪ 가까운 현상소에서 사진을 완성하기 위하여 기동력을 갖도록 차량팀 혹은 총무부와 협조한다.

(3) **준비물**

카메라, 실내용 후래쉬, 삼각대, 필름, 배경판(등록 시 개인사진 촬영용), 개인

용 사진 부착판(그룹 기도 후 부착)

9. 메신저 (전령)

(1) **목적 및 역할**

프로그램의 신속하고도 슬기로운 진행을 위해 메신저가 각 부서에 유기적으로 연락해 주는 역할을 담당하며, 모든 진행자(영적지도자, 렉터, 보조렉터, 진행국장)와 각 부서 Chief 간에 프로그램의 원활한 진행을 위한 모든 연락사항을 신속히 전달하는데 그 목적이 있다.

(2) **임무 및 유의사항**

① 렉터와 보조렉터, 진행부의 지시에 의하여 연락 업무를 맡는다.

② 신속히 전달함으로써 진행에 차질이 없도록 한다.

③ 외부와의 연락사항을 진행부서에 알려준다.

④ 메신저는 매 프로그램이 진행되는 장소에 위치한다.

⑤ 프로그램이 진행되는 장소 안에서의 연락사항은 메모지에 의하나, 그 외 장소에서는 구두로 한다.

❖ **그룹기도 인도자의 역할**

1. 진행국장이나 총무로부터 배정 받은 테이블 이름과 그룹기도를 실시할 방번호를 숙지하고 그룹기도 시작 전 찬양시간에 강의실에 들어와 대기한다.

2. 영적지도자의 호명과 함께 강의실부장으로부터 십자가를 두 손으로 받아 가슴 앞에 들고 지정된 테이블로 가서 참가자들을 인솔하여 배정 받은 숙소로 이동한다.

3. 방에 들어가 참가자들이 원을 그려 앉게 한 다음, 인도자는 테이블 연락책임자의 왼쪽에 앉아 그룹기도주의사항을 간단하게 설명한다. ("이 왕의 잔치"는 어떠한 부흥회나 수양회, 신유집회가 아니고 이 시간은 중보기도 하는 시간이므로 말씀 증거나 안수 등은 하지 않도록' 부탁한③

4. 각자의 기도제목을 용지에 기록한다.

잠시 기도제목을 위하여 묵상하도록 하고, 각자의 기도제목을 자신의 번호 줄에 기록하고 돌려가며 모두 기록하도록 한다.

5. 십자가를 테이블 리더에게 넘겨주고 기도요령을 설명한다.

각자 모두 기도제목을 내놓고 십자가를 받은 사람부터 자기의 오른쪽에 앉은 사람을 위해 통성으로 기도한 후 오른쪽 사람이 마무리 기도를 한다.

기도가 끝나면 오른쪽 사람에게 십자가를 넘겨주고 같은 요령으로 돌아가며 기도한다.

통성기도가 익숙치 않은 사람은 묵상기도를 해도 좋으나 자신의 말소리를 자신이 들을 수 있도록 한다.

6. 첫번째 타종소리가 나면 모든 기도를 마무리할 준비를 하고 두 번째 타종소리가 나면 기도제목 용지를 모으고 십자가를 받아들어 함께 모두 밖으로 나와 그룹기도 인도자를 선두로 하여 강의실로 돌아온다. 첫날 기도후 그룹사진 촬영을 도운다.

7. 강의실에 들어올 때 강의실 부원에게 십자가와 기도제목표를 인계하고 두 바퀴를 돌며 Touch를 하고 원의 일부를 만들어 다른 테이블의 돌아오는 것을 환영한다.

❖ 등록 및 숙소안내 절차 (설악수양관에서)

순	구 분	부 서	행동절차
1	후보자 도착시	(1) 총무 (2) 총무부-접수담당 (3) 숙소안내 담당일동 (4) 찬양팀 (5) 회계	1. 접수담당은 미리 도착한 후보자를 위하여 로비 부근에 대기실을 마련한다. 2. 시간이 되면 모든 후보자를 로비로 안내한다. 3. 본관으로 이동시 봉사자 전원은 통로 양편에 정렬하여 박수로 환영하며 로비로 안내한다. 4. 후보자가 로비 의자에 앉아 있는 동안 찬양인도자는 찬양을 인도하고 다음 진행을 광고한다. 5. 총무부는 등록시 후보자가 줄을 길게 서지 않도록 유의 6. 명찰이 누락된 또는 이름이 틀린 참가자가 발견되면 안내자(또는 장식부원)는 한쪽에서 잠시 기다리게 아나내한 후 참가자가 가급적 보이지 않게 명찰을 준비하고 방 배정을 신속히 받아 안내한다. 7. 회계는 참가자 접수 명단을 확인하여 누락되거나 오지 않은 참가자를 파악하여 등록 시 불편하지 않도록 한다. 8. 등록대에는 접수담당자, 장식부 명찰표 작성자, 침실부 배정담당자 외에는 등록대에서 좀 떨어져 줄을 선다. 9. 본인이 추천한 참가자는 다른 봉사자가 안내하도록 하

			며, 친분이 있는 참가자와 너무 접근하지 않도록 한다.
			10.등록이 끝나면 접수담당자는 참가자 인원과 봉사자의 인원 명단을 파악하여 주받장, 총무, 협동렉터, 렉터에게 제출/보고한다.
			11. 등록이 끝나면 총무는 테이블 편성 명단을 확인, 조정한 뒤 테이블 편성표를 강의실 부장에게 인계한다.
2	접수 및 사진촬영	(1) 접수담당 (2) 숙소안내 　　담당일동 (3) 사진담당	1. 후보자의 등록은 남녀 구별하여 한 사람씩 접수대장에 작성하며 봉사자는 등록한 후보자의 이름표와 가방명찰을 받아 숙소번호를 확인→가슴이름표 부착→가방에 명찰 부착 후→사진촬영 위치까지 안내한다 (후보자 가방은 봉사자가 든③ 2. 항상 미소를 띠고 침착하고 친절하게 후보자를 대한다. 3. 촬영이 다소 지연되더라도 지루하지 않게 웃음으로 대화한다. 4. 대화는 부드럽고 부담을 주는 질문은 하지 않는다.
3	숙소안내	(1)숙소안내 　담당 전원 (2) 침실부	1. 사진 촬영이 끝나면 숙소로 안내하는 동안 간단한 질문을 가볍게 하여 후보자에게 편안함과 안정감을 주도록 한다. (예 : 이 곳에 오신 것을 환영합니다. 누가 추천하셔서 오셨습니까 등) 2. 숙소에 도착하면 실내를 설명한 뒤, 간편한 복장으로 갈아입으신 뒤 명찰을 가슴에 달고 다시 로비로 나오시면 되겠습니다” 라고 안내하고 문을 닫고 나온다. 3. 안내하는 동안 음성을 높여서는 안되며 분주히 움직이지 말고 이동간 참가자와 마주칠 때 지나갈 동안 그 자리에 서 있다가 움직인다. 4. 침실부는 숙소명찰과 침실벽 명찰을 준비하여 참가자 도착 여부에 따라 신속하게 조정한다.

❖ 부서별 인원 및 사전 준비사항

순	부 서	인원	사전 준비사항
1	영적지도자	1명	1) 개회/수료예배 설교 2) 영적지도자로서 주요 프로그램 사회/진행
2	렉 터	1명	1) 개회/수료예배시 대표기도 2) 강사 소개 및 프로그램 진행 3) 매일 일과 종료후 봉사자 기도회 인도
3	진행국장	1명	1) 개회/수료예배 사회

			2) 총무와 협조하여 다음 프로그램 사전점검
			3) 강사 사례비 준비
			4) 익일 행사 사전 점검
4	Song 팀	찬양 5명 율동 2명	1) 모든 찬양과 율동 진행 2) 찬양곡 선정하여 총무부로 인계
5	총무팀	총무 1명 부총무 1명 전령 1명	1) 후보자 및 봉사자 접수(명단) 2) 숙소배치도 작성 3) 테이블 배정표 작성 4) 접수부 테이블/의자/환영표지판 비치 5) 가슴명찰 배부 6) PC/복사기 가능여부 확인(?) 7) 행사진행시 다음 프로그램 사전 점검/준비 8) 강의실 화이트보드/원탁/의자 사전 설치 9) 강의실 가운데 파티션 사전 설치 10) 음료수/간식용 테이블 사전 설치 11) 진행요원용 의자 5개 강의실 벽쪽에 비치 12) 강사 대기용 의자 파티션 뒤쪽 비치 13) 강의실 수시 청소 (진공청소기, 걸레 비치) 14) 세족식용 대야 20개, 대형다라 5개, 3층으로 호스 연결 15) 찬양곡집 복사 16) 헌금봉투, 헌금함 17) 그룹기도용 십자가 8개 18) 강의실 물통, 종이컵, 주전자, 얼음, 크리넥스 19) 그룹기도용 십자가 (10개) 20) 기타 왕의잔치 진행 관련 제반업무
6	재 무	정 1명 부 1명	1) 후원금 확보 2) 팔랑카 헌금 접수
7	회 계	정 1명 부 1명	1) 참가비 수납 2) 교회 지원금 신청 3) 예산작성 4) 각팀 청구비용 검토 및 지출 5) 결산보고 (영수증 첨부) 6) 감사헌금 준비
8	강의실	정 1명 부 1명	1) 강의실 준비물 비치 (큰성경책/받침대/연필/포스터펜/포스터용지/쓰레기통(테이블당1개)/각종테이프/크리넥스/테이블카바/필기도구/ 노트/구급약 등) 2) 포스터 붙일 공간 확보

			3) 기타 교보재 비치
9	예 배 부	정 1명 부 1명	1) 1층 예배실 강당/종/보조교탁/의자 점검 2) 방석 약 80개 3) 크리넥스 20통 4) 죄기록 용지 5) 쓰레기통 비치 6) 소각용 그릇 (물에 젖은 모래) 7) 망치 3개, 녹슬은 못 200개, 소각통, 라이터 8) 성찬기 준비 9) 후라쉬 4개 10) 흰장갑 10개 11) 낭독 대본 12) 신발 정리 13) 기타 예배부 관련 업무
10	장 식 부	정 1명 보조 4명	1) 교육참가자 가슴명찰 2) 접수부 팻말 3) 강의실 테이블 Name용 표지판 4) 방번호표 및 투숙자 이름표 5) Sign 판 (예배실/강의실/간식부/침실부 등) 6) 접수부 사진촬영 배경판 7) 각종 장식품 제작 8) 수료증 제작 9) 강단 장식 10) 성찬식 테이블 장식품(?) 11) 부활의식 준비 12) 각종 장식을 위한 필기구/재료 구매 (크레파스/물감/파스텔/색연필/포스터칼라/가위/풀/칼/각종테이프/코팅기/아트재료/도안집/두꺼운 도화 지 등등) 13) 기타 장식부 관련 업무
11	선 물 부	정 1명 부 1명	1) 선물 구매/배포 (선물내역은 협의 후 결정) 2) 십자가목걸이/선물 담는 쇼핑백 3) 세족식 양말 50켤레, 발닦이수건 20매 4) 선물 타올 150매 (세족식 발닦이수건 포함)
12	사 진 부	1명 –	1) 개회수료예배 단체 촬영 2) 접수부에서 교육참가자 개인별 촬영 3) 주요 장면마다 촬영 4) 강사 촬영하여 사진 송부 5) 사진 전시 및 인화 신청 접수

			6) 개인별 사진 배포
13	침 실 부	정 1명 보조 4명	1) 침구 정돈 2) 숙소/복도 청소 3) 욕실 청소, 화장지, 화장실용 수건 비치 4) 쓰레기봉지
14	간 식 부	정 1명 보조 2명	1) 간식/음료/커피/차/마요네즈/향신료/앞치마/쓰레기봉지/쥬스 등 2) 1회용 접시/컵/포크/스푼/냅킨 3) 간식비치장소 – 강의실, 숙소로비, 목사님숙소, 회의 등 4) 강사(5명) 간식 준비 5) 성찬식 준비(빵, 포도쥬스) 6) 꽃다발(수료자용) 7) 꽃꽂이
15	주 방 부	정 1명 보조 5명	1) 메뉴 작성 2) 부식 구매 3) 주방용품 확보/구매 (앞치마,모자,나비넥타이,이쑤시개,식탁매트 등 4) 매끼 식사 때 메뉴 소개(주방장)
16	설 치 부	정 1명 보조 3명	1) 테이블/의자 가벼운 것으로 교체 2) 행사 중 테이블 정리 3) 아가페용 촛불/초받침 4) 포도주잔(플라스틱) 5) 무지개 테이프, 색종이 고리, 풍선 100개 6) 환영 현수막, 수료식 현수막 7) 도로변 안내 표지판 8) 공구 세트/작업용 막장갑/접는 사다리/전기코드/큰십자가 (못박이용)
17	방 송 부	1명	1) 2층 본당 방송시설 2) 1층 예배실 방송시설 3) 숙소/세면장 방송시설 가능 여부 확인/설치
18	차 량 부	행정처	1) 봉사자(약 50명) : 10/2(화) 오전9시 교회 출발 2) 교육자(약 40명) : 10/2(화) 오후 4시 교회 출발 3) 교육 수료후 대부분 1차 출발, 사후정리팀 2차 출발
	합 계	50명	

❖ **기타 사항** : '왕의 잔치'팀이 보관하고 있는 서류 참조3080

❖ 가 치

우리는 하나님의 자녀인 그리스도인들이 하나님과 개인적으로 친밀한 관계를 회복하여, 그 분의 음성을 들으며, 그 분의 인도하심에 따라 매일 매일 승리자로서 하나님께 영광을 올리는 삶을 사는 것을 가치 있게 여긴다.

❖ 사 명

- 본 교회 성도들이 Q.T를 이해하도록 한다.
- 매일 매일 말씀을 묵상하며 Q.T를 삶 속에 적용하도록 한다.
- 성도간에 Q.T를 서로 나누며 하나님의 임재하심을 체험하도록 한다.

❖ 비 전

- 성경 말씀이 꿀송이보다 더 달게 느껴지며 온전한 하나님의 명령으로 인지하고 순종한다.
- 성령님의 인도하심에 따라 내 삶이 변화되고 주변에 하나님의 임재하심을 증거한다.
- 소그룹 모임 시 Q.T나눔을 통해 서로 교제하며 전성도가 신앙의 멘토가 된다.

❖ 전 략

- 순장 양성
- Q.T나눔방 정례화
- Q.T훈련학교 개최

❖ 사역지침

1. 개인 Q.T 방법

(1) 찬양과 기도

찬송하므로 하나님께 마음을 활짝 열어 드린다. 기도하며 내 안에 있는 인간적인 염려와 세속적인 생각들을 다 내려놓는다. 하나님의 음성을 듣기 위해 순종할 수 있는 마음이 준비되도록 간절함과 사모함으로 나아간다.

(2) 성경읽기와 묵상하기

① 본문 읽기 : 본문 말씀을 천천히 2~3번 이상 읽으며 특별히 마음에 와 닿거나 깨달아지는 말씀에 밑줄을 긋고 그 말씀을 오늘 주시는 말씀의 씨앗으로 받는다.

② 묵상하기 : 받은 말씀의 씨앗을 가지고 주님과 대화를 하며 주님이 그 말씀을 왜 주셨는지, 무엇을 말씀하고 싶으신지 질문을 하고 주님의 음성에 귀 기울인다.

(3) 적용하기

묵상을 통해 주신 말씀은 무엇이든지 순종한다. 잘못에 대한 지적이나 내게 주시는 격려, 앞으로 나아갈 길에 대한 인도 등 그 말씀을 내가 오늘 구체적으로 할 수 있는 일에 적용하고 기록한다.

(4) 기 도

오늘 내게 주신 말씀에 순종할 수 있도록 지혜와 용기를 구하며 하나님께 하루를 맡겨드리는 기도를 드린다.

(5) 나눔방 참석

Q.T를 통해 들은 하나님의 말씀과 변화된 나의 삶을 다른 사람들에게 말한다.

2. 나눔방 운영

- 매주 월요일 10:00시에 Q.T방에 모여 먼저 온 사람이 세팅을 하고 다과를 준비한다.
- 사람들이 모이면 30분간의 찬양으로 주님의 임재 가운데 들어가도록 한다.
- 모인 사람 가운데 한 사람이 기도를 한다.

- 돌아가면서 한명씩 자기의 Q.T를 나눈다.
- 때로는 나눔을 한 사람을 위해 모인자 중의 한명이 기도를 하기도하고 또는 힘든 일이 있는 경우 다같이 중보기도를 하기도 한다.
- 다 나누고 나면 마무리 기도를 한다.
- 간단한 식사와 교제 후 돌아간다.

3. Q.T훈련학교

Q.T를 하고자 하는 사람들을 모아 1년에 1~2회 개최하며 한번 개최 시 5~6주간 주 1회 Q.T를 직접 하고 나눔에 참여 한다. 이때는 나눔을 할 수 있는 자를 순장으로 세워 순을 이끌어 가게 한다.

(1) **준비기도** : 훈련학교 개설 날짜를 정하고 열기 한 달 전에 기도순서를 정하여 돌아가며 모집과 강의와 강사를 위해금식하며 기도한다. 기도내용과 기도 순서는 중보기도 담당이 정한다.

(2) **모집** : 훈련 받을 사람들을 2~3주에 걸쳐 모집 접수한다. 이일은 Q.T팀 임원들이 서로 시간이 되는대로 참여한다.

(3) **필요한 물품 준비** : 개설에 앞서 필요한 교재를 만들고 간식들을 구입한다. 장식할 것도 준비함.

(4) **참석자 조 편성 및 이름표, 출석부 만들기** : 훈련학교 참석자들의 명단을 가지고 조(순)를 편성하고 출결 사항을 파악할 수 있도록 출석부를 만들고, 관리할 수 있게 조장을 정한다.

(5) **훈련학교 개설** : Q.T임원들은 1시간 먼저 와서 중보기도하며 테이블 세팅을 한다.

오후 시간대에 진행되는 훈련학교 일정표

7:30~8:00	찬양
8:00~8:05	기도
8:05~8:10	Q.T 간증

❖ 가 치

하나님의 마음에 드는 기도의 가치를 마음에 두고 생각, 말(언어), 정성이 하나님께 상달케 하려는 것이다. 기도에 대한 확신이 없이 의례적으로 하고 있는 것을 효과적인 기도로 바꾸기 위해서는 어떻게 기도할 것인가를 기도학교를 통해서 체계적인 기도방법을 배우고 직접 기도훈련을 받음으로써 하나님을 체험하게 돕는 것을 가치 있게 여긴다.

❖ 사 명

우리는 임상실험을 통하여 기도의 중요성을 인식하고 올바른 기도의 방법을 배우게 하여 성도들의 신앙을 점검하게 되고 신실한 믿음을 갖도록 도와준다.

❖ 전 략

1. 기도학교 영성훈련을 통하여 기도특공대로서 예배와 교회와 성도들을 위한 중보기도자로 헌신토록 연계한다.
2. 기도훈련 프로그램을 통해 성도들의 영적성장을 도모하여 교회에 충성스럽게 봉사하도록 한다.

❖ 운 영

1. 개강 1개월 전부터 릴레이 금식기도로 준비 한다
2. 개강 1개월 전부터 주보에 광고로 지원자를 모집한다.
3. 3주 전부터 등록 받는다.
4. 접수된 지원자들 명찰과 출석부를 만든다.
5. 일주일에 한 번씩 임원들이 모여 지원자가 8주 동안 잘 수료할 수 있도록 중보기도를 한다.

6. 수업 전날 전화로 연락을 한다.

7. 정해진 장소에 강의실을 셋팅 한다.

8. 간식과 차를 준비한다.

9. 기도로 준비한다.

10. 찬양으로 준비한다.

11. 강의를 시작한다.

12. 8주 강의를 마치면 2주 후 수료식을 거행한다.

13. 매주 수요예배 후 기도훈련으로 기도회를 갖는다.

❖ **진행방법**

1. 계절별 (봄, 가을)로 기도학교를 운영한다.

2. 계절별 학기당 8주 동안 (주1회 오전 / 오후) 운영한다.

3. 수업시간은 토요일 오전 10:30-12:30, 오후 7:00-9:00시까지 진행하며, 사정에 따라 변경할 수도 있다.

4. 영성훈련 내용

　제1강　기도의 복음은 무엇인가?

　제2강　기도의 중요성

　제3강　예수님의 사역에서의 기도

　제4강　기도의 종류

　제5강　기도의 응답의 경우

　제6강　방안기도 치유기도

　제7강　금식기도의 특징

　제8강　임상실험(교회, 산, 기도원)

5. 시간별 진행표

　오전반　　10:20-10:30　찬양 기도로 모임 시작한다.

　　　　　　10:30-11:30　기도학교 교재강의

　　　　　　11:30-11:40　휴식

	11:40-12:30	기도실습 과제물 제출
오후반	18:50-19:00	찬양 기도로 모임 시작한다.
	19:00-20:30	기도학교 교재강의
	20:30-21:00	기도실습 과제물 제출

6. 2회 이상 결석 시 수료할 수 없음

7. 숙제와 간증문 등 과제물이 있음.

❖ 봉사자 직무 : 사역기술서 참조

1. 팀장 : 운영이 실제적으로 되도록 계획을 수립하고 진행에 차질이 없도록 하며, 시작하고 마치기 전 팀 전체의 영적분위기를 고무시킨다.

2. 비품관리 : 기도학교가 시작하여 마칠 때 까지 전체적인 학습 장소에 대한 비품을 관리 책임진다.

3. 행정관리 : 기도학교가 시작하여 마칠 때 까지 전체적인 행정관리업무를 담당한다. 개설 날짜에 맞춰 접수등록을 받으며 명찰과 배부하고 출석을 점검한다.

4. 찬양 : 기도학교가 진행되는 동안 찬양을 담당하며 은혜로운 분위가 되도록 강의진도에 따라 필요 적절한 찬양을 하여 영적분위기를 조성한다.

5. 반주 : 진행에 맞추어 함께 필요적절하게 협력한다.

6. 간식 : 등록자에게 간단한 식사나 간식을 준비 제공하여 학습 진행에 도움을 준다.

❖ 기도학교의 진행 일정

제1주 오전 진행 안 (기도의 복음은 무엇인가?)

시 간	진 행 사 항	담 당	준 비 사 항
09:20-09:50	청소 및 방석 세팅	스텝 모두	참석자 출결 점검
09:50-10:00	준비 기도	스텝 모두	팀장 주재, 기도제목
10:10-10:30	찬 양	찬양팀	악보준비
10:30-11:30	개강예배	담임목사	예배순서지 준비
11:30-12:00	강의 (기도의 복음은 무엇인가?)	강사/담임목사	화이트보드 준비
12:00-12:30	조별 나눔과 기도	교사	필기구, 노트
12:30-12:35	광고 및 숙제	강사	
12:30-13:00	청소 및 정리	스텝 모두	

제2주 오전 진행 안 (기도의 중요성)

시 간	진 행 사 항	담 당	준 비 사 항
09:20-09:50	청소 및 방석 세팅	스텝 모두	참석자 출결 점검
09:50-10:00	준비 기도	스텝 모두	팀장 주재, 기도제목
10:10-10:30	찬 양	찬양팀	악보준비
10:30-12:00	강의 (기도의 중요성?)	강사	화이트보드 준비
12:00-12:30	조별 나눔과 기도	교사	필기구, 노트
12:30-12:35	광고 및 숙제	강사	
12:30-13:00	청소 및 정리	스텝 모두	

제3주 오전 진행 안 (예수님 사역에서의 기도)

시 간	진 행 사 항	담 당	준 비 사 항
09:20-09:50	청소 및 방석 세팅	스텝 모두	참석자 출결 점검
09:50-10:00	준비 기도	스텝 모두	팀장 주재, 기도제목
10:10-10:30	찬 양	찬양팀	악보준비
10:30-12:00	강의 (예수님 사역에서의 기도)	강사	화이트보드 준비
12:00-12:30	조별 나눔과 기도	교사	필기구, 노트
12:30-12:35	광고 및 숙제	강사	
12:30-13:00	청소 및 정리	스텝 모두	

제4주 오전 진행 안 (기도의 종류)

시 간	진 행 사 항	담 당	준 비 사 항
09:20-09:50	청소 및 방석 세팅	스텝 모두	참석자 출결 점검
09:50-10:00	준비 기도	스텝 모두	팀장 주재, 기도제목
10:10-10:30	찬 양	찬양팀	악보준비
10:30-12:00	강의 (기도의 중요성?)	강사	화이트보드 준비
12:00-12:30	조별 나눔과 기도	교사	필기구, 노트
12:30-12:35	광고 및 숙제	강사	
12:30-13:00	청소 및 정리	스텝 모두	

제5주 오전 진행 안 (기도 응답의 경우)

시 간	진 행 사 항	담 당	준 비 사 항
09:20-09:50	청소 및 방석 세팅	스텝 모두	참석자 출결 점검
09:50-10:00	준비 기도	스텝 모두	팀장 주재, 기도제목
10:10-10:30	찬 양	찬양팀	악보준비
10:30-12:00	강의 (기도응답의 경우)	강사	화이트보드 준비
12:00-12:30	조별 나눔과 기도	교사	필기구, 노트
12:30-12:35	광고 및 숙제	강사	
12:30-13:00	청소 및 정리	스텝 모두	

제6주 오전 진행 안 (방언기도 및 치유기도)

시 간	진 행 사 항	담 당	준 비 사 항
09:20-09:50	청소 및 방석 세팅	스텝 모두	참석자 출결 점검
09:50-10:00	준비 기도	스텝 모두	팀장 주재, 기도제목
10:10-10:30	찬 양	찬양팀	악보준비
10:30-12:00	강의 (방언기도 및 치유기도)	강사	화이트보드 준비
12:00-12:30	조별 분반공부	교사	필기구, 노트
12:30-12:35	광고 및 숙제	강사	
12:30-13:00	청소 및 정리	스텝 모두	

제7주 오전 진행 안 (금식기도의 특징)

시 간	진 행 사 항	담 당	준 비 사 항
09:20-09:50	청소 및 방석 세팅	스텝 모두	참석자 출결 점검
09:50-10:00	준비 기도	스텝 모두	팀장 주재, 기도제목
10:10-10:30	찬 양	찬양팀	악보준비
10:30-12:00	강의 (금식기도의 특징)	강사	화이트보드 준비
12:00-12:30	조별 분반공부	교사	필기구, 노트
12:30-12:35	광고 및 숙제	강사	
12:30-13:00	청소 및 정리	스텝 모두	

제8주 오전 진행 안 (임상실험을 교회 혹은 기도원에서 실시할 경우)

시 간	진 행 사 항	담 당	준 비 사 항
09:20-09:50	청소 및 방석 세팅	스텝 모두	커피, 물, 명찰
09:50-10:00	준비 기도	스텝 모두	팀장 주재, 기도제목
10:10-10:30	찬 양	찬양팀	악보준비
10:30-12:00	임상실험 (교회), 산, 기도원	강사	장소 선정
12:00-12:30	조별 분반공부	교사	필기구, 노트
12:30-12:35	광고 및 숙제	강사	
12:30-13:00	청소 및 정리	스텝 모두	

제8주 합반 진행 안 (임상실험을 오전+오후반을 합반하여 산에서 실시할 경우)

시 간	진 행 사 항	담 당	준 비 사 항
15:20-15:40	준비기도	스텝 모두	기도방석
15:40-16:00	준 비	스텝 모두	우천시 비닐, 우산
16:00-16:40	차량 출발	기사	행정처협조, 찬송가
16:40-17:00	찬 양	찬양팀	악보준비
17:00-19:00	임상실험	강사	
19:00-19:10	청소, 정리, 인원파악, 하산	스텝 모두	
* 사정에 따라 일정 혹은 진행내용의 변경이 있을 수도 있음			

공동체사역국 사역가이드

❖ 가 치

1. 우리는 각 지체에게 주어진 은사를 따라 그리스도의 몸 된 교회 공동체를 세워가는 것을 가치 있게 여긴다.

2. 우리는 그리스도 안에서 한 가족 공동체를 이루어 서로 사랑하며, 상호책임을 통하여 교회에 아름다운 덕을 세워가는 것을 가치 있게 여긴다.

3. 우리는 그리스도 안에서 잃어버린 지체를 섬기며, 전도하는 것을 가치 있게 여긴다.

❖ 사 명

우리는 그리스도 안에서 모든 성도들이 성경적인 친교와 영적인 교류를 통해 아름다운 신앙 공동체를 이루며, 새 가족의 정착과 성도들을 잘 대접하는 것을 사명으로 여긴다.

❖ 전 략

1. 교회 성도들의 애, 경사를 주관하여 이를 통해 불신자에게 복음을 전한다.

2. 새 가족 식구들을 준비된 교회 프로그램 과정에 동참시켜 잘 정착하도록 섬긴다.

3. 교회 공동체와 성도들의 중보기도 사역을 위해 효과적인 중보기도 시스템을 개발한다.

4. 교회 행사를 통하여 성도의 친교 및 영적 교류를 이루어 새로운 에너지를 공급받도록 한다.

5. 공동체 식사와 접대들에 대한 벤치 마케팅과 선진 시스템을 도입 운영한다.

❖ 가 치

1. 우리는 경조사역을 통해 서로 돕고 사랑하는데 가치를 둔다.
2. 우리는 경조사역을 통해 그리스도의 복음 전파하는데 그 가치를 둔다.
3. 우리는 경조사역을 통해 그리스도의 한 지체임을 깨닫게 하는데 그 가치를 둔다.

❖ 사 명

우리는 모든 성도들이 애, 경사를 통하여 공동체의식을 갖게 하며, 그리스도의 사랑을 느끼게 하며, 이를 통해 믿지 않는 지체들을 예수 믿게 하는 것을 사명으로 여긴다.

❖ 비 전

1. 경조사의 의식 절차를 연구 발전시킨다.
2. 경조사의 체계화를 위해 경조사 시스템을 구축한다.

❖ 전 략

1. 경조사 발생 시 비상연락망을 시스템화 한다.
2. 경조사 내규를 정해 업무를 효과적으로 분담하여 처리한다.
3. 경조사역에 필요한 비품 등을 확보한다.
4. 경조사에 필요한 예절을 정기적으로 가르친다.
5. 경조사 행사일지를 기록하여 보관한다.

❖ 경조사역팀 사역지침

1. 경사 사역지침

경사 시(결혼)에 축하하는 일을 담당한다.

❖ 결혼식 진행 지침 ❖

내 용	지 침(안)
결혼식 전	1. 교회에서 결혼식을 원하는 분은 미리 경조사역 팀장에게 신청서를 제출한다. 2. 경조사역 팀장은 담임목사님과 상의한 후 본인에게 가부를 통보한다. 3. 결혼예정자는 통보를 받은 후에 담임목사님을 찾아뵙고 정식으로 주례를 허락받고 예의를 표한다.
결혼식	1. 경조사역 팀장은 결혼식 날짜가 결정이 되면 부목사님과 경사조원들과 업무 분담에 관한 회의를 하고 이에 따른 준비를 구체적으로 진행한다. ① 신랑신부의 이름과 교회이름을 기록할 명패를 준비한다. ② 축의금 접수대를 준비한다. ③ 꽃 장식등 필요한 장식을 마친다. ④ 차량을 안내할 남자집사님을 선정하여 정복차림으로 임하도록 한다. ⑤ 실내에서 안내할 여자집사님을 정하여 한복차림으로 준비하게 한다. ⑥ 교회 내에서는 경건하게 예식을 치룰 수 있도록 인도한다.
결혼식 후	1. 식후 행사를 돕는다(사진촬영, 의자정리, 폐백 등) 2. 식후 본당의 모든 물품 등을 정리 정돈한다. 3. 주위를 깨끗하게 청소한다.
기타사항	1. 식사문제는 교회 내에서 해결할 경우 주방사역팀장과 상의 처리한다.

2. 장례조 사역지침

내 용	지 침(안)
발인 예배	1 .예배는 교회에서 주관한다. 2. 예배 시 유가족은 시신 우측(집례자 기준)에 앉힌다. 3. 발인예배를 드린다. 4. 조문이 끝나지 않은 조문객을 위하여 조문 받는 시간을 갖는다. 5. 준비된 운구 위원으로 하여금 운구한다. 6. 운구시 교인들은 유족의 뒤를 따른다. 7. 운구 순서는 담임목사→영정(사위 또는 손자) → 관 → 유가족 → 조문객 순으로 한다. 8. 주례자는 영정을 모신 차량에 탑승케 하며 교인들은 영구차에 동승하거나 교회차를 이용 할 수 있다.
하관 예배	1. 매장 시 1) 관을 무덤 앞에 모시고 조문객을 받는다. 2) 조문이 끝나면 주례자가 하관을 인도한다. 3) 하관예배는 의식에 따라 거행한다. 4) 취토는 주례자 → 유가족 → 조문객 순으로 한다. 5) 취토중 성도들은 찬송을 부른다. 2. 화장 시 1) 화장장에 도착 후 담당 직원의 지시를 받아 관을 안치장에 안치시킨다. 2) 안치장에 안치된 관을 화장장으로 이동 한다. 3) 화장장에 관을 화장장에 이동한 후 간단하게 예배를 드린다.
하 산	1. 교인들은 유족들이 하산할 때 동행한다. 2. 장례 후 적당한 시기에 가족을 위한 위로예배를 드린다.

❖ **가 치**

- 새가족을 사랑과 친절로 섬기는 것을 가치 있게 여긴다.
- 새가족들의 정착율을 높이는 것을 가치 있게 여긴다.

❖ **사 명**

- 새가족을 사랑과 관심으로 교회에 잘 적응하게 한다.
- 새가족을 섬김으로 봉사와 사랑을 실천한다.

❖ **비 전**

- 부드럽고 온화한 분위기의 새가족실을 만든다.
- 교회소개용 자료를 교회 상황에 적합하게 최적화시킨다.

❖ **새가족팀 사역 지침**

1. 주요사역

　(1) **새가족 영접**

　　새가족이 교회에 등록 시 지정장소로 영접하여 목회자와 면담, 교회소개,
　　식사 등을 통하여 최선을 다하여 섬기며 주의 사랑을 실천하여 새가족이
　　교회를 정확하게 파악하고 잘 적응하여 정착하도록 돕는다.

　(2) **새가족 환영회**

　　홀수 월 마지막 주 주일에 새가족 환영회를 실시하며 참여할 수 있도록
　　초청의 글도 보내고 새가족 환영회를 통하여 새가족이 교회에 지속적인
　　관심을 갖게 하며 궁극적으로 교회의 성숙한 일꾼으로 성장할 수 있도
　　록 돕는다.

2. 사역 매뉴얼

등록 신청서 작성	인도자나 전도사님의 도움으로 새가족 등록신청서를 미리 작성하고 있으나 등록신청서를 작성하지 못한 새가족을 위하여 새가족 팀장은 새가족 등록대에서 대기하며 등록신청서 작성을 돕는다.
등록 환영	예배 시 순서에 따라 목사님이 온 성도 앞에서 새가족 호명하여 환영하고 축하 꽃을 증정한다. 축하 꽃은 담당자를 통하여 미리 준비하며 꽃 증정은 예배 안내위원이 담당한다. (매주 장미 30송이, 담당자 : 김광옥 집사)
새가족실 안내	예배가 끝나면 새가족 인도자나 안내위원은 새가족을 새가족실로 안내한다. (축하 꽃을 들고 있으면 새가족으로 판단)
다과접대	새가족실에 입장할 때 정중하게 인사하고 성함을 여쭙고 미리 준비한 이름표가 부착되어 있는 좌석으로 인도하여 목사님이 들어오실 때까지 기다리는 동안 다과를 대접하며 부담스럽지 않도록 부드러운 분위기를 유지한다.
행정업무	목사님과 새가족이 1:1로 간단한 면담을 통하여 세례 여부와 과거 신앙경력 등 특성을 파악하고 등록신청서에 참고사항으로 기재한 후 담임목사님이 새가족을 위해 기도하고 1:1 면담을 마친다.
목사님과 면담	새가족 팀장은 교회 소개용 프리젠테이션 자료를 제작하여 노트북컴퓨터를 통하여 대형텔레비전에 영상을 띄워 교회의 과거역사와 미래의 사역비전 등을 제시하여 새가족이 교회의 중요한 내용을 알 수 있도록 소개한다. (교회소개자료 첨부참조)
교회소개	교회소개가 끝나면 각 교구 담당 목사님과 전도사님을 소개한다.
교구담당 교역자와 면담	교구담당 사역자와 2차면담을 통하여 추후 심방이 있음을 예고하고 더욱 긴밀한 관계를 유지 할 수 있도록 인사를 나눈다.
사진 촬영	새가족실 외부에 사진촬영 배경지를 설치하여 가족단위로 사진을 촬영하여 교회의 행정 자료로 사용 할 수 있게 한다.
식사안내	모든 순서가 끝나면 식당의 새가족석으로 안내하여 식사를 대접한다.
교구담당 교역자 소개	촬영한 사진은 교회의 서버에 일자별로 등록하여 행정자료로 사용 할 수 있도록 하며 인터넷에 관리자 모드로 접속하여 새가족의 사진을 올려 모든 성도가 알 수 있게 한다.

3. 새가족 환영회 준비 time table

시간	항목	담당	내용
3주전	광고	그룹담당 목사	환영회 일시 및 자세한 내용을 주보에 게재한다.
2주전	강사섭외	새가족팀	찬양 및 반주자, 레크레이션 강사를 섭외한다.
1주전	참석자 명단 작성	교구담당 전도사	대상자를 상대로 참석 여부를 확인하여 예비명단을 작성한다.(초청의 글 발송)
1주전	준비모임	새가족팀	업무분장, 행사규모에 따른 준비물 및 구체적인 내용을 점검하고 협의하여 확정한다.
1주전	선물준비	새가족팀	선물을 구입하고 포장한다.
1주전	도우미 섭외	새가족팀	영아돌보기, 식당봉사자, 데코레이션 도우미를 섭외한다
3일전	식수인원 확정	새가족팀	참석대상자와 강사 도우미등 식수인원을 확정하여 주방에 통보한다.
2일전	최종확인	새가족팀	강사 및 도우미의 참석여부를 최종 확인하여 부족 인원을 보충한다.
1일전	간식준비	새가족팀	비품 및 간식을 구입하여 청결 및 신선도를 유지하여 보관한다.

❖ 환영회 식순 ❖

시 간	순 서	내 용	담 당	점 검 사 항
4:10	준 비	– 대학부 퇴실 – 테이블셋팅 – 실내장식 – 테이블별 간식 준비 – 입구 안내석에 명찰준비 – 방송장비 점검	새가족팀	대학부 퇴장시간 확인 테이블 및 의자 정리 방송팀–음향, 마이크, 악기 녹화시설, 사진
4:30	안내 및 환영	– 밝고 정중한 모습으로 친절하게 – 입구에서 명찰 지급 – 방명록 작성	새가족팀	테이블, 명찰, 방명록
4:50	찬양의 시간	– 마음을 열수있는 밝고 힘찬 찬양 – 은혜롭고 감동있는 곡 중심으로 인도함	찬양팀 (박찬백 목⑦)	음향장비 on 점검 녹화시작 찬양가사 자막 반주자 확인
5:15	레크레이션	– 재미있게 – 서로 간에 교제하고 마음을 열기	최용현 이중열	진행용 선물 및 각종 소품 반주자 대기 해드셋 마이크
5:40	자기소개	– 1인 30초 정도 간단히 자기소개	그룹 당당목사	성명, 거주지, 등록 계기, 등록 소감 등 (표준 멘트 제시)
6:10	교역자소개	– 교역자 및 당회원 소개	담임목사	명찰 패용
6:15	목사님말씀	– 남서울비전교회의 비전제시 – 중점 추진 사항소개 – 협력 및 동역 권유	담임목사	프리젠테이션 자료준비
6:25	합심기도 마침기도 (축도)	– 교회와 담임목사님을 위해 – 개인의 신앙생활과 가정을 위해 – 믿음의 헌신과 축복의 삶을 위해	담임목사	기도제목 자막 반주
6:30	광고	– 광고 (식사, 선물) – 식사 후 저녁예배 참석	새가족 팀장	선물은 1가정에 하나 식장 퇴장 시 식권지급 식당위치
6:30	식사	– 4층 식당에서	애찬팀 새가족팀 애찬 도우미	식탁테이블 장식 음식 셋팅 미리 해 시간절약 은은한 찬양
7:10	마침	– 저녁예배 참석		

4030.　중보기도팀

❖ 가 치

하나님 앞에서 소명감과 사랑을 가지고 교회 지체들을 위해 중보기도를 통하여 하나님의 영광을 나타나게 하는 것을 가치로 여긴다.

❖ 사 명

1. 동부 광성교회 온 교우들이 중보 기도의 필요성과 중요성을 알게한다.
2. 동부 광성교회의 온 교우들이 중보 기도의 특공대임을 인식하게 한다.
3. 동부 광성교회의 온 교우들이 중보 기도를 통해 하나님의 영적 비밀 (창 18:16-23), 하나님의 마음을 갖도록(시106:23) 하나님의 성품을 닮아 가도록 개발 교육 한다. (창 37 : 23, 창 50 : 19-20)

❖ 전 략

1. 중보 기도의 중요성과 필요성을 알리기 위해 중보 기도의 은사가 있는 자들을 발굴한다.
2. 마음을 하나님께서 감동 시키셔서 영적 부담을 갖고 지속적으로 기도 하도록 기도의 중요성을 인식하고 계속적으로 기도 하는데 앞장서며 모든 삶 의 본이 되도록 기도한다.
3. 교우들이 기도에 대해 배우도록 하기 위하여 중보기도 학교를 4/4 분기로 나누어 3개월에 한번 씩 실시한다.
4. 토요일 기도 정병단의 모임을 소개, 간증을 통해 기도의 체험을 소개한다.
5. 중보기도 사역에 대하여 게시판을 이용 홍보한다.
6. 중보 기도실의 계속적으로 기도의 산실이 되게 하기 위해 매년 1회 중보기도단 헌신 예배를 드리도록 한다.
7. 월 1회 기도원에 들어가 깊은 직접기도의 체험으로 더 뜨겁게 사역에 헌신

하게 한다.

8. 중보기도 사역자들을 위한 만찬의 시간을 갖는다.

9. 중보기도 운영 위원회를 조직 체계적으로 관리한다.

❖ **사역지침**

1. 목 적

중보기도 팀은 중보 기도실 안에 있는 모든 기도 요청 카드의 내용을 보고 그들과 그들의 문제를 가지고 하나님 앞에 나아가 그들의 심정으로 하나님께 기도한다.

(1) 긴급 기도

(2) 일반 기도

(3) 나라와 민족

(4) 선교와 전도 대상

(5) 교역자들

(6) 지역사회

(7) 각 기관 등

2. 중보기도단 자격

(1) 본 교회 새 신자 반을 이수한 교인이어야 한다.

(2) 중보기도 학교에 (중보 기도실 출입자에 한함) 2일 모두 참여 하며 교육을 받은 자 이어야 한다.

(3) 모든 기도 제목의 내용을 철저하게 비밀로 하여야 한다.

(4) 기도 하는 자 다운 하나님 앞에서의 삶이 있어야 한다.

(5) 자신이 하나님과 약속한 시간을 철저히 임무 수행 하여야 한다.

(6) 진정한 기도의 삶은 갈망하며 하나님께 자신을 드리기로 헌신 되어야 한다.

(7) 구원의 확신은 물론 기도 응답의 확신을 가진 자 이어야 한다.

3. 출 석

(1) 중보기도실의 약속 시간을 철저히 지켜야 한다.

(2) 도착시간과 마치는 시감을 정확히 지켜야 한다.

(3) 중보기도실에서 나올 때는 출석체크를 정확히 한다.

(4) 소등 및 전기도구의 전원을 꼭 확인한다.

(5) 약속시간에 도착하지 못할시 관리자에게 연락 하여야 한다.

(7) 중보기도실의 비밀번호는 누설하지 말아야 한다.

(8) 본인 외에는 누구도 함께 들어가서는 안된다.

4. 기도 제목카드의 기입하는 방법

(1) 기도 카드 한 장에 한 가지 기도제목만 기록 합니다.

(2) 기도 신청자나 기도 대상자 이름을 한글로 기록 합니다.

(3) 구별을 위하여 한문이 필요 하시 다면 한글로 적으신 후 옆에다 괄호 (   ) 를 사용하여 정자로 깨끗이 기록 합니다.

   예 김주영 (金周榮)

(4) 기도 내용을 뒷면 (나의 기도응답)에 기록 하지 않도록 유의 합니다.

(5) 가급적 모든 란에 빠짐없이 기록 합니다(특히 작성일자, 기도기간) 신청 인의 이름이나 전화번호가 없으면 접수하지 않습니다.

(6) 기도카드에 전화 번호란에는 기도 대상자가 아니라 기도를 요청한 기도 신청자의 전화번호를 기록한다.

(7) 기도편지를 받기 원한다면 명시하시고, 받을 사람의 주소를 기록한다.

(8) 일반 기도카드는 한 기간(약 4개월)만 유효하다. 계속 기도를 요청하려면 새로운 기도기간이 시작될 때 기도카드를 다시 작성해야 한다.

(9) 응답되어야 할 날짜가 정해져 있는 경우는(예 수능시험일) 기도마치는 날 칸에 날짜를 기록합니다.

(10) 다 기록한 기도카드는 기도함에 넣는다.

5. 기도응답카드를 기입하는 방법

    (1) 기도응답카드를 꺼내어서 해당란에 응답내용을 간단히 적는다.

    (2) 카드를 <중보기도실>의 <응답게시판>에 게시한다.

6. 기도편지 작성법

    (1) 수신인 주소가 기록되지 않은 카드는 기도편지를 작성하지 않는다.

    (2) 비판이나 부정적인 언어를 피한다.

    (3) 상담이나 훈계를 하려고 하지 않는다.

    (4) 격려나 위로가 주된 내용으로 밝게 쓰도록 한다.

        (예 승리하십시오 / 평안하십시오 / 힘내십시오 등)

    (5) 작성자의 이름은 밝히지 마시고 "중보기도실에서" 라고 쓴다.

    (6) 중보기도실에서의 중보기도 (PRAYER IN THE PRAYER ROOM)

7. 중보기도실에서 나는 어떻게 1시간을 사용할 것인가?

    (1) **5분** : 주님에 대한 묵상의 기도로 시작한다.

    (2) 기도에 대한 약속의 성경구절이나 기도에 대한 책을 잠시 읽고 묵상의
        기도시간을 가진다.

    (3) **기도요청의 전화가 올 때** : 중보기도자는 전화를 받아 기도요청의 내
        용을 듣고 전화로 함께 기도한 후, 기도요청 내용을 <전화기도요청카
        드>에 기록해서 중보기도 요청함에 넣는다.

    (4) **기도요청이 없을 때** : 계속해서 아래 순서로 기도를 계속한다.

        ① 5분 : 나와 나의 가족의 기도 제목을 생각하며 기도하십시오

        ② 5분 : 긴급기도제목 목록을 보시고 기도하십시오(예 - 환자, 긴급히,
            어려움을 당한 가정 등)

        ③ 10분 : 일반기도 제목 칸의 기도카드를 보시고 기도하십시오

        ④ 5분 : 교회 전체적인 기도제목 사항을 읽고 기도하십시오.

            (예 부흥회, 특별 행사나 특별 기도제목 등).

⑤ 5분 : 사역자들과 직원들을 위한 기도제목과 각 위원회별 기도제목을 놓고 기도

⑥ 5분 : 나라와 민족을 위한 기도

⑦ 5분 : 세계선교를 위한 기도(카드에 기록된 선교사님들을 위해 기도 하십시오).

⑧ 5분 : 응답게시판에 붙여진 기도 응답 카드를 보시고, 감사와 찬양의 기도를 하십시오

⑨ 10분 : 기도편지 작성

(만약 기도편지를 작성하지 않을 시에는 마음에 부담을 주신 분들을 위해기도)   도합 : 60분

8. 관리위원 사역 지침

(1) 중보기도 관리위원의 일상 업무

① 중보기도 헌신자 들의 출석을 점검합니다.

② 매주 중보기도 카드함을 열어 기도카드를 수집 및 분류합니다.
카드를 종류별로(긴급, 자녀, 구원, 위원회, 세계와 민족 등) 구분하고 등록대장에 폼에 따라 기록합니다.

③ 종류별로 구분된 제목카드를 중보기도 테이블에 나누어진 제목 칸에 등록 순서대로 배치합니다.

④ 기도카드 내용이 부정적인 것은 긍정적으로 고쳐 재분류합니다.

⑤ 기도기간이 지난 카드는 즉시 정리하여 파일 박스에 보관합니다.

⑥ 응답된 기도를 찾아 응답게시판에 붙여 놓습니다.

⑦ 기도편지는 내용을 점검한 후에 발송합니다. 내용이 부정적이거나 교훈적인 것은 담당자와 의논한 후에 발송합니다.

⑧ 비품이 떨어지지 않도록 잘 준비해 놓습니다. (기도카드, 볼펜, 일지, 메모지, post-it 등)

⑨ 기도실을 깨끗하게 항상 유지, 청소합니다.

9. 기도 정병단 활동

(1) 토요일 10시 소년부실 기도실에서 모인다.

(2) 찬송 (30분) 리더의 인도에 따라 뜨겁게 찬양한다.

(3) 기도 (1시간) 리더의 인도에 따라 기도할 제목을 소개하면 통성으로 한 기도 제목을 집중 기도한다.

(4) 교회적인 기도 제목 (교회표어)

① 사역자들

② 주일 예배 및 성도들의 영적인 준비

③ 주일학교 예배 (하나님의 기름부음심이 있도록)

④ 영적으로 눌려 있는 자들

⑤ 육체적으로 병든 자

⑥ 담임 목사님의 설교 준비와 주일예배 설교를 위하여

⑦ 영감 있는 예배

⑧ 기관 행사

⑨ 선교사

⑩ 나라와 민족

⑪ 지역사회 영적 부흥

⑫ 예배 위원 및 사역자들

⑬ 교우들의 영적인 삶과 직장

⑭ 청소년들의 영적 부흥

⑮ 비전 센타 조립의 구체적인 사항들

(5) 참여자들을 위한 기도 (30분)

(6) 기도 제목을 내놓고 집중하여 기도 하고 마친다. (1시간 50분 - 2시간 소요)

❖ 가 치

우리는 주방사역을 통해 성도들이 효과적으로 교회의 사역자로 쓰임받는 것을 가치로 여긴다.

❖ 사 명

교회의 주일 식사 및 특별 행사 시 식사와 간식을 공급하고, 접대하는 일을 계획하며, 자원봉사단체나 개인을 섭외하여 감당하는 것을 사명으로 여긴다.

❖ 전 략

1. 매주 토요일 신선한 재료를 가지고 식사준비를 한다.
2. 식당 사역자들의 위생교육을 철저히 한다.
3. 식당 위험물 취급교육을 정기적으로 교육한다.
4. 한 달 메뉴 표를 미리 작성해서 영양가 있고 균형 잡힌 식단을 짠다.
5. 맛있고 영양가 있는 식단을 위해서 요리기술을 교육한다.
6. 식사재료의 국산품 및 신선한 재료 구입에 관한 지식을 교육한다.

❖ 주방 사역팀 사역지침서

1. 주일식사
   (1) 봉사 단체나, 봉사자를 미리 알려서 모이게 한다.
   (2) 식사 준비에 필요한 적당량의 신선한 재료구입은 물론 경비절감을 하여야 한다.
   (3) 토요일에 미리 식사를 준비한다.
   (4) **사역자** : 주방사역팀장 주도 하에 매주 1개 사랑방씩 돌아가며 주방사역을 감당한다.

(4) **재료구입** : 주방사역팀장의 도움을 받아 적당량과 양질의 신선한 재료를 구입하여 경비를 최대한 절감한다.

(5) 주일 사용할 부식은 주중에 봉사자들이 나와 준비해 둔다.

(6) 주일 아침 7시에 나와서 식사를 준비하며, 중식 사역자는 1부, 또는 2부 예배를 드리고 중식 봉사 사역을 하는 것을 원칙으로 한다.

(7) 식사시간은 조식 8:40~9:00, 중식 12:00~2:00으로 한다.

2. 행사 식사

(1) **봉사자** : 행사관계 주방 사역자가 단체 및 자원봉사자들의 도움을 받아 사역한다.

(2) **재료구입** : 행사관계 주방사역자의 도움을 받아 적당량과 양질의 재료를 구입하여 경비를 절감한다.

3. 주방안전관리

(1) **주방 화력 기기 일반 사용 요령**

① 주방 봉사자는 화기를 취급한다는 사실을 명심한다.

② 수시로 연소 및 환기상태를 확인한다.

③ 소음, 진동, 냄새 발생 시 가동을 중단한다.

(2) **가스 누출 시 조치 요령** (① 벨브를 잠금 ② 환기 ③ 신고)

① 연소 시 점화코크를 끄고 중간 벨브와 갓, 계량기의 메인 벨브를 잠근다.

② 창문과 출입문을 열어 환기를 시켜 신선한 공기를 유입시키며, 화기나 기타 전기기구를 절대로 만지면 안된다.

③ 관할지역 관리소로 연락하여 안전 점검을 받는다.(031-592-1241)

(3) **버너(가스)점화 및 소화요령**

① 점 화

(가) 먼저 중간 벨브를 열고

(나) 점화 유도장치에 점화

(다) 버너의 코크를 여는 것과 동시

(라) 점화된 유도장치로 버너에 점화한다.

② 소 화

(가) 버너의 코크를 잠근다.

(나) 유도장치의 코크를 잠근다.

(다) 중간 벨브를 꼭 잠근다.

4. 가정용 도시가스 사용시설 점검요령

(1) **계량기**

① 똑바로 설치되었는지 육안으로 확인한다.

② 계량기 전, 후단의 중간밸브 검사(검지 액 또는 비눗물을 칠해 확인)

③ 주위에 화기가 없는지 확인한다.

(2) **배관, 호스**

① 배관이 휘거나 부식된 곳이 없는지 확인한다.

② 호스가 갈라지고 열기에 의하여 타거나 그을린 곳이 없는지 확인한다.

③ 연결 부위 검사 (검지 액 또는 비눗물을 도포하여 확인)

(3) **중간밸브**

① 고정 상태 확인한다.

② 개 · 폐 조작하여 작동이 잘되는지 확인한다.

(4) **보일러실**

① 배기통이 찌그러지거나 구멍 난 곳이 없는지 살피고, 배기통 안에 이물질이 없는지 확인한다.

② 급기구, 환기구 상태 확인(장애물에 의해 막혀있다면 제거)

5. 주방기기 사용방법

  (1) **사용일반**

    ① 사용자는 주방책임자의 지시를 받아 익숙한 자가 가동시킨다.

    ② 운전하기 전 사용법 및 사용상의 유의점을 숙지하여 그대로 한다.

  (2) **가스렌지 및 가스버너**

    주방안전관리 지침 및 도시가스 사용지침에 준한다.

  (3) **냉장고 사용**

    ① 신선도를 유지할 수 있도록 냉동실과 냉장실을 구별하여 사용토록
       정해진 양을 초과하지 않도록 주의한다.

    ② 내부를 청결하게 한다.

    ③ 성애제거는 월1회 담당자가 한다.

❖ 가 치

▶ 알파 5대 정신을 가치로 여긴다.

1. 알파코스는 누구나 환영합니다.

2. 알파코스는 웃고 즐기며 배워요.

3. 알파코스는 함께 음식을 나눕니다.

4. 알파코스는 서로 도우며 섬깁니다.

5. 알파코스에서는 무엇이든지 물어 볼 수 있습니다.

❖ 사 명

하나님이 주시는 감동이 성령의 나타나심과 능력을 의지하고 모든 일을 주께 하듯 섬기므로 불신자 전도와 새신자의 정착을 통하여 하나님 나라 확장 되는 것을 사명으로 여긴다.

❖ 전 략

1. 섬김이 교육을 통해 주님의 사랑을 실천한다.

   (섬김이 교육 3회 실시, 섬김이 수련회)

2. 새 가족팀에 알파 전담 섬김이를 배치하여 게스트로 초청한다.

3. 알파 예산을 위하여 "알파 헌금 봉투"를 상시 비치한다.

4. 알파 수료자가 교회 일꾼으로 봉사할 수 있도록 1인1사역 갖기 운동을 적극 권장한다.

5. 성령 수양회에 참석케 하여 성령님을 만나는 체험과 함께 새로운 삶을 살게 한다.

6. 알파 만찬을 통해 VIP를 초청하여 다음 알파 게스트로 초대한다.

❖ 알파 사역 지침

1. 알파의 구성

◉ 알파코스는 15개의 토크로 구성된 10주간의 코스이다.

1주 예수님은 누구신가?

2주 예수님은 왜 돌아가셨는가?

3주 어떻게 나의 믿음을 확신할 수 있는가?

4주 왜 그리고 어떻게 성경을 읽어야 하는가?

5주 왜 그리고 어떻게 기도해야 하는가?

6주 하나님은 어떻게 우리를 인도하시는가?

* 주말수양회

성령님은 누구신가?

성령님은 무슨 일을 하시는가?

어떻게 성령으로 충만할 수 있는가?

어떻게 남은 삶을 최대한 선용할 수 있는가?

7주 어떻게 악에 대항할 수 있는가?

8주 왜 그리고 어떻게 전도해야 하는가?

9주 하나님은 오늘도 치유하시는가?

10주 교회란 무엇인가?

* 축하만찬(수료식 및 불신자 초대만찬)

기독교 지루하고 거짓말 같고 나와는 상관이 없는가?

◉ 알파코스는 위에 있는 15개의 주제토크를 가지고 매주 한 번씩 모임을 갖는다.

◉ 성령 수양회는 알파코스 중에서 가장 중요한 부분이다.

주말 수양회는 알파코스에 참가한 사람들 각 개인의 삶 속에 역사하시는 성령에 대해 가르치는 시간이다. 사람들은 편안한 환경 속에서 긴장을 풀게 되고, 서로간의 장벽을 허물기 시작한다. 하나님께서는 그의 성령을 보내달라는 우리의 요구를 귀하게 여기신다. 그 결과 사람들의 삶에 심오한 변화가 생긴다. 사람들은 오직 성령의 사역을 통해서만 그들의 삶을 그리스도에게 드리고, 성령으로 충만하며, 예수님을 영접하고, 자신의 친구들을 다음 번 알파코스에 초대할 수 있게 된다. 알파코스 전체를 합친 것 보다 더 많은 영적인 진전이 주말 수양회 동안에 이루어진다.

◉ 알파 축하 만찬은 하나의 알파코스를 끝낸 것으로 축하하고 다음번 알파코스를 시작하는 것이다.

2. 알파 1주 시작 전 점검 사항

(1) 팀장께 받은 조 편성표를 보며 기도 후 전화 안내 하십시오.

(2) 조 편성표를 보며 전화 통화시 멘트

　　내가 맡은 소그룹의 헬퍼, 게스트 모두에게 전화 하십시오.

　　[예] 나 자신을 소개합니다(이름, 연락처 간단히)

　　환영한다는 멘트, 열심히 섬기겠다는 약속과 함께 상대방 이름, 전화, 핸드폰 번호, 후원자(추천자),알파 참석 여부 등을 다시 정확히 확인 후 변경사항 등을 신속히 팀장께 보고합니다.

(3) 상대방이 알파가 뭐냐고 질문하면 "2시간 정도 즐거운 노래, 유익하고 재미있는 이야기, 맛있는 음식 행복 등이 준비 되었다고 답 하십시오.

(4) 회비 안내는 가급적 게스트에게는 직접 말하지 마시고 팀장과 일일이 확인 후 융통성 있게 임하십시오.

(5) 리더는 소그룹 진행을 위한 1주 알파교재를 마스터 하십시오. 소그룹 리더 핸드북이나 인쇄물을 리더가 미리 공부하시고 게스트 교재에 메모하여 소그룹 시간에는 게스트 교재만 사용하십시오. 자연스럽게 인도할 수 있도록 준비 하십시오.

(6) 소그룹 진행시 필요한 준비서류, 준비물 등을 확인 합니다.

(7) 기타 사항은 팀장의 안내에 따라 주십시오.

　　(매 기수마다 변동 사항이 있을 수 있습니다.

(8) 섬김이 헌금에 참여 해 주십시오.

(헌신은 몸과 마음과 물질이 함께해야 온전한 헌신이 됩니다.

3. 섬김이 교육의 목적

(1) 알파코스의 사명을 올바르고 정확하게 인식하게 한다.

(2) 알파코스 사역이 하나님께서 원하시는 사명임을 깨닫게 한다.

(3) 섬김이들 모두가 하나님이 원하시는 섬김의 자세가 되도록 인도한다.
"인자의 온 것은 섬김을 받으려 함이 아니라 도리어 섬기려 하고 자기 목숨을 많은 사람의 대 속물로 주려 함이니라"(막10:45)

4. 섬김이의 역할

(1) 모든 섬김이들은 하나가 되도록 최선을 다하고 영적인 연합을 이루어야 한다.

(2) 서로를 위해 늘 기도하고 모든 모임에 적극적으로 참여하라.

(3) 게스트, 토커, 유머 꾼, 섬김이들을 위해 끊임없이 기도하라.(담임목사, 진행자, 팀장 ...)

(4) 자신의 임무를 숙지하고 능동적으로 대처하라.

(5) 다음 진행을 위해 미리 예측하여 준비하고, 모든 사역에 기도로 임해야 한다.

(6) 모든 섬김이들은 서로 친하게 알도록 하라

(7) 진행자와 팀장의 인도에 순종하라. "순종이 제사보다 낫다."

(8) 가능한 한 많은 게스트들의 이름을 알도록 노력하라.

(9) 휴식시간에는 게스트들이 편안하게 접근할 수 있는 섬김이가 되도록 노력하라.

(10) 자신의 사역을 충실히 수행하고, 다른 섬김이의 사역은 간섭하지 말 것. (그러나 도움이 필요할 때는 적극적으로 기쁘고 겸손하게 도울 것.)

(11) 다른 섬김이가 실수할 때 책망하거나 불평하지 말고, 격려하고 그 자

매, 형제를 위해 기도할 것.(책망, 불평은 줄이되 칭찬과 격려는 아끼지 말(4) (사랑합니다, 감사합니다, 수고하셨습니다.)

(12) 밝고 환한 웃는 미소로 인사하며 웃음을 연습하라.

(13) 일(?)하면 재미없다. 기쁨으로 감당하고 즐기자.

(14) 개인의 사역 경험과 주장을 너무 내세우지마라.

(15) 본질을 왜곡하고 비본질적인 것에 매달려 갈등하지 말라!

　　예 테이블 위치, 데코 모양... 투쟁할 시간에 무릎 꿇고 기도하라.

5. 섬김이의 임무

(1) **소그룹 팀**

▶ 목 적

- 그날의 토크 내용을 잘 이해하였는지 피드백, 토크 주제에 대한 의문점 해소

- 소그룹 리더(인도자)는 게스트에게 주중 2번의 전화연락을 한다.-수요일, 금요일

- 문자 메시지 - 매일, 2일 이상

- 결석한 게스트 심방

- 한주 전 미리 결석여부를 파악하여 그 주간의 토크 CD를 준비하여 전해준다.

- 성령 수양회 전까지 소그룹 리더는 목회 적 돌봄의 주도권을 가진다.

- 2 주차에 주소록을 만들어 나누어 가진다.

- 소그룹 인도와 개인적 만남이나 통화를 통해 조심스럽게 게스트의 인적 상황, 환경을 파악한다. (후원자(추천인), 게스트 아내에게 문의하여 파악할 수도 있다.)

- 기도제목을 파악할 땐 직접적으로 묻기보다는 나눔 시간에 자연스럽게 파악한다.

(2) 소그룹 리더(인도자)

① 하나님의 능력을 신뢰하고 강하고 담대히 나아가라. 그리고 하나님께서 은혜와 변화를 자신과 게스트들에게 주시리라는 것을 확신하고 기대하라.

② 게스트들에게 말의 주도권을 주고 본인은 말을 많이 하지 마라.

- 게스트 모두가 나눔 토의 과정을 골고루 참여할 수 있도록 이끈다.

- 설명하려 말라. 자신의 이야기를 하지 말라.

- 이해시키는 것이 아니라 관계를 맺는데 주력하라.

- 소그룹 인도를 어떻게 할 것인가를 반드시 교재를 참고로 미리 준비하라.

- 게스트들 상호간의 분위기를 잘 파악하여 서로 친근해지도록 유도하고 창조적이고 자발적인 분위기 조성을 책임져야 한다.

- 발언이 저조할 경우 답을 할 수 있는 사람에게 먼저 질문하여 토의 실마리를 푼다.

- 어떤 질문을 할 것인가 기도하면서 준비하라. (질문을 계발하라!)

- 논쟁에 휩쓸리지 마라.

- 성급하게 바로 잡으려 하지 마라. 당신의 생각을 강요하지 마라.

- 서로 다른 차이를 조정하라. 양비론이 아니라 양긍론 으로...(모두를 긍정하라.

- 리더의 정치 사회적 견해를 피력하지 마(4)

- 기독교적 언어를 사용하지 마(4)

- 전화심방 조 편성이 되면 게스트에게 전화심방 후 결과를 진행팀(소그룹 팀장,진행자)에게 알린다.

- 게스트들의 영적 성장의 양육자가 되어야한다. 알파코스 마친 후에도 지속적으로 관심을 갖고 섬김으로 헌신하게 하고, 남성 셀로 인도하여 성숙을 위해 후원해야한다.

- 당신 자신의 무지를 인정하고 관심을 보여(4)

▶ 도움이 되는 일반적인 질문들

① 오늘 이야기는 어떠했습니까?

② 오늘 이야기를 들으면서 어떤 느낌을 가졌습니까?

③ 오늘 이야기 중 당신에게 특별한 것이나, 당신을 놀라게 한 내용이 있습니까?

④ 오늘 이야기는 새로운 주제였습니까?

▶ 소그룹 리더는 목회 적 돌봄의 주도권을 가져라.

① 영적 주도권 :기도전략, 금식기도전략, 구원초청과 확인전략, 게스트의 생각 확인전략

② 섬김의 전략 :선물전략,심방전략,문자전략,편지전략,식사전략,친교전략,헬퍼와의 관계전략 (동참 요청 전략)

③ 8주간 전략, 주간 전략을 마련하라.

④ 반드시 "개인별 돌봄 일자"를 작성한다.

(3) 헬 퍼

- 소그룹 안에 리더와 헬퍼 사이에 분리의 영이 틈타지 못하도록 무장 한다.

- 순종의 기름 부으심이 있도록 영적으로 자기 자신을 지킨다.

- 말을 적게 하라. 어떻게 하면 게스트들이 말을 많이 할까에 집중하고 기도하라.

- 중보 기도자가 되라. 무슨 말을 할까가 아니라 소그룹 내내 속으로 중보하라.

- 무엇이 필요한지에 집중하라. 게스트에게 물이 필요한지, 리더가 서류나 볼펜이 필요한지 밖이 시끄럽다든지 등등의 소그룹 인도에 방해가 되는 것이 있다면 즉각적으로 움직여라.

- 매 주차별 필요한 서류, 나눔 장소 셋팅 등 리더가 혹시 빠트린 부분을 소리 없이 조용히 준비한다.

(4) 팀장 - 공통사항

- 팀장은 자기 팀원들과 주중 한번 전화나 문자를 보낸다. (지난 소그룹 분위기, 힘 있는 격려, 애로 상황 수렴, 준비 상황 준비, 행정상황 점검)
- 각 팀장들은 진행자와 전화나 문자로 연락하여 필요를 채운다.
- 팀장은 매 주차별 체크리스트를 작성하여 준비한다.
- 모든 프로그램에 적극적 참여와 솔선수범하라.(기도모임, 찬양, 강의시간 등)
- 팀장 상호간의 사랑의 교환, 서로를 위한 기도, 격려표현 아끼지 않기.
- 팀원 출석 상황을 행정팀에게 보고 한다.(게스트, 섬김이 모두)

(5) 행정 팀

- 알파코스 시작 전 준비부터 끝날 때까지 모든 준비를 철저히 준비 한다.
- 알파 홍보와 모든 서류를 완벽히 구비해 둔다.
- 처음 시작할 때의 마음을 끝까지 유지하도록 기도하라.
- 매 주차별 진행에 미비함이 없도록 체크리스트를 만들어 준비한다.
- 팀장은 진행자와 매주 한번이상 만나 진행에 대한 토의를 한다.
- 매주 도서 판매를 설치하여 주제 토크에 맞는 알파 서적만 진열하여 판매한다.(도서 담당자)
- 아기 돌봄이는 재2의 소그룹 인도자들이다. (가정치유, 아이치유) - 영아실 사용 예약 -
- 게스트에게 사랑의 편지를 쓰며 관리한다. 섬김이에게 주1회 문자메시지 보내기. (행정실 신청)
- 알파코스에 사용 되는 모든 예산을 집행하며, 관리한다. (회계)
  (매주 회계는 수입, 지출 결의 서를 작성하여 운영 위원장과 진행자에게 보고한다.
- 팀장은 소그룹 팀장과 각 팀장에게 금주 참석 예정자를 파악하여 알려준다.
- ▶ 팀 구성 : 팀장, 사랑의 편지 담당, 도서담당, 아기 돌봄이(2명), 회계

▶ 알파 구비 서류 항목

· 토요 알파 진행 안, 알파 3기 섬김이 연락처, 기도제목(섬김이, 게스트), 전체 일정, 소그룹 출석부

· 게스트 주소록, 게스트 목회 적 돌봄 일지, 소그룹 조사표, 성령의 날 릴레이 금식 기도(팀별)

· 알파 신청서(게스트용, 섬김이 용) 성령 수양회 신청서, 성령 수양회 참석자 보고서

· 알파 만찬 VIP초청 명단, 성령 수양회 (간증 문, 설문서) 만찬 간증 문, 동기회 구성 준비

· 성령 수양회 진행 안, 소그룹 나눔 토의 록, 게스트를 위한 일대일 기도 지기

· 섬김이 교육 메뉴 얼 주차별 팔랑카 편지 준비, 식탁보 세탁 일지, 식사 메뉴 차림표

· 팀 보고서, 수입, 지출 결의서, 만찬 초청장, 영문 수료증 서류, 소그룹 외부 나눔 보고서

· 대표기도 담당자

(6) 만나 팀

- 매주 알파가 진행될 때에 게스트와 섬김이들을 위하여 식사를 준비한다.
- 저녁 만찬은 6시 50분까지 모든 셋팅과 함께 완벽히 준비한다.
- 주차별 식사 메뉴 차림표를 만들어 행정팀에 제출한다. (8 주차 분)
- 팀장은 게스트와 섬김이 참석 예상인원을 진행자나 행정팀장에게 물어 식사준비에 차질이 없도록 한다.
- 금일 저녁 메뉴와 종류, 다음주 메뉴를 작성하여 진행자에게 제출한다.
- 식사비용(예산)이 발생 시 내용을 정리하여 회계에게 제출한다.(지출 내역서)
- 매주 저녁 만찬 시 지정된 테이블을 중심으로 써빙을 한다.(주방 모를 쓴 알파 복장을 입고)

(써빙 시 밝고 환한 웃는 얼굴로 섬기며 게스트들이 유쾌하게 식사하도록

지혜롭게 써빙을 한다.

- 기쁜 마음으로 요리하는 것을 도우며 식사 후 주방 뒷정리를 청결히 한다.
- 저녁 만찬 시 특별 이벤트를 준비할 수 있다.(악기 연주, 찬양, 생일 파티 등)
▶ 팀 구성 : 팀장, 팀원 (9명)

(7) 간식 팀

- 섬김이 교육 및 특별 기도 모임 시 간단한 간식을 마련한다.
- 간식은 주제 토크를 마치고 먹을 수 있도록 준비한다.
- 주차별 간식 메뉴 차림표를 만들어 행정팀에 제출한다. (8 주차 분)
- 간식 비용(예산)이 발생 시 내용을 정리하여 회계에게 제출한다.(지출 내역서)
▶ 팀 구성 : 팀장

(8) 데코 팀

- 매주 토크 주제에 맞는 장식을 강의실에 꾸민다.
- 매주 알파의 새로운 분위기 창출을 위하여 식당, 강의실 (입구), 도열 계단, 등을 장식 한다.
- 성령 수양회 때는 선발대로 가서 성령님을 환영하며 게스트들의 감정을 고려하여 아름답게 장식한다. (강의실, 숙소, 식당)
- 마지막 만찬 및 수료식 데코는 알파 시작 전 2시간 전 까지 완료한다.
- 주차별 데코 계획표를 만들어 행정팀에게 제출한다.
- 데코 비용(예산)이 발생시 내용을 정리하여 회계에게 제출한다.(지출 내역서)
▶ 팀 구성 : 팀장, 팀

(9) 중보기도 팀

- 하나님 나라의 가장 권세 있는 사역이다.
- 중보기도는 가장 구체적인 이웃사랑 실천의 장이다.
- 주님이 가신 길을 우리가 무릎으로 싸워야한다.
- 알파코스 중보 기도제목(게스트, 섬김이)을 가지고 매일 시간을 정하여 기도한다.

- 매주 소그룹 리더로부터 자신이 중보 하는 게스트의 영적 변화와 상태를 듣고 기도해 준다.
- 매주팀장은 소그룹 팀장에게 각조 게스트의 기도제목을 전달받아 특별 기도를 한다.
- 알파 진행 안을 참고하여 함께 움직이며 중보기도 한다.
- 주님은 우리를 주보 기도자로 우리를 초청하신다.
- 게스트들의 개인 상황이나 기도 제목을 다른 사람에게 발설하거나 이야기 거리로 제공하지 않는다.

  "너희가 내안에 거하고 내말이 너희 안에 거하면 무엇이든지 원하는 대로 구하라 그리하면 이루리라." (요 15: 7)
▶ **팀 구성** : 팀장, 실무 팀장, 팀원(8명)

(10) **찬양 팀**

- 찬양이 곧 예배이다. 웃으며 찬양하라 가사를 외우라 준비 찬양은 없다.
- 찬양을 통해 하나님의 치유와 회복을 기대하라 (찬양에는 놀라운 권능이 있다.
- 알파가 시작되기 전에 모든 악기와 음향 시스템을 설치한다. (섬김이 전체 기도모임 포함)
- 찬양은 토크 주제를 고려하여 곡을 선곡한다.
- 6주후에 성령 수양회를 대비하여 곡을 매주 반복하여 게스트들이 곡을 익히도록 돕는다.
- 찬양과 동시에 워십을 병행하여 진행한다.
- 주차별 알파 찬양을 선곡하여 행정팀, 방송팀에게 미리 제출한다.
- 첫 번째, 두 번째 만남까지는 누구나 쉽게 따라 부를 수 있는 찬양으로 선곡한다.
- 찬양 리더는 멘트를 최대한 줄이고 찬양에만 집중하여 주님께 영광 돌리도록 한다.
- 특별 이벤트를 대비하여 찬양 곡을 미리 준비해 둔다.
- 알파를 마친 후 모든 시스템을 깨끗이 원위치 시킨다.(악기, 악보)

▶ 팀 구성 : 팀장, 팀원(11명)

(11) **방송 팀**

- 알파 시작 전 영상, 음향(마이크) 시스템을 강의실, 세미나 실, 식당에 설치한다.
- 방송 사고가 없도록 기도로 준비 하라. 세밀하게 점검 하라.
- 주차별 소그룹 나눔 모습, 데코, 식사메뉴, 전경 등 이모저모를 촬영하여 알파 홈피에 띄운다.
- 결석한 게스트에게 줄 토크 강의 내용을 CD로 제작하여 행정팀에게 준다.
- 알파 홍보용(대상 :전 성도), 성령 수양회 홍보용(대상: 게스트)을 제작하여 상영한다.
- 특별 이벤트로 영상 팔랑카를 제작할 수도 있다.(진행자 주문 시)
▶ 팀 구성 : 팀장, 팀원(1명)

(12) **안내 팀**

- 안내 팀은 은혜의 첫 통로이다. 게스트들이 알파코스에 처음 와서 바라보는 모습이 환영의 모습이다. 항상 밝게 웃고 부드러운 모습, 부드러운 미소, 정다운 말로 헌신 한다.
- 용모를 단정히 하고, 몸짓, 표정 하나하나에 품위를 유지한다.
- 악수 허깅 할 때 상대방의 눈을 보면서 진지하고, 따뜻하게 인사한다. (서둘지 말 것)
- 모든 게스트에게 민감하게 대처해야 한다. 무시하거나 무관심한 인상을 주지 말 것.
- 모든 게스트에게 경어를 사용할 것.
- 모든 섬김이들은 안내팀장이 환영 도열에 협조해 줄 것을 요구할 때 겸손히 따라 준다.
- 알파 시작 전 3층 세미나 실 입구에 명찰, 출석부를 준비하여 친절하게 인도한다.(리더와 함께)
- 알파 시작 전, 식사 전 후, 강의실 이동 시, 소그룹 나눔 시, 귀가 시 섬

김이들은 도열에 참여한다.

- 도열 위치는 안내팀장이 정해 주는 장소를 원칙으로 한다.
- 캐릭터 복장, 악기(탬버린), 기타 기구를 이용하여 축제 분위기가 나게 게스트를 열렬히 환영한다.
▶ 팀 구성 : 팀장, 실무팀장, 헬퍼, 그 밖의 섬김이들

(13) 마당쇠 팀

- 처음 시작할 때의 마음을 끝까지 유지하도록 기도하라. 내가 맡은 일을 소홀히 여기면, 하나님도 나를 소홀히 여길 수 있음을 기억하라.
- 강의실, 소그룹 나눔 장소를 깨끗하게 청소하고 쎗팅 한다.
- 필요에 따라서 다른 팀도 도울 수 있다.(데코, 간식, 만나 등)
- 책상, 의자, 무거운 짐 등을 운반할 때 다치지 않게 주의한다.
▶ 팀 구성 : 팀장, 팀원(4명)

(14) 성령 수양회 팀

- 모든 팀장들이 주측이 되어 모든 섬김이들이 팀원으로 활동한다.
- 팀장은 운영 위원회와 협의하여 장소를 확정한다.
- 성령 수양회에 관한 기획과 준비사항은 별첨 자료를 참고한다.

(15) 섬김이 유의 사항

- 알파코스는 기도로 시작하여 기도로 끝나는 불신자 전도 사역 이므로 모든 섬김이들은 기도 모임에 반드시 참석 한다.
- 알파코스는 통일된 유니폼이 있다. 반드시 유니폼을 갖추고 참여한다. 상의는 흰색 와이셔츠나 티, 하의는 검정색 바지를 입고 붉은색 앞치마를 착용한다. (단 만나팀은 주방모를 쓴 별도의 유니폼을 입는다.)
- 모든 섬김이들은 1인 이상의 게스트를 중보기도 대상자로 정하여 수료식 때까지 기도한다. (문자 메시지, 편지 팔랑카 (2회), 중보기도)
- 알파코스의 모든 순서는 정시에 시작 하므로 시간 약속을 꼭 지킨다.
- 강의를 마친 후 뒷 정리를 하고 피드백을 통한 기도 모임이 끝날 때까지 함께 참여한다.

스포츠 운영팀

❖ 가 치

우리는 스포츠를 통하여 성도들간의 친목과 사랑을 도모하고, 지역 주민들과 화합을 이루며, 스포츠를 통한 선교, 전도의 사명을 가지고 그리스도의 몸된 교회를 세워가는데 가치를 둔다.

❖ 사 명

현재 활동하고 있는 스포츠 선교팀(축구, 탁구,등산, 골프)이 적극적으로 활동하여 활성화되는 그룹이 되도록 한다. 성도들의 취미 활동에 대한 의견을 수렴하여, 각각의 그룹에 배치하므로써 서로의 친교를 도모한다.

❖ 전 략

1. 새신자의 신규등록 시 스포츠 운영팀을 홍보하여, 관심의 대상이 되는 그룹에 합류시키므로써, 기존의 성도들과 화합을 이루며, 교회에 잘 적응하도록 한다.(스포츠 운영팀은 새신자부와 같이 공동체 사역 그룹에 속해 있어 팀간의 정보를 공유하고, 긴밀한 관계를 유지한다.)

2. 성도들 가운데서 특정 은사 및 경험을 가진 자를 발견하여, 그 사람을 중심으로 친교 그룹을 발전시킨다.

3. 스포츠와 레크레이션의 적절한 조화를 통하여, 교회가 성도들간의 교제의 장이 되도록 한다.

4. 웹사이트를 구축하여 그룹간 정보를 공유하고, 인터넷을 통해 다양한 정보를 접할 수 있도록 하며, 게시판 등을 통하여 교류가 활발하고, 지속적으로 이루어지도록 한다.

5. 지역 주민을 위한 탁구 대회를 연례 행사로 개최하므로써, 그 행사가 믿지 않는 영혼들을 구원하는 구원의 방주 역할을 할 수 있도록 하고, 교회가 지

역 주민들에게 더욱 가까이 가는 계기가 되도록 한다.

6. 교회 내부에 설치되어 있는 체육 시설등을 지역 주민들이 자유롭게 사용하도록 개방하므로써, 점차적으로 교회에 적응토록 한다

❖ 스포츠운영팀 사역지침

1. 뜻이 있는 소수의 사람들을 중심으로 자연스럽게 그룹이 형성되도록 도운다.

2. 각 그룹의 활동은 교회의 가치, 팀 가치의 범위안에서 자율적으로 운영하나, 교회 사역의 틀을 벗어나지 않도록 운영한다.

3. 각 그룹의 운영 시 다른 사역팀 사역에 영향을 미치지 않도록 하며, 운영 시 중복이 될 경우, 충분한 협의를 거쳐 운영한다.

4. 모든 행사는 충분히 검토한 후, 행사 계획서를 작성하여 교회의 결재를 득한 후 시행한다.

❖ 현 활동중인 스포츠팀

1. 축구 선교단
2. 탁구 선교팀
3. 등산 선교팀
4. 골프 선교팀

행정사역국 사역가이드

❖ 가 치

1. 우리는 교회가 예수 그리스도의 몸으로서 유기체라는데 가치를 둔다.
2. 우리는 건강하고 진취적인 교회를 만드는데 가치를 둔다.

❖ 사 명

1. 목회자와 성도들이 교회생활을 하는데 최적 환경을 제공한다.
2. 사무행정의 표준화, 시스템화의 기반을 구축한다.
3. 교회 예산의 기획, 집행, 결산관리를 통하여 각 사역국의 사역이 효율적으로 집행되도록 재정지원 한다.
4. 전 성도가 은사를 확인하고 적절한 사역에 배치되게 한다.

❖ 전 략

1. 교회청결사역, 차량관리사역, 시설관리사역, 교회홍보사역, 목회지원 사역팀을 운영한다.
2. 행정지원 사역팀을 운영하여 각 사역국의 사역이 표준화된 문서로 효율적이고 체계화된 관리가 이루어지게 한다.
3. 목회사역의 비전에 알맞은 합리적인 재정 운영이 되도록 관리한다.
4. 전교인이 은사 확인하여 사역에 배치토록 계속적으로 세미나, 상담, 배치의 운영 사이클을 시행한다.

❖ 가 치

1. 교회행정의 효율성을 추구한다.
2. 교회행정의 시스템화를 추구한다.
3. 목회행정의 원활한 집행을 지원한다.

❖ 사 명

1. 교회행정의 효율성을 추구한다.
2. 교회행정의 시스템화를 추구한다.
3. 목회행정의 원활한 집행을 지원한다.

❖ 전 략

1. 교회에 있는 컴퓨터를 관리한다.

   현재는 각각의 컴퓨터로 분리되어 있으나 차후에는 LAN(Local Area Network)으로 연결한다.
2. 홈페이지 제작 및 관리자등을 임명한다.
3. 수시로 미팅을 통하여 홈페이지 내용 및 업데이트 사항에 대해 의논하고 점검한다.
4. 교회에 있는 복사기나 프로젝터, 등의 사무보조기기 등을 항시 사용 가능하도록 점검 관리 한다
5. 현재 각 부서별로 독자적으로 사용하고 있는 각종 양식들을 통합하여 보관하고 필요한 양식들을 개발하여 보관하며 부서에서 필요한 경우 지원한다.
6. 행정지원 사역팀의 특성상 많은 문서작성 작업이 필요하므로 문서작성을 전담하는 팀원을 배정하여 운영한다.

❖ 사역지침

1. 컴퓨터관리

   (1) 현재 교회에 있는 모든 컴퓨터를 관리한다.

   ① 컴퓨터별로 담당자를 배치하여 하드디스크에 불필요한 자료가 쌓이지 않도록 2주에 한번 씩 하드디스크를 정비한다.

   ② 컴퓨터에 바이러스가 감염되지 않도록 백신프로그램을 설치하고 시스템감시 기능을 켜둔다

   (2) 현재는 교회에 Lan이 구성되어 있지 않으나 차후에 Lan을 구성하여 유용한 자료의 공유, 교환이나 전송, 등이 효율적으로 운영될 수 있도록 한다.

   (3) 교회 웹서버를 기술적으로 지원한다.

2. 홈페이지관리

   (1) dbkwangsung.org 라는 웹 사이트를 구축

   동부광성 교회 내 신자와 신자 또는 신자와 교역자간의 comm unication 활성화와 신앙교류 및 정보교환의 극대화에 목적을 두고 또한 셀과 셀, 셀 원들 간의 교제와 활발히 이루어'져서 셀의 번식과 교회 발전에 이바지하는데 그 궁극적인 목적이 있다.

   (2) 홈페이지 관리자 및 운영자의 임명

   ① 홈페이지 관리자는 지속적인 업데이트를 통하여 사정상 교회에 출석하지 못한 성도가 인터넷을 통해 교회의 최신 소식을 접할 수 있도록 노력하며 게시판 등을 통하여 주중에도 성도들 간의 교류가 지속적으로 이루어지도록 한다.

   ② 각 게시판별 관리자를 임명하여 게시판의 글들을 점검하며 스팸이나 광고성 글들이 올라오는 경우에는 관리자가 처리하도록 한다.

   ③ 홈페이지 관리자는 성도들의 신앙생활에 도움이 될 만한 많은 자료들을 발굴하여 지속적으로 웹사이트에 탑재한다.

(3) 정기모임을 실시한다.

매월 마지막 주일에는 팀장과 홈페이지 담당자들의 정기 모임을 통해 바람직한 방향을 토의하고 개선사항이 있으면 고쳐나가도록 한다.

3. 사무기기 관리

(1) 교회에 있는 사무기기 관리.

교회의 복사기를 관리한다. 고장 시 지침을 복사기에 부착하여 효율적으로 사용되도록 한다.

(2) 교회 내 외부의 공식문서를 정리 관리

현재까지 남아있는 모든 공문서들을 통합하여 보관하며 차후에 발생할 모든 내외 문서들을 관리, 보관한다.

(3) 각종 행사 계획 및 결과를 파일로 보관

각 부서별로 실시한 교회의. 각종 행사에 대한 기록들을 체계적으로 보관하여 다음 행사에 자료로 활용하고 장기적으로는 교회의 역사를 기록하는데 자료로 활용한다.

(4) 교회행정의 전산화를 추진하고 각종자료 및 양식을 보관

① 현재 각 부서별 자체적으로 사용해왔던 모든 양식들을 하나로 모아서 전산화하여 파일로 보관하고 새로운 양식들이 필요하면 자체적으로 양식을 개발하여 공적인 문서양식으로 등록하여 사용한다.

② 현재 교회의 서식은 아래와 같다.

(가) 행사계획서 및 결과 보고서(각 부서별로 다른 서식을 통일함)

(나) 예산 보고 양식(엑셀 파일로 작성할 것)

(다) 연말정산 양식

(라) 세례양식

(마) 새신자반 등록 카드

(바) 사랑방 주간 보고서

(사) 예산 신청서 양식

이 외에 필요한 양식들은 새로 개발하여 사용한다.

4. 문서작성 및 사무용품 관리

    (1) 서식관리업무계의 보조역할을 수행하며 교회서식 관리계와 협조하여 각
        종 문서작성 작업을 도와준다.

    (2) 교회의 여러 행사시 필요한 문서작성 업무에 협조한다.

    (3) 각종 문서를 개발하고 작성하고 보관한다.

5020.   은사배치팀

❖ 가 치

각각 은사를 받은 대로 하나님의 각양 은혜를 맡은 선한 청지기 같이 서로 봉사하라. (벧전 4:10)

❖ 사 명

1. 은사 배치 세미나를 정기적으로 실시하여 출석하는 모든 성도들로 하여금 자기에게 주어진 은사를 확인하고 사역에 배치한다.
2. 은사배치 세미나를 준비, 홍보, 실행 및 그 후속 조치에 필요한 모든 사항들을 담당한다.
3. 은사 배치 사역을 당 교회 사정에 알맞게 정례 혹은 수시로 팀장 회의를 통하여 개정/통합 발전시킴과 아울러 팀 사역이 잘 운영되도록 감독한다.
4. 시대와 문화와 지역사정에 요구되고 걸맞은 사역을 개발한다.

❖ 전 략

1. 은사배치 세미나는 초기(1-4회)에는 집체교육 또는 선별교육을 통해 전 성도가 참여케 하여 은사를 확인하고 교회 사역에 배치하여 사역하게 한다.
2. 제 5회 세미나 순서부터는 별도 세미나를 시행하지 않고 새 가족 성경 공부 과정 중 마지막 날에 (제6일차) 본 은사배치 세미나 과정을 넣어서 이를 홍보 실시함으로 교회에 등록하는 성도들이 은사를 확인하고 교회사역에 배치하여 사역케 한다.
3. 사역팀장 회의와 사역 실행 모임이 잘 운용 되도록 홍보하고 격려한다.
4. 은사 배치 사역에 대한 연구사례들을 소개한다.

❖ 사역 지침

1. 정 의

은사배치란 성도 각 개인의 은사를 분석하여 그 포괄적 은사에 따라 성도 각 개인으로 하여금 결실을 맺을 수 있는 보람된 사역에 배치시키는 일련의 과정이다.

2. 사역 구성 : 은사배치 사역은 다음의 세 단계로 구성된다.

(1) 제 1 단계 - 발견과정

1일 또는 2일간의 세미나를 통해 성도 각자가 하나님이 주신 은사 (관심사, 성격유형, 은사를 발견, 확인하도록 도와준다. 이 과정을 통해 참석자는 하나님이 의도하신 사역처를 발견하게 된다.

(2) 제 2 단계 - 상담과정

은사 확인 단계를 거친 성도들을 일대일의 개인 접촉을 통한 상담을 통하여 각 성도의 프로필에 따라 하나님이 그 성도에게 내리신 창조 목적을 발견하고 적합한 사역처를 찾아가도록 해 준다.

(3) 제 3단계 - 배치과정

은사중심사역의 목표에 해당하는 단계이다.

이 단계에서는 "모든 성도는 청지기다."라는 이론을 실행하게 한다.

3. 세미나 시기

3개월 단위로 세미나 중 1~4회에 한하여 집체 집중적으로 실시하여 전 출석교인의 대다수가 본 과정에 참여하게 하되 제 1회 세미나는 2003.6.29, 2003.7.6 2일간에 걸쳐 전교인을 상대로 한 집중적/대중적 세미나를 시행하여 대다수의 현재의 봉사자들의 은사 발견을 유도하고 제 2~4 회 세미나는 평일에 제1회 세미나의 미 이수자들을 상대로 하여 실시하며 제 5회 차부터는 새 가족 성경공부의 제6주과정중 마지막 주 과정을 이용하여 정례화시킨다.

4. 진행계획

(1) 세미나 진행계획 - 세미나 5주전
- 기도회 실시
- 세미나 조견표(별첨 #1 ; 기본 계획표 참조)

(2) 세미나 4주전
- 교재제작 또는 준비
- 포스터 제작 및 부착(A4-B4 Size로 제작하여 게시판에 부착 홍보)
- 현수막 제작 및 부착 (교회 내부에 설치하며 기존 제작된 것을 변경 사항에 맞추어 수정 사용토록 한다.)
- 주보 광고 실시
- 강사 예약
- 신청서 접수 시작

(3) 세미나 3주전
- 기도회 실시
- 세미나 대상자 안내문 발송

(4) 세미나 2주전
- 강사 확정
- 진행 시나리오 작성

(5) 세미나 1주전
- 기도회 실시
- 참가대상자 전화신청 확인 및 독려
- 강사 확인
- 계획 조견표 확인

(6) 세미나 3일전
- 접수자 확인
- 조 편성

(7) 세미나 1일전

- 출석부 제작

(8) 세미나 종료 후의 할 일

- 상담 예약 표 확인
- 은사 배치 상담 점검표
- 은사배치 결과표 (양식 점검)

5. 상 담

(1) 준 비

교적부 및 과정 평가서를 수집 분류한다.

(2) 상 담

- 세미나 과정을 끝낸 과정 이수자는 2주 이내에 상담이 이루어지도록 주선한다.
- 상담은 상담조 에서 나누어 맡되 세미나 마지막 날에 상담 가능 시간을 미리 도표로 만들어 세미나 이수자들이 빈칸에 자기 이름을 적어 상담 신청을 하게 한다.
- 상담 신청을 받은 대로 상담을 시행하며 상담점검표(첨부양식)에 의거하여 기존 개인 프로필을 참작해 가면서 확인을 하며 상담을 진행한다. (주요 상담 질문 사항)
- 사역 경험과 현재 하고 있는 사역
- 열정
- 은사
- 성격유형
- 영적 성숙도
- 주간 가용 시간
- 가능한 사역
- 사역 현장에 참여하지 못하는 이유

- 상담을 마치면 상담 대상자 개인별로 상담결과표, 교적부, 개인프로필을 철하여 담당 교역자에게 제출토록 한다.

6. 배 치

(1) 최종적으로 결정되면 컴퓨터에 입력하고 정리한다.

차후의 은사배치에 적합하게 사용토록 인사프로그램을 이용한다.

(2) 사역배치 부적합 자에 대한 재배치

은사 배치 세미나를 이수하고 사역 배치를 받았으나 여러 사유로 인하여 배치된 사역이 적합하지 않는 경우는 재배치를 통해 조정할 수 있는데 이 경우는 가능한 제2, 제3 순위의 사역에 배치토록하고 이 경우가 불가능 할 경우는 부득이 은사배치 세미나를 새롭게 이수한 후에 재 상담을 거쳐서 재배치하도록 한다.

7. 정보지원

(1) 은사배치 세미나 자료 및 홍보자료 제작(포스터, 현수막)

(2) 현황 조사판 제작 부착

(3) 은사배치에 필요한 제반 양식지 준비, 제작

(4) 각 국별, 팀별 사역기술서 / 사역설명서 취합 제작

(5) 은사 배치의 효율적인 정보 검색 프로그램을 운용한다.

❖ 가 치

하나님께서 만들어 가시는 교회 역사의 발자취를 관리하고 교회의 각종 행사를 대내외에 홍보함으로써 복음전파 사역의 밑거름이 된다.

❖ 사 명

1. 각 사역에 필요한 자료를 수집, 보관 및 제공하여 각각의 팀을 섬긴다.
2. 자료의 수집, 보관 및 제공의 적시성을 확보하여 최적의 자료관리 체계를 수립한다.
3. 자료별 분류체계를 구축함으로 자료 생성·관리가 쉽도록 한다.
4. 자료관리 실태에 대한 정기검사를 수행함으로 중요자료 유실을 최소화 한다.
5. 교회의 각종 행사나 소식을 지속적으로 알림으로써 지역사회의 관심을 유도한다.
6. 교회에 필요한 홍보물을 기획, 제작하고 출판함으로 교회의 알림이 역할을 담당한다.
7. 타 사역그룹의 행사를 최대관심을 모으고 효과를 도모할 수 있도록 홍보한다.

❖ 전략(자료관리)

1. 각 팀에서 생성한 각종 자료를 주기적(월 단위)으로 수집하여 이의 보관가치와 보관년수 · 보관방법 등을 판별하여 보관한다.
2. 수집 · 생성한 자료는 종류별, 생성일자별, 기타 기준에 의하여 분류·관리하며 관리현황을 일목요연하게 파악할 수 있도록 색인목록을 작성하여 보관한다.
3. 자료제공체계의 적시성을 확보하여 홈페이지, 홍보 기타 기관 및 팀이 필요로 하는 형태(전자파일 및 종이문서 등)로 제공하며, 컴퓨터 파일형태의 자료는 최적 제공할 수 있도록 최신의 파일형태로 지속 갱신한다.

4. 중요한 자료는 컴퓨터 하드디스크 및 CD-ROM 또는 외장하드 3중 보관함을 원칙으로 하며, 색인목록에 중요도를 표시하도록 한다.

5. 네트웍상에 보관하는 자료는 정기 및 수시로 바이러스 감염여부를 감시하며 중요한 자료나 기타 필요하다고 인정하는 자료는 OFF-LINE상에 추가로 보관토록 하여 만일의 사태에 대비한다.

6. 자료의 수집 및 보관이 적절히 진행되고 있는지를 파악하기 위하여 3개월 단위로 자료관리 실태에 관하여 검사를 실시하여 자료 유실이 최소화되도록 노력한다.

7. 매년도 1월 31일까지 전년도의 자료관리 실태를 정리하고 당해연도 자료관리 계획을 수립·시행한다.

❖ **전략(홍보)**

1. 홍보기획, 디자인, 사진, 제작, 출판 등 홍보와 관련된 여러 분야에 경험이 있거나 참여하기 원하는 인력을 발굴하여 전문화한다.

2. 교회 및 각종 행사를 인터넷, 기관지, 지역신문 등 가능한 매체를 통하여 홍보함으로 지역주민과 교우들이 최대한 참여할 수 있도록 홍보한다.

3. 각종 홍보물의 이미지를 통합하여 홍보 효과를 극대화한다.

4. 홍보와 관련된 시류 등의 관심사를 조사하고 다양한 형태의 홍보물을 수집 및 제작하여 더욱 효과적이고 시대에 맞는 홍보방법을 모색한다.

❖ 자료 · 홍보 지침

1. 자료의 종류

종 류	정 의
사진자료	필름, 슬라이드, 인화지 등에 기록된 자료와 컴퓨터 파일로 기록된 정지영상 자료.
동영상자료	테이프(6mm, 8mm 등)로 기록제작하거나 컴퓨터 파일로 기록제작된 동영상 자료로서 편집장비에 의해서 편집된 것. ※ 편집장비가 없을 경우에는 편집하지 않은 원 상태의 자료를 말한다.
디지털자료	교회에서 생성 또는 교회이외의 기관에서 수집된 자료로서 그형태가 디지탈 형태로 생성된 자료 또는 기존의 아날로그 형태의 자료가 컴퓨터 등의 지능화 장치에 의하여 디지털형태로 변환된 자료
행사자료	세미나, 교육, 체육대회 등 각종행사에서 생성되는 자료로서 기록물로서 가치가 있는 각종 형태로된 자료
홍보자료	교회의 신문 등 대내외 홍보와 관련된 자료

2. 자료관리의 일반원칙

(1) 생성·수집된 자료는 즉시 생성 및 수집일시, 자료명 등 관리에 필요한 데이터를 기록한다.

(2) 자료의 최초 생성·수집시 기록형태별로 임시보관 장소에 보관하여 자료소실이 되지 않도록 한다.

(3) 보관방법, 보관 장소, 보관 년수 등의 자료 분류가 완료되면 지정된 장소에 보관을 하도록 한다.

3. 사진자료의 생성 및 수집

(1) 모든 사진자료는 보관방법을 지정하여 인화지 또는 컴퓨터 파일의 형태로 보관

(2) 외부에서 수집한 자료의 경우 자료 분류 전까지는 임시보관

　　※ 자료분류 일시 : 자료수집 후 2주 이내

(3) 각 팀에서 생성한 사진자료의 효율적 관리를 위해 월단위로 자료수집

※ 사진자료 수집방법 : 주보의 광고란, e-mail, 인편 등 각종 수단으로
각 팀별 담당자에게 요청을 하며 사진자료를 전송하기 위한 통신수
단은 자료관리팀에서 제공

4. 사진자료의 보관 및 활용

(1) 사진자료의 보관방법

- 디지털데이터로 보관함을 원칙으로 함
- 부득이한 사정으로 인하여 마이크로 필름, 인화지 등으로 보관이 필요
  한 경우 그 내용을 컴퓨터 파일로 이중보관
- 보관장소를 지정하여 컴퓨터, CD-ROM(또는 DVD) 등으로 구분하여
  보관토록 하며 중요도를 판단하여 2중보관토록 하며, 교회 자료서버
  에 보관하는 자료는 OFF-LINE상에 이중보관.

(2) 사진자료의 제공

- 보관된 자료를 홈페이지 기타 필요한 곳에 사용할 때에는 원 자료가
  훼손되지 않도록 복사하여 제공
- 각종 행사 등에서 촬영한 사진을 각 기관 및 개인의 요청에 의하여
  인화된 상태로 제공할 때에는 그룹장에게 보고하고 제공

(3) 자료의 관리형식

- 사진자료는 종류별, 생성일자별, 기타 기준에 의하여 분류·관리하며 관
  리현황을 일목요연하게 파악할 수 있도록 색인목록을 작성
- 색인목록은 전자화된 파일형태로 보관

❖ 색인목록 서식 ❖

자료명(제목)	생성일시	보관장소	보관형태	보관년도	비 고

5. 녹화물 자료의 생성 및 수집

   (1) 녹화물 자료는 보관방법을 지정하여 테이프 또는 컴퓨터 파일로 보관

   (2) 테이프는 보관상자를 마련하여 습기, 온도 등의 영향이 최소화 되도록함

   (3) 외부에서 수집한 자료는 자료분류 전까지는 임시보관

      ※ 자료분류 일시 : 자료수집 후 2주 이내

   (4) 각 팀에서 생성한 녹화물 자료의 효율적관리를 위해 월단위로 자료수집

      ※ 자료 수집방법 : 주보의 광고란, e-mail, 인편 등 각종 수단으로 각
         팀별 담당자에게 요청을 하며 자료를 전송하기 위한 통신수단은 자
         료관리팀에서 제공

6. 녹화물 자료의 생성 및 수집

   (1) 녹화물자료의 보관방법으로는 원본형태(6mm, 8mm테이프 등)로 보관함
      을 원칙으로 하며, 필요에 따라서는 디지털데이터 형태로 보관

   (2) 타 그룹 및 외부에서 수집된 자료를 디지털데이터화 할 경우에는 적정
      한 압축방법을 사용하여 컴퓨터등 수용공간과 활용화질등을 고려하여
      변환

   (3) 디지털화된 녹화물자료는 그 보관장소를 지정하여 컴퓨터, CD-ROM(또는
      DVD) 등으로 구분하여 보관토록 하며 중요도를 판단하여 2중보관토록 하
      며, 교회 자료서버에 보관하는 자료는 OFF-LINE상에 이중보관

   (4) 디지털화된 녹화물자료의 원본은 그룹장의 판단으로 저장 또는 폐기

   (5) 보관된 자료를 홈페이지 기타 필요한 곳에 사용할 때에는 원 자료가 훼
      손되지 않도록 복사하여 제공

   (6) 녹화물자료는 종류별, 생성일자별, 기타 기준에 의하여 분류·관리하며 관
      리현황을 일목요연하게 파악할 수 있도록 색인목록을 작성

❖ 색인목록 서식 ❖

자료명(제목)	생성일시	보관장소	보관형태	보관년도	비 고

7. 행사기록 자료의 수집·보관 및 활용

(1) 세미나, 교육, 체육대회 등 각종행사에서 생성되는 자료의 수집을 위하여 자료관리팀에서는 1개월 전에 각종 행사계획 관련 정보를 수집하여 자료수집 방법 및 내용 등 계획 수립.

(2) 수집된 자료는 자료형태 및 종류에 따라 그 보관방법을 지정하여 보관하며 컴퓨터 파일로 보관할 수 있는 자료는 스캔 등의 과정을 거쳐 보관

(3) 종이로 기록된 일반 기록물은 그 행사의 일시 및 종류별로 분류하여 관리토록 하며, 건별 기록물의 양이 많은 경우 행사별 또는 기타 적절한 기준에 의하여 묶음단위로 기록

8. 홍보자료의 수집·보관 및 활용

(1) 각종 홍보용으로 제작되는 자료의 수집을 위하여 홍보팀등 관련 팀과 1개월 단위로 협의

(2) 수집된 자료는 자료형태 및 종류에 따라 그 보관방법을 지정하여 보관하며 컴퓨터 파일로 보관할 수 있는 자료는 스캔등의 과정을 거쳐 보관

(3) 각종 사진, 동영상, 행사기록자료가 홍보자료로서 제공될수 있도록 관리

9. 기타 자료관리 사항

(1) 자료의 수집 및 보관이 적절히 진행되고 있는지를 파악하기 위하여 3개월 단위로 자료관리실태에 관하여 검사를 실시하여 자료 유실이 최소화 되도록 노력

(2) 매년도 1월 마지막 째 주 까지 당해 년도 및 향후계획 등 중장기 계획을 수립·시행하여 체계적이고 효율적인 자료관리 체계를 시행

(3) 매년도 3월 마지막 째 주 까지 전년도까지 생성된 자료를 정리하여 색인목록과 비교토록 하며 보관방법, 보관 장소, 보관년도 별로 정리

10. 홍보 기획

(1) 교회를 홍보하기 위한 최적의 방법들을 기획하고 관리

(2) 교회의 절기나 특별 행사들을 미리 파악하고 팀원들을 모아 효과적인 방법과 예산 등을 논의하고 기획

(3) 홍보물이 제작되는 동안의 모든 과정들을 총괄 관리하고 도움이 필요한 팀원 지원

(4) 교회의 홍보를 위하여 타 그룹 및 팀의 활동계획을 미리 수집하고 담당자와 협력하여 적절하고 효과적인 홍보기획 사전마련

11. 홍보의 사역원칙

(1) 제작된 홍보물을 홍보 방법에 따라 전달, 벽보부착, 배포 등을 함으로써 교회 및 행사 홍보

(2) 부착된 홍보물은 행사기간 종료 시까지 잘 부착되어 있는지 더 필요한 곳은 없는지 계속해서 관리토록하며 행사주관부서 지원

(3) 홍보물 제작, 배포 뿐 아니라 지속적으로 교우 및 지역주민에게 구두로써 관심 유발

12. 홍보물 제작

(1) 홍보기획에 따라 확정된 홍보물 제작.

(2) 제작과정에 필요한 자료 수집

(3) 부서 내에서 제작 가능한 사항은 직접 제작 및 출판

(4) 전문적이거나 제작 장비가 미흡하여 직접제작이 어려운 사항은 샘플을

제작하여 외주 시행

(5) 퇴고 등 홍보물의 출판전 최종정리

(6) 제작된 내용물은 문서파일로 디스켓 또는 CD 등에 보관

13. 남서울비전소식지의 제작 및 배포

(1) 소식지는 매월 발간하는 것을 원칙으로 하며, 특별한 행사 등으로 소식지를 발행할 필요가 있을 경우 특별호를 발행할 수 있음

(2) 소식지 각 면의 순서

- 1면 : 해당 월의 주요한 행사 및 사항
- 2면 : 담임목사님 설교 및 간증문
- 3면 : 양육그룹 이모저모
- 4면 : 스포츠, 퍼즐, 건강상식, 기타

  ※ 각 면의 순서 및 내용은 경우에 따라 바뀔 수 있음

(3) 소식지의 제작은 전월 첫째주에 다음 호의 제작관련 회의를 실시하고 담당자별로 소식지에 게제할 내용을 제작 및 수집

(4) 소식지의 배포는 매월 첫째주에 배포함을 원칙으로 함.

❖ 가 치

우리는 목회자를 돕는 통로자가 되는 것을 가치 있게 여긴다.

❖ 사 명

1. 목회사역을 능동적이고 효율적으로 지원하여 교회의 Vision을 달성하도록 돕는다.

2. 목회자의 하나님 말씀 전파를 알차고 효율적으로 실시할 수 있게끔 그 준비에 도움이 되도록 한다.

3. 목회자가 더욱 목회의 집중력을 높일 수 있도록 목양실의 정서적인 환경을 유지한다.

4. 교회의 일반 행사 또는 예배 시에 강사로 초청된 외부 인사의 다과, 등의 접대를 시행하여 행사 혹은 예배의 효율을 제고케 한다.

❖ 전 략

1. 설교도우미, 목양실도우미, 강사접대도우미로 세 분야로 나누어서 목회지원을 한다.

2. 설교도우미는 목회자의 특별 요청사항과 정례적 자료 수집을 통하여 설교자료를 지원한다.

3. 목양실 도우미는 항상 목양실의 청결상태를 유지함은 물론이고 환경미화 및 음료 등을 상시 비치하여 편안한 분위기를 연출한다.

4. 강사접대는 각 사역국의 강사초청 계획을 사전에 확인하여 행사 전후 30분씩 목양실에서 음료, 다과를 제공한다.

❖ 목회지원 사역팀 사역 지침

1. 설교도우미

  (1) **목회자의 요청에 따라**

    ① 예화를 수집한다.

    ② 지명된 도서의 중요 어귀를 발췌한다.

    ③ 주요 인명 / 지명 / Word등의 내용을 확인한다.

    ④ 관련 인터넷 싸이트 및 관련 서점 방문을 통해 주요자료를 제시한다.

    ⑤ 주요 시사 내용을 스크랩하여 제공한다.

    ⑥ 주간 설교 자료를 홈페이지에 게재하는데 자료 제공을 담당한다.

  (2) 설교도우미는 3명 배치하여 자료제공을 분담하여 적시에 제공토록 한다.

2. 목양실 도우미

  (1) 매주 토요일 및 주일은 수시로 목양실 청소를 담당한다.

  (2) 냉장고의 청결 및 신선도를 관리하고 특히 음료가 상시 비치 되도록 한다.

  (3) 목양실 도우미는 2명 배치하여 순번을 정해 실시하도록 한다.

3. 강사접대 도우미

  (1) 초청행사 전후 각 30분간 강사에게 음료 및 다과를 제공한다.

  (2) 강사접대 도우미는 2명을 두어 사역을 감당케 하되 정 / 부로 나누어 사역을 분담케 한다.

교회홈페이지팀

❖ 가 치

1. 시간과 공간의 제약을 넘어선 성도간의 교제를 추구한다.

2. 교역자가 전하는 말씀을 어디서나 쉽게 접할 수 있도록 한다.

3. 급변하는 정보통신사회에서 신앙생활의 효율성을 추구한다.

❖ 사 명

1. 교회에서 일어나는 모든 일 들을 교인들에게 신속히 전달한다.

2. 교역자 칼럼 등을 통해 성도들의 신앙생활을 돕는다.

3. 성도의 교제를 물리적 교회내에서 사이버공간으로 확대한다.

❖ 전 략

1. dbkwangsung.org 라는 웹 사이트를 구축

2. 홈페이지 웹디자이너, 게시판프로그래머, 게시판관리자, 교회소식 관리자, 교역자칼럼 담당자 등을 임명하여 지속적인 업데이트가 되도록한다.

3. 수시로 미팅을 통하여 홈페이지 내용 및 업데이트 사항에 대해 의논하고 점검한다.

4. 현재는 웹호스팅업체와의 계약을 통해 운영하지만 장기적으로는 교회에서 서버를 운영하는 방향을 지향한다.

5. 각 기관별 웹사이트를 교회홈페이지로 흡수한다.

❖ 각 JOB별 사역지침

1. 홈페이지 운영팀은는 지속적인 업데이트를 통하여 사정상 교회에 출석하지 못한 성도가 인터넷을 통해 교회의 최신 소식을 접할 수 있도록 노력하며 게시판 등을 통하여 주중에도 성도들 간의 교류가 지속적으로 이루어지도

록 한다. 홈페이지 운영팀은 성도들의 신앙생활에 도움이 될만한 많은 자료들을 발굴하여 지속적으로 웹사이트에 탑재한다.

(1) 웹 디자이너

웹 디자이너는 교회 홈페이지를 전체적으로 디자인하고 필요할 때 홈페이지의 디자인을 업데이트해서 새롭게 바꾸는 역할을 한다.

(2) 게시판관리자

게시판 관리자는 각 게시판에 올라오는 게시물들을 점검하고 게시물이 적합하지 않은 내용 일 때는 삭제하거나 다른 곳에 보관해두도록 한다. 게시판은 종류가 많이 있으므로 게시판 관리자는 필요에 따라 여러 명을 둘 수도 있다.

(3) 교회소식 관리자

교회소식 관리자는 주보에 기록되는 모든 교회소식뿐만 아니라 교회에서 일어나는 많은 일들과 새 신자 소개, 성도들의 동정 등 다른 사람에게 알릴만한 일들을 알려서 성도들간의 교제를 더욱 돈독히 하는 역할을 한다.

(4) 교회사진관리자

교회 사진 관리자는 교회에서 일어나난 행사들을 사진으로 보관하고 게시판에 올려서 다른 성도들이 교회의 모습들을 함께 나눌 수 있도록 도움을 주고 교회의 역사를 사진으로 보관하는 역할도 담당한다. 사진을 게시판에 맞게 수정해서 올리는 작업을 한다.

(5) 교역자 칼럼 관리자

교역자 칼럼관리는 전도사님 중 한분께 위탁해서 교역자님들의 칼럼이 정기적으로 업데이트 되도록 하고 성도들의 신앙생활에 도움이 되도록 한다.

(6) 게시판 프로그램 관리자

게시판 프로그램 관리자는 게시판의 데이터베이스를 관리하고 게시판에 문제가 생겼을 때 처리하는 일을 한다.

이 외에 홈페이지 메뉴에 해당하는 사역국별 관리자를 두어서 콘텐츠가 방치되지 않고 지속적으로 업데이트 되도록 한다.

카페운영팀

❖ 가 치

우리는 교우들과 이웃주민들이 편안한 마음으로 와서 쉬고 교제할 수 있는 공간을 만들며, 좋은 서비스를 제공함으로 교회 안에 좋은 쉼터를 만드는 일을 가치 있게 여긴다.

❖ 사 명

우리는 주님께 공간을 내어드리고 대접하듯 교우들과 이웃들에게 섬김의 마음으로 가장 좋은 환경의 쉼터를 제공하도록 한다.

❖ 비 전

우리는 이곳을 다시 오고 싶은 곳, 누구에게든지 소개해 주고 싶은 까페가 되게 하여 교회와 수지의 자랑이 되고 주님의 사랑이 전하여지는 현장이 되게 한다.

❖ 전 략

1. 환한 미소와 따뜻한 음성으로 친절히 손님을 맞음으로 차와 음료 이상의 것을 제공함
2. 항상 청결하고 쾌적한 환경을 만듦으로 누구든지 기분 좋게 쉬다 가게 함
3. 은은하고 편안한 클래식 음악이나 찬양음반 등으로 분위기 있는 곳 만듦
4. 각양 커피 제조나 차만들기의 질을 높이기 위해 봉사자들에게 배움의 기회를 제공
5. 모든 재료의 신선도 위해 물품은 대량 구입을 삼가고 필요시 적정량주문 및 소비
6. 공간은 필요시 아버지학교, 알파모임, 기타 음악회 등을 위해 제공할 수 있음

7. 주일에는 장년 교우들이 사용하지 않는 시간대 및 공간을 양육그룹에서 활용토록 함

8. 모든 까페 섬김이는 단순한 '봉사의 일' 차원을 넘어 '사역자'로서 주께 하듯 하기

❖ **사역지침**

1. 운영에 대하여

   (1) 관리 및 기술자 1인을 유급으로 두고, 기타 봉사자를 확보·교육하여 봉사케 한다.

   (2) 까페운영시간은 평일 오전 10시~오후 6시까지, 주일은 오전 9시~오후 7시까지 운영한다. (월요일은 휴무)

   (3) 봉사자는 오전반은 10시~2시까지, 오후반은 2시~6시까지 교대로 한다.

2. 섬김이 역할지침

   (1) 1층 행정사무실에서 까페 열쇠를 받아 문 열고 열쇠를 반납한다.

   (2) 중앙 샹드리에 조명 외에 조명을 켠다.(계산대 앞 기둥에 스위치 있음)

   (3) 실내 환기를 위해 2개의 문과 창문을 열고 환기를 시킨다.

   (4) 오디오에 음악 틀고, 청소시작(a. 탁자 먼저 닦고 b. 소파 털고 c. 밀대로 바닥 청소)

   (5) 화분에 물을 주고, 적당한 위치에 배치한다.

   (6) 주방청소 및 영업 준비 -> 영업시작

   (7) 교역자용 커피 : 원두커피를 내려 두어 사역자들이 필요시 드실 수 있도록 배려한다.

   (8) 봉사 마치고 집에 갈 때 확인사항: a. 판매 대금 확인 및 장부정리 b. 문단속·열쇠반납

   ※ 기타 주요사항

   얼음량 점검하기 - 4층 식당이나 행사(아버지학교, 알파 등)시에 얼음을

가져가는 경우가 있으니 행사전 미리 여분의 얼음을 만들어 비닐에 넣어 냉동고에 보관한다.

3. 메뉴들
    (1) 커피(아메리카노, 까페라떼, 까페모카, 엑스프레소, 카푸치노 등) 및 아이스커피류
    (2) 녹차, 허브차, 아이스티, 홍차 등
    (3) 건강차(석류, 복분자, 감식초, 유자차, 쌍화차, 천마차 등)
    (4) 핫초코, 팥빙수, 아이스크림,
    (5) 쿠키, 빵 등

❖ **가 치**

교우들과 지역 주민들에게 신앙서적을 보급함으로 복음전파의 기회와 믿음의 성장을 돕는 것을 가치 있게 여긴다.

❖ **사 명**

교우들에게 필요한 서적과 필요로 하는 서적을 정확·신속·친절히 공급한다.

❖ **비 전**

남서울비전교회 모든 교우들이 좋은 책을 통해 신앙과 삶에의 조화로운 성장과 성숙을 이루며 행복해 하도록 섬긴다.

❖ **전 략**

1. 정확하고 빠른 도서 정보를 제공한다.(주문 및 예약)
2. 지역기독교 서점과 이용객들에게 최대한의 편의와 이익을 도모한다.
3. 담임목사님 추천도서와 지정된 셀 교재 및 알파교재로 서점을 활성화한다.
4. 기독교 서점으로 on-offlin 서점으로 전환한다

❖ **사역지침**

1. 운영시간
   (1) **주일** : 오전 9:00 ~ 7:20분
   (2) **평일** : 오전 9:00 ~ 6시
   (3) **휴일** : 월요일

2. 서점 목록 : 최요한 목사님저서, 담임목사님 추천도서, 베스트도서, 성경, 신

앙서적, 가정, 자녀, 어린이도서, 셀 교재, 알파교재, 성경영어교재, 목회, CD 및 TAPE

3. 운영 방법

(1) 인수인계받기

(2) 책꽂이의 빈도서 확인 및 보충

(3) 오디오 음악 틀기(까페팀과 공간을 함께 사용하기에 먼저 온 이가 켬)

(4) 서점 및 책꽂이 걸레로 닦기

(5) 판매 시 노트에 책명 판매가 기록

다음과 같이 요일별로 나누어 운영하며 주일은 시간대를 나누어 운영한다.

화, 수 - 김 순옥

목 - 박 기순

금- 김 순옥

토 - 김 순옥, 박 기순

일 - 이 관용, 이 민자, 김 순옥, 박 기순

팀원 명- 팀장 - 김 순옥   팀원 - 박 기순 , 이 관용, 이 민자

4. 재 고

비품 (컴퓨터, 책장, 오디오)

❖ 사 명

1. 교회의 전체적인 행사 즉, (부흥집회, 부활절, 성탄절, 추수감사절 및, 특별행
⑦ 프로그램에 필요한 행사장을 장식한다.
2. 교회의 아름다운 공간을 위해 디자인하고 연출하는 것을 맡아 진행한다.

❖ 전 략

1. 교회내에서 데코레이션에 관심 있는 은사자들을 발견하고 팀을 구성한다.
4. 각 행사별로 주제를 구성하고 아이디어를 모은다.
3. 행사에 필요한 소재별 소품을 구입하고 제작이 가능한 것은 직접 제작을 한다.
5. 장식 에 필요한 신소재의 정보를 꾸준히 수집하고 개발 한다.
2. 동선과 벽면 구성법 에 관해 아이디어를 모은다.
6. 년 1회 이상 교회 장식을 위한 전문적인 강사를 초빙하여 세미나를 개최한다.
7. 재료 및 기구를 재사용 할수 있도록 관리 및 보관을 철저히 하도록 한다.

❖ 사역 지침

1. 기 획

(1) 교회행사에 장식을 위한 방법들을 기획하고 관리한다.
(2) 교회 절기나 특별 행사들을 미리 파악하고 팀원들을 모아 효과적인 장
식을 위한 방법과 예산 등을 논의하고 기획한다.
(3) 행사를 위해 준비하는 동안의 모든 과정들을 총괄 관리하고 도움이 필
요한 팀원들을 지원해준다.

2. 제 작

(1) 행사에 필요한 자료를 수집하고 행사의 목적과 분위기에 맞게 제작한다.

(2) 각 부서 내에서 장식이 가능한 것은 직접 제작하도록 도와준다.

(3) 직접 장식이 어려운 것은 샘플을 제작하여 외주를 주기로 한다.

(4) 제작실을 별도로 확보하고 지정한 장소에서만 제작한다.

3. 장 식

(1) 행사장 장소, 행사프로그램에 맞게 디자인하여 장식 한다.

(2) 특별히 행사 주최측에서 요구하는 것이 있으면 가능한 요구에 맞게 장식한다.

(3) 교회주변과 각 부서별 교실을 아름답게 만들어 간다.

(4) 지역주민과 청소년 을 위한 행사 에 필요한 장식을 아름답게 꾸민다.

4. 보관 및 관리

(1) 쓰고 남은 재료는 종류별로 잘 보관한다.

(2) 장식한 내용물들은 사진이나 파일로 디스켓이나CD로 만들어 보관한다.

(3) 행사내용, 제작일 등을 서류화하여 작성하고 보관한다.

(4) 행사기간이 끝날 때까지 잘 관리되어있는지 수시확인하고 체크한다.

관리사역국 사역가이드

❖ 가 치

1. 우리는 교회가 예수 그리스도의 몸으로서 유기체라는데 가치를 둔다.

2. 우리는 건강하고 진취적인 교회를 만드는데 가치를 둔다.

3. 성도의 안전에 가치를 둔다.

4. 편리하고 편안하며, 청결하고 쾌적한 예배 및 사역 환경을 조성하는 일을 가치 있게 여긴다.

5. 청지기적인 직분과 섬김의 정신으로 사역하는 것에 가치를 둔다.

❖ 사 명

1. 목회자와 성도들이 교회생활을 하는데 최적 환경을 제공한다.

2. 청지기 정신과 섬김을 통하여 과학적이고 기술적인 관리의 책임을 다하여 교회 사역의 합리적인 지원을 담당한다.

3. 교회 예산의 기획 / 집행 / 결산관리를 통하여 각 사역국의 사역이 효율적으로 집행되도록 재정 지원한다.

❖ 전 략

1. 교회의 시설관리 등에 필요한 기능과 은사를 가진 인적자원을 발굴하여 적재적소에 배치한다.

2. 목회사역의 비전에 알맞은 합리적인 재정운영이 되도록 관리한다.

3. 관리사역국 아래에 있는 각 팀들은 매주일 예배 전후 상태를 점검하여 이상 유무를 파악하고 조치하여 최상의 예배 환경을 만든다.

4. 시설의 유지, 보완, 개선, 증개축을 위한 의견을 수렴하고, 논의하여 계획을

세우고, 성도들의 참여 속에서 추진되게 한다.

5. 각 팀별로 체크리스트 및 필요한 관리 장부를 만들어 가장 합리적으로 관리
되게 한다.

교회청결팀

❖ 가 치

우리는 그리스도의 몸을 항상 깨끗하게 아름답게 가꾸고 유지하는데 가치를 둔다.

❖ 사 명

교회가 항상 깨끗한 상태를 유지하도록 세분화시키고, 점검·보완이 조직적으로 원활하게 사역케 한다.

❖ 전 략

1. 청소 분담을 세분화시켜 사역케 하고, 팀장의 점검이 이루어지게 한다.
2. 청소용 비품의 관리가 체계적으로 이루어지도록 정기적으로 점검, 정리한다. (비품 목록 작성)
3. 청소 상태의 체크 리스트를 만들어 효과적으로 관리한다.
4. 교회내의 특별행사가 있을 때 교회 내 대청소를 실시한다.
5. 청소나 청결에 봉사하는 것이 예배 행사임을 숙지하여 예배 전 후에 꼭 자기에게 맡겨진 구역을 청결하게 한다.
6. 청소 봉사 시 사역일지를 반드시 기록한다.
7. 청소 봉사 담당표를 작성하여 매주 교회 청소를 실시하도록 감독, 지시한다.

❖ 사역지침

1. 준 비

    (1) 교회 청결팀은 각각 분담된 교회 청결사역팀 소속원과 년 중 순번제로 정해진 사랑방 소속원은 매 주 토요일 오후 2시에 교회 본당에 모여 팀장의 기도로서 사역을 실시한다.

(2) 당일 팀장은 특별 청소 구역 등을 세세히 일러주고 몸 된 교회의 청결유지로 성도들이 쾌적한 환경에서 예배드리고 교제를 나눌 수 있게 한다.

(3) 교회청결을 위한 청소 도구는 늘 정해진 장소에 비치하고 그 비품을 늘 사용 가능한 수준이 되게끔 유지 관리한다.

① 청소용품 보관 장소 : 3층 여자 화장실

② 청소용 비품 목록 : 고무장갑 2개, 마른마포 1개, 젖은 마포 4개, 손걸레 5개 마른 손걸레 1개, 짤순이 1대

2. 각 청소 대상 지역 청소 지침

(1) 본당과 교육관 계단청소

① 진공청소기로 실내바닥 전체를 구석구석 청소한다.

② 마포를 깨끗하게 씻어서 바닥을 닦는다.

③ 의자배열을 강대상을 중심으로 넓이와 각도를 맞추어서 정렬한다.

④ 강대상은 걸레로 닦고 의자와 방석을 정리 정돈한다.

⑤ 책장 및 실내에 비치되어 있는 물품들을 잘 정리 정돈한다.

⑥ 계단청소는 옥상 올라가는 계단부터 순차적으로 내려오면서 먼지를 쓸어내고 동절기를 제외하고는 계단의 청결 상태에 따라 물청소를 실시한다.(물청소 실시 여부는 팀장이 판단한다.)

(2) 유아부실 청소

① 먼지를 쓸어 낸 후에 걸레로 닦는다.

② 유아부실 내의 물품들을 잘 정리정돈 한다.

(3) 화장실 청소 (1층, 3층)

① 청소 시작 전 각 화장실내 휴지통을 치운다.

② 화장실은 변기 및 바닥을 비눗물을 뿌려서 때와 냄새가 우러나게 한 후에 물로 씻어 낸다.

③ 출입 현관 앞 복도를 물걸레로 깨끗하게 닦는다.

④ 휴지통을 제 위치에 놓고 화장지와 세면기 비치상태를 확인한다.

(4) 사무실 청소

① 휴지통을 비우고, 바닥을 쓸고 닦는다.

② 책상 정리를 하고 닦고, 책장 먼지도 닦아낸다.

③ 매 주 월요일에 실시한다.

(5) 본당 화분 관리

① 3층 본당 강대상의 화분과 3층 본당 입구의 화분을 매주 1회(토요일) 물을 주고 잎을 닦아주는 등 제반 화분의 청결 유지 관리를 실시한다.

② 화분의 영양상태 등을 파악하여 분갈이 등을 실시한다.

(6) 주차장 청소

① 주차장의 바닥에 버려진 제반 오물을 수거하고 비로 쓸어 청소한다.

② 주차장 주변의 교회 벽, 등에 붙어있는 불법 부착물을 제거한다.

③ 매주 토요일에 실시한다.

(7) 데코레이션

① 교회의 행사시마다 행사 진행국의 협조 하에 본당 내외의 데코레이션을 실시한다.

② 교회의 절기행사시에 별도의 내용에 따라 데코레이션을 실시한다.

❖ 가 치

교회건물 및 시설은 온 성도가 하나님을 예배하고 성도 서로 간 교제와 신실한 성도로 성장토록 교육받는 하나님 임재의 장소임으로 항상 온전하고 청결하게 유지하는데 가치를 둔다.

❖ 사 명

1. 교회 내 시설의 유지 관리 및 보수를 체계적으로 담당한다.
2. 시설 관리봉사를 통하여 팀원 간 상호 협조와 사랑을 배양케 한다.

❖ 전 략

1. 관리 분야를 세분화하고 각종 비품 목록을 작성하고, 유지 관리 한다.　(건물 및 시설물, 전기, 전등, 냉·난방기, 음향기계, 집기 및 사무용품, 취사용, 기타시설 및 용품)
2. 각종 수리공구 및 점검기계를 구비한다.
3. 빈번한 수리·보수 및 교체품은 항시 예비품을 보유한다. (전등, 타일, 택스 등)

❖ 사역지침

구 분	지하 교육관
준 비	드라이버, 전기 테스터기, 절연테이프, 빤치, 닛퍼, 손전등
수행방법	– 냉 · 난방 확인 점검. 　(냉방시: 에어콘 필터 청소, 필요시 교체) 　(난방시: 보일러실 작동 점검) – 양쪽 계단 및 배수펌프 작동 점검. – 실내습도 및 바닥습기 상태 확인. 　(송풍기 작동, 제습기 작동, 가스보일러 작동 check) – 바닥장판 상태 확인. – 천장, 텍스 탈착 확인 보수 (몰딩 포함) – 비상전등 비치 상태점검. – 출입구 소화기 비치 상태점검.
기 타	※외부 수리 의뢰처 – 전기 : 광성교회 박 장로님 – 모터 : 한일모터 – 보일러 :

구 분	식당, 옥상 (옥탑 포함)
준 비	드라이버, 절연 테이프, 파이프 랜치, 바이스플라이어
수행방법	– 냉 · 난방확인. 　(냉방시: 사용전 필터청소 / 난방시: 가스보일러 점검) – 전등 상태 확인 교체 　(예비용품 사무실에 비치) – 창문개폐 점검. (유리상태 포함) – 취사용품 작동 점검. – 상 · 하수도 상태 점검 – 옥상바닥 및 외벽 균열 확인. – 난간대 고정 상태 점검. – 배수상태 점검. – 외벽 도장착색 check. – 외벽 네온등(동부광성교회) 배선 상태 점검.
기 타	※ 외부 수리 의뢰처 – 가스 보일러 – 전기 : 광성교회 박 장로님 – 상하수도

구 분	3층 본당 및 4층 교육관, 기타
준 비	드라어버, 뺀치, 니퍼, 전기테스터기, 절연테이프, 망치, 정, 파이프렌치, 멍키스패서, 바이스플라이어, 손전등
수행방법	– 냉 · 난방확인 냉방시 : 필터청소, 필요시 교체 난방시 : 중등부–보일러 가스관 연결부위체크 　　　　　 고등부–연료(석유)가 떨어지지 않도록 특별히 주의 　　　　　 본　당–가스보일러 작동점검, 배관내 air제거. 　　　　　 목사님집무실 · 사무실–심야축열식 보일러 작동점검 – 조명등 확인 점검 및 교체. – 천장(텍스)균열, 탈착 확인 교체 · 부착. – 바닥 확인 점검 보수. (타일, 카펫, 장판) – 출입구 소화기 비치 점검. – 1, 3층 화장실 벨브작동 점검.
기 타	※ 외부 수리 의뢰처 – 전기 : 광성교회 박 장로님 – 설비 : 형제설비 – 가스 보일러 : – 냉방기 : – 심야 축열기 : 이수원 장로님

구 분	건물 내 · 외벽(계단 포함)
준 비	소형 점검망치, 드라이버, 절연테이프, 전기테스터기

수행방법	– 건물 전 내 · 외벽을 육안으로 균열을 확인한다.
	– 외벽착색 및 창문개방 점검.(유리 상태 포함.)
	– 에어콘, 전선 기타 인입구 천공부분을 특별히 살핀다.
	– 외부로 노출된 전선 중 상태 확인 후 보수 또는 교체한다.
	– 계단 점검 시는 난간 대와 보조물 용접 상태도 필히 점검한다.
	  (비상계단 포함)
	– 외벽 돌 타일 또는 계단의 바닥 돌은 균열 및 들뜸 현상도 점검한다.
	  (의심스러울 시는 점검망치를 이용한다.)
	– 전기, 조명상태를 점검한다.
	  (예비전등은 사무실에 비치)
	– 지하실(보일러실 쪽)바닥 누수확인 후 조치.
	– 보일러실의 배수펌프를 작동확인.

기 타	※ 외부 수리 의뢰처 – 전기 : 광성교회 박장로님 – 설비 : 형제설비 – 용접 : – 창문, 출입문: 광성교회 김 집사님

6030.　　차량 사역팀

❖ 가 치

1. 우리는 방문자 및 새 신자를 VIP로 여긴다.
2. 우리는 교회와 성도들을 섬기는 삶을 가치있게 여긴다.

❖ 사 명

1. 방문자 및 새 신자를 우선적으로 주차토록 배려한다.
2. 교회 참석하는 교인들의 차량을 안전하고 친절하게 주차 관리하므로서 편안하게 예배 및 기타 교회 행사에 참석하도록 하고 주차환경을 선교매체로 활용한다.
3. 예배와 교회 행사 시 차량운행을 필요로 하는 이들에게 적절하게 차량을 제공함으로 이들이 예배와 행사 참여에 도움을 주는데 있다.
4. 교회 차량의 정기 점검 및 정비, 수리를 감당한다.

❖ 전 략

1. 주차 장소의 배치와 안내를 한다.
2. 주차위원의 주차요령과 안내요령을 교육을 통하여 친절하게 안내토록 한다.
3. 차량운행 노선을 개발하여 예배 및 교회 행사 참여에 지장이 없도록 한다.
4. 운전 요령과 운행일지 기록을 남겨 안전운전을 도모한다.
5. 차량검사와 수리 및 정비를 체계화 함으로써 차량운행에 지장을 초래하지 않게 함은 물론이고 소중한 교회 자산의 세심한 관리를 지양토록 한다.
6. 교인들의 차량을 잘 식별할 수 있는 방법을 모색하여 시행하고 교회 차량은 가능한 관리담당자를 선임하여 안전사고를 미연에 방지함과 동시에 교회 모든 행사에 원활하게 대처할 수 있도록 한다.

❖ 사역 지침

1. 집 합

주일예배와 특별행사시에 팀장의 주관아래 정해진 시간에 집합하여 기도하고 당일 봉사 임무를 확인한 후에 사역을 한다.

2. 업무수행

(1) 예배 전 1시간 전에 나와서 팀장으로부터 주차장 표시판, 조끼, 호루라기, 안내 봉을 지급받고 정해진 위치에서 안내한다.

(2) 처음 나오시는 분, 장애자, 노약자 및 유아 동반 차량을 우선적으로 안내한다.

(3) 항상 단정한 차림과 예절바른 행동을 한다.

(4) 모든 교회 방문 차량은 교회 스티커를 부착하게 한다.

(5) 이중 주차 시 차량 열쇠를 지정된 열쇠 박스에 비치하여 항상 차량이동을 가능하게 하여 예배에 지장을 주지 않도록 조처한다.

3. 차량운행 사역 지침

(1) 모든 교회 운행 차량은 차량 운행 시에 설교 및 찬양을 교인들이 들을 수 있도록 오디오 테입을 비치하고 제공토록 한다.

(2) 운행 코스와 시간표를 기획하여 주보 및 차량에 게시하여 누구든지 차량을 이용하는데 불편함이 없게 한다.

(4) 정해진 운행 코스와 시간에 정확하게 운행하여 차량운행에 대한 신뢰도를 최고로 높게 한다.

(4) 차량운행 시 안전 운행에 만전을 기한다.

(5) 차량운행 일지를 작성한다.

(6) 차량 연료 및 검사 정비 일지를 비치하고 차계부를 기록한다.

(7) 차량 운행 시 차량의 이상유무가 발견 시에는 차량 관리 담당에게 곧바로 연락하여 조치를 취하게 한다.

(8) 정기적으로 교회 차량을 청소함으로 교인들로 하여금 기분 좋게 교회 차량을 이용하게 한다.

(9) 차량청소 및 안전에 필요한 도구를 준비, 비치한다.

4. 차량관리 사역 지침

(1) 차량 점검, 정비, 보험, 연료주입, 오일 및 부품 교환일지를 작성하여 비치토록 한다.

(2) 차량을 정비할 수리 센타를 지정하여 수리 및 부품을 교환하도록 한다.

(3) 차량 운행 담당과 수시로 연락하여 운행 시 차량 이상 유무에 대해 점검한다.

❖ 가 치

섬김을 최고의 가치로 여긴다.

❖ 사 명

1. 항상 깨끗하고 쾌적한 분위기를 유지하도록 쓰레기 분리수거 및 정리정돈을 철저히 한다.
2. 자동판매기를 수시로 점검하고, 청결을 유지하도록 최선을 다하며, 음료 및 과자류 등 내용물이 떨어지지 않도록 한다.
3. 자동판매기의 오작동으로 인한 불편함을 최소화하기 위해 예비 상자를 비치하고, 년 2회 서비스 센터에 의뢰 점검을 받는다.

❖ 비 전

1. 성도들에게 기쁨을 주는 쉼터.
2. 성도간에 사랑이 넘치는 쉼터.

❖ 전 략

1. 먹거리 개발

   - 신제품을 발굴하기 위해 수시로 시장조사를 한다.
   - 제품의 질과 가격 등을 고려하여 선정한다.
   - 제품에 대한 평가를 수렴하여 성도들이 선호하는 제품으로 한다.

❖ 사역 지침

1. 운영 지침

   (1) **목적** : 로뎀 쉼터는 성도들의 만남의 장소, 식당, 수요 직장인 예배 장

소 등으로 사용되고 있다. 따라서 사용하는데 불편함이 없도록 항상 깨끗하고, 쾌적한 분위기를 유지하고 관리하여 성도들에게 기쁨을 주고 사랑이 넘치는 교제의 장소를 제공하는데 있다.

(2) **조직** : 팀장 1인, 총무 1인, 섬기미 2인으로 구성한다.(1, 2, 3부 예배 시 관리자 배정)

(3) **운영 내용**

- 쓰레기 분리수거를 철저히 하여 청결을 유지한다.
- 식탁 및 의자 등 집기비품의 정리정돈을 철저히 한다.
- 자동판매기 및 정수기 등을 수시로 점검하여 내용물이 떨어지지 않도록 한다.
- 자동판매기 및 정수기의 청결상태 유지를 위해 주1회 내부 청소를 실시한다.
- 자동판매기의 오작동으로 인한 불편함을 최소화 하도록 년 2회 서비스 센터에 의뢰하여 점검을 받으며, 예비상자를 비치한다.
- 자동판매기용 음료 및 과자류는 대형 할인점에서 구매하고 보관한다.
- 먹거리(과자 및 음료)개발에 힘쓴다.
- 로뎀 쉼터의 수입은 영화교회 수입으로 귀속한다.
- 자금관리는 신한은행의 통장을 개설하여 총무가 관리하며, 12월말 마감하고 증빙자료 첨부하여 정산한다.

2. 사용 지침

(1) **교제의 장소로 사용 시**

- 타인에게 불쾌감을 주는 언사나 행동을 해서는 않된다.
- 나보다는 새 신자 등 남을 먼저 배려한다.
- 뒤처리는 반드시 사용자가 한다.(의자 등 집기비품은 제자리에, 과자봉지 종이컵 음료수 캔 등은 반드시 분리하여 수거함에 넣는③

(2) **식당으로 사용 시**

- 장소가 협소하므로 식사 후 타인에게 자리를 양보한다.

- 교제는 식사시간이 끝난 후 한다.
- 타인에게 불쾌감을 줄 수 있음으로 음식물을 흘리지 않도록 주의하고, 흘렸을 시에는 반드시 당사자가 치운다.
(3) **기타** : 로렘 쉼터 이용 시 불편사항 또는 개선점 등 좋은 의견이 있으신 분은 문의 바람.

3. 집기 비품 목록

품 목	단 위	규 격	수 량	비 고
피아노	대		1	의자포함
자판기(음료)	대		1	
자판기(과자)	대		1	
정수기	대		1	
사각 테이블	set		6	테:1ea 의:4ea
원형 테이블	set		6	테:1ea 의:4ea
직사각테이블	ea		2	
배식대테이블	ea		3	
정사각테이블	ea		1	
의자	ea			
시계	ea		1	
분리수거함	ea		2	일반:1,재활용:1
액자	ea		1	

4. 자동판매기용 음료 및 과자류

품 명	단 위	규 격	수 량	업체명	비 고
커　피	봉	500g		맥　심	오리지날
프　림	봉	1000g		동　서	라 이 트
설　탕	봉	3kg		제일제당	백 설 표
생 강 차	봉	2kg		희창유업	소　표
코 코 아	봉	1kg		희창유업	
율 무 차	봉	1kg			
코 카 콜 라	box				
실 론 티	box			롯데칠성	
이 프 로	box			롯데칠성	
순 매 실	box			한일종합	
이　츠	box				
아 이 비	box			해　태	
찹 쌀 선 과	봉			크 라 운	
웨 하 스	box			오 리 온	
구 운 감 자	box			해　태	
빼 빼 로	box			롯　데	
자 유 시 간	box				
종 이 컵	box				

6050. 수련원 운영팀

❖ 가 치

1. 우리는 성도와 몸 된 교회를 섬기는 것을 가치로 여긴다.
2. 우리는 모든 성도들이 영성회복, 영적 재충전하는 것을 돕는 것을 가치로 여긴다.

❖ 사 명

1. 온전한 기도와 예배의 처소가 되도록 모든 건물과 시설물을 안전하게 유지 보수 관리한다.
2. 그 지역 복음화의 처소로서 잘 활용될 수 있도록 완벽한 유지, 보수, 관리에 힘쓴다.

❖ 전 략

1. 유지, 보수에 필요한 각 분야 전문 팀을 구성한다.
2. 긴급한 일이 발생 시 조속히 대처할 수 있도록 비상연락망 및 대처방안을 수립한다.
3. 많은 성도들이 봉사에 참여할 수 있도록 방안을 수립한다.
4. 교회 각 급 부서 수련회 시 주변 환경 정리정돈 및 기타 봉사 프로그램 실시를 요청한다.
5. 지역의 관련자와의 좋은 관계를 유지한다.

재정관리사역국 사역가이드

❖ 사 명

1. 교회의 목회 철학과 연간 목회계획에 맞춰 교회운영상 필요로 하는 전분야의 예산기획과 집행 및 결산을 책임지고 관리한다.

2. 수합된 헌금의 관리 및 집행을 투명하고 정직하게 한다.

3. 헌금에 대한 올바른 성서적, 신앙적 지식을 함양한다.(헌금의 목적사용을 투명하여 교인들에게 알림)

4. 불필요한 지출을 최대한 자제한다.

❖ 전 략

1. 교회의 재정에 대한 전반적인 예산기획을 수립하고 집행하며 결산을 시행한다.

2. 교회 재정 관리를 전산화하여 사역의 효율성을 제고한다.

3. 교회 재정의 합리적인 관리를 통해 재정 관리국의 인원이 적재적소에 배치. 관리시스템을 지속적으로 개선, 개발하여 적용한다.

4. 각 사역국 별로 승인된 년 간 계획예산이 효율적으로 집행하고 지도, 감독을 감사팀에서 시행한다.

5. 교회 재정과 재산의 관리 시스템을 투명하게 운영하게 하고 성도들에게 예산과 집행 비교실적을 자료를 준비하여 연 1회 보고한다.

6. 교회의 자산운영을 흑자로 전환하며 헌금의 일부를 항시 적립하여 각 기관 설립과 교회성장으로 인한 교회증축 에 대비한다.

❖ 사 명

1. 성도들의 드려진 헌금을 계수, 집계한다.

2. 주일 각종헌금에 대하여 목적별 헌금을 분류하고 기록 하며 재정과 계수를 기록 보존한다.

3. 성도들의 정성어린 헌금을 수집하여 일 집계 및 지출 기록한 것을 은행 입금 입고까지의 모든 사역 업무를 정직하고 투명하게 관리한다.

❖ 사역지침

1. 주일 예배

(1) 1부 예배 종료후 1부 예배의 헌금은 2부 예배에 사용한 헌금바그니의 숫자(6-7개)만큼은 비워서 타 헌금함에 옮겨 놓은 후에 헌금함을 본당 준비실에 보관한다.

(2) 2부 예배종료 후에도 상기 가항과 같은 방법으로 헌금을 관리한다. 담당자를 장로. 집사 각1인의 담당을 배치 관리한다.

(3) 3부 예배 종료 후 헌금바구니 수집함 (1.2부 예배분 포함) 담당자를 장로 집사 각1인의 담당을 배치 관리하며 수집한 헌금을 당회실로 옮기고 재정국정의 기도 후에 계수 및 집계 작업을 시행함

2. 수요예배 및 기타헌신예배. 특별예배 시의 헌금은 당회실 금고에 보관한 후 주일에 계수한다.

3. 헌금의 분류 계수

(1) 헌금의 집계는 헌금의 종류에 따라 담당자별로 나누어 계수및 집계한다.

① 십일조 감사 헌금 : 계수. 기록팀 2인1조로 집계. 계수한다.

② 주일학교 헌금 : 재정. 계수 기록팀 2인1조로 계수 집계한다.

③ 선교헌금 : 선교사역국 담당자가 계수, 집계한다.

④ 건축헌금 : 재정팀원 1인이 계수, 집계한다.

⑤ 특별헌금 및 기타헌금 : 재정팀원 1인이 집계. 계수한다.

  * 단, 절기헌금 시에는 재정관리국전팀원이 집계. 계수한다.

  * 선교헌금은 선교사역국 담당 팀에서 관리하고 기록한다.

⑥ 계수가 완료된 헌금봉투는 회수별 확인 날인을 한 후 헌금꽂이에 재
배치 관리한다.

⑦ 각종 헌금 봉투 헌금함 필경대, 꽂이함 등을 관리한다.

⑧ 교회의 수입 부분을 집계 계수 관리한다.

출납팀

❖ 사역지침

1. 목적별 분류된 헌금은 헌금자의 성명 및 헌금액을 기록하여 기록지에 기재 후 재정팀에 제출한다.

2. 헌금의 목적별로 헌금 명단을 주일날에 주보에 기재 될수 있도록 주보 담당 자에게 제공한다.

3. 기록된 목적별 헌금 명단 및 재정 보고서를 관리 보관한다.

4. 재정 보고서철 을 월별로 보관 관리한다.

5. 컴퓨터 파일에 입력된 수입/지출 내역 Data는 매월 결산하여 사무실에서 보 관관리하며 기록팀에서 외부에 유출되지 않도록 관리한다.

6. 매 월말 및 분기 말에는 각 장부를 마감하여 제대로 기록하였는지 파악하고 계수와 집계를 확인, 관리 한다.

7. 재정 계수에 필요한 사무양식 및 사무용품을 관리한다.

❖ 사역지침

1. 현금 출납

  (1) 현금출납업무는 사무실에서 집행하며 재정팀에서는 적성여부를 판단 후 매주일 집행한다.

  (2) 각 사역국으로부터 접수된 지출 결의서는 당해 사역국 국장 날인 및 서명을 확인하고 예산심의 및 확인을 시행한 후에 담임목사 날인 후에 당일 지출함을 원칙으로 한다.

  (3) 각 공과금및 기타 특별하게 인정이 되는 지출은 익일 혹은 지정한 날에 은행을 통해 자동 이체토록 한다.

  (4) 매월 정해진 주일에 교역자 및 유급직원의 사례비 및 하례비(년3회지급)는 다음과 같이 지급한다.

    ▶ 첫째 주 : 담임목사 및 각 기관 지원비

    ▶ 셋째 주. 넷째 주 : 각종공과금 및 기타

    ▶ 매 월25일 : 부교역자 및 교육전도사 유급직원, 장학지원금

  (5) 매월 교역자의 퇴직 적립금을 적립하고 관리한다.

  (6) 기타 특별 지원 사항은 별도의 당회를 거쳐 지출한다.

  (7) 본 현금 출납 관련하여 효율성 / 투명성 / 객관성을 확보하기 위해 지속적으로 세부사항을 연구 검토하고 개선되도록 사역에 최선을 다한다.

2. 장부 정리

  (1) 사역국 별 집행된 지출내역을 재정팀장이 확인 후 사무실에서 기장 컴퓨터에 Data를 입력 관리한다.

  (2) 재정팀장은 당초 수립한 예산항목간의 규모와 월간 수입 지출의 규모와 금액을 감안하여 월간 / 분기간 지출 예산의 집행을 올바르게 집행되도

록 관리한다.

(3) 각 회계 전표는 각 제 증빙자료를 통하여 대사토록하며 증명자료는 항상 첨부케 하여 보관 관리한다.

(4) 각 사역국에서 발행하여 제출된 지출 결의서는 개개 사역국의 국장이 날인 혹은 서명이 되어야하며 최종 목회자의 결재를 득한 자료만이 유효하고 이 자료는 주간별로 보관, 관리한다.

(6) 교회에서 발생하는 일반 관리비는 사무실에서 관리 후 주일날에 품의한다.

3. 재정 사무

(1) 교회의 회계연도는 매년12월1일 에서 익년 11월30일 까지로 한다.

(2) 각 사역국의 예산 결정을 위해 회계연도 개시 1개월 전까지 재정 관리국은 예산 편성지침을 작성하여 시달하고 각 사역국으로부터 이 지침에 준한 차기 회계연도의 소요 예산을 편성케 한 후에 이를 접수한다.

(3) 재정 관리팀은 본 사역국별로 접수된 차기 회계연도 소요예산을 기초로 하여 예산을 편성하되 예결위원회를 소집하여 이 회의의 의결을 통하여 예산편성을 1차로 편성하고 제직회의를 통해 최종 확정토록 한다.

(4) 예결위원회의 위원은 담임목사 / 각 사역국장 / 재정관리국 / 당회원 / 서기는 당연직으로 하고 기타 차기년도 의 특별한 목적의 예산 지출을 위해 산정한 사역국의 해당팀장을 또한 담임목사가 특별 지정한 인원이 **observer** 로 참가할 수 있다.

(5) 재정 팀장 는 예결위에서 심의 완료한 차기년도 집행예산(안)을 제직회의에서 심의할 수 있도록 일목요연하게 자료를 준비한다.

(6) 편성된 예산은 상. 하반기 별로 예산 집행 내역을 작성하여 제직회의에 보고하고 심의를 거친 후에 그 결과를 기록 보관한다.

(7) 재정관리국은 반기분 및 회계연도 전체분 년1회에 걸쳐서 회계지출 내역을 감사 받을 수 있도록 교회감사팀에게 그 내역서를 제출하여 감사를 받은 후에 승인 검증된 회계장부를 보관 관리한다(보존기간 : 3년).

(8) 기타 열거하지 못하거나 미쳐 그 기준이 모호한 지출 등에 관해서는 재
정관리국 내부 의결에 의해 그 기준을 심의하고 결정토록 한다.(단 중
요사항에 대해서는 당회 회의 의결을 득한 후 결정하고 회의 안건임을
결정하는 것은 재정관리 국장이 결정에 준한다.)

7040. 감사팀

❖ **사 명**

교회 재정 일체가 계획 되어진 대로 집행되어 졌는가에 대한 여부를 감독하고 재정팀과 협력하여 재정 운영이 원활이 잘 운행되도록 지도 감독 한다.

❖ **사역지침**

1. 반기 또는 회계연도 전체분을 회계지출 내역을 감사하고 적정성여부를 판단하고 지도, 감독한다.

2. 교육부서의 집행된 지원금에서 대해서 지출내역을 감사하고 내년 예산에 그 결과를 반영한다.

3. 제반 교회에서 지출된 비용에 대해서 지출내역을 확인하고 적법성을 판단한다.

4. 예산대로 집행 되었는지 여부를 감독한다.

5. 필요하다고 인정 될 시는 담임목사의 승인을 득한 후 재정의 전반적인 재정 상태를 감독한다.

6. 교회 재정팀과 협력하여 교회 전반적인 재정 상태에 대해 지도 감독한다.

7. 교회 자산운영 및 비품관리 상태를 파악하고 효율적으로 운영 될 수 있도록 지도, 감독한다.

8. 교회에서 각 사역국 및 사무실에서 지출한 비용 건에 대해서 절감할 수 있는지 여부를 파악하고 절감부분이 있다면 각 사역국 및 사무실에 통보하여 최대한 협조 할 수 있도록 지도한다.

9. 교인들이 헌금한 헌금을 잘 집행될 수 있도록 각 사역국 및 집행담당자들에게 헌금의 중요성을 인식시키고 잘 집행 될 수 있도록 지도, 감독 한다.